Brazil
Um país do presente

A imagem internacional do "país do futuro"

Brazil
Um país do presente

A imagem internacional
do "país do futuro"

Daniel Buarque

alameda

Copyright © 2013 Daniel Buarque

Grafia atualizada segundo o Acordo Ortográfico da Língua Portuguesa de 1990, que entrou em vigor no Brasil em 2009.

Publishers: Joana Monteleone/Haroldo Ceravolo Sereza/Roberto Cosso
Edição: Joana Monteleone
Editor assistente: Vitor Rodrigo Donofrio Arruda
Projeto gráfico e diagramação: Sami Reininger
Capa: Gabriela Cavallari
Revisão: Agnaldo Alves

Imagem da capa: Cromolitografia executada a partir de desenho de Ernst Lohse.
Estampa número 45 do terceiro fascículo do livro *Álbum das Aves Amazônicas.*
Coleção de Sérgio Vizeu Lima Pinheiro.

CIP-BRASIL. CATALOGAÇÃO-NA-FONTE
SINDICATO NACIONAL DOS EDITORES DE LIVROS, RJ

B931b

Buarque, Daniel
BRAZIL, UM PAÍS DO PRESENTE: A IMAGEM INTERNACIONAL DO "PAÍS DO FUTURO"
Daniel Buarque.
São Paulo: Alameda, 2013.
380p.

Inclui bibliografia
ISBN 978-85-7939-151-4

1. Brasil – Política e governo 2. Economia – Brasil – História 2. Brasil – Política econômica. I. Título.

12-5470.   CDD: 320.981
                            CDU: 32(81)

                                              037833

ALAMEDA CASA EDITORIAL
Rua Conselheiro Ramalho, 694 – Bela Vista
CEP 01325-000 – São Paulo, SP
Tel. (11) 3012-2400
www.alamedaeditorial.com.br

Para Claudia, amada no passado, no presente e no futuro.

Para Arthur e Amanda, que talvez vejam um país não só mais famoso,

mas melhor.

"E, com rapidez surpreendente, derreteu-se a arrogância europeia que eu levava como bagagem inútil nessa viagem. Percebi que tinha lançado um olhar para o futuro o nosso mundo."

Stefan Zweig - "Brasil - um país do futuro"

"Nunca antes na história deste país"

Luiz Inácio Lula da Silva

Sumário

Apresentação – O Brasil visto de fora	11
Introdução – Um país do presente	23
Economia – Crise global e nirvana brasileiro	43
Política – A institucionalização democrática	87
Relação bilateral – Amigos, poder e dinheiro à parte	111
Amazônia – A floresta é nossa	145
Ambiente – Em busca da sustentabilidade	179
Academia – Formação e evolução do brasilianismo	213
Relações raciais – Preconceito e mito	243
Imigração – Idealização e ceticismo brasuca	273
Ícones – O Brasil em clichês	315
Referências bibliográficas	357
Agradecimentos	377

Apresentação

O Brasil visto de fora

Tinha em torno de sete anos de idade quando ouvi falar pela primeira vez que em outros países havia pessoas que não sabiam nada sobre o Brasil. A irmã de um amigo havia ido à Disney e comentava-se algo sobre preconceito e ignorância dos americanos em relação ao país em que eu morava, o único que conhecia até então. A experiência foi equivalente à ideia que os psicólogos chamam de "problema das outras mentes",[1] que é representado pelo momento, na infância, em que nos damos conta de que as outras pessoas não pensam o mesmo que nós pensamos, e que

---

[1] Segundo Paul M. Churchland, filósofo reconhecido por estudos de neurofilosofia e filosofia da mente, o problema das outras mentes está no fato de que cada pessoa só tem a experiência do seu próprio caso individual, precisando inferir a existência de outras mentes a partir do comportamento de outros seres. A explicação faz parte de seu livro *Matéria e consciência: uma introdução contemporânea à filosofia da mente*. O conceito é bem apresentado pelo jornalista Malcolm Gladwell, jornalista da revista *The New Yorker*, que trata do assunto em seu livro *O que se passa na cabeça dos cachorros* (2010), em que reúne alguns de seus principais textos já publicados na revista.

cada cabeça é diferente. Havia, percebi, um mundo inteiro fora do Brasil, e ele não sabia muito sobre nós.

A partir dali, tornou-se comum ouvir sobre esta visão preconceituosa e equivocada dos gringos em relação ao meu país: "Lá eles pensam que a gente mora em árvore, que tem macaco na rua, perguntam se a gente conhece cidades", repetiam as pessoas que viajavam e encontravam os estrangeiros. "Pensam que falamos espanhol"; "acham que a capital do país é Buenos Aires"; "não sabem onde o Brasil fica no mapa", diziam outros. Eram os anos 1980, quando a globalização ainda não havia chegado, e de fato o fluxo de informações entre os países era menor, justificando muito do desconhecimento. E isso acabou criando um outro tipo de preconceito, agora invertido, em que os brasileiros achavam que os americanos eram ignorantes e preconceituosos.

Os brasileiros sempre foram fascinados pelo que os outros pensam deles. Desde as ações "para inglês ver"[2] do período do Império, chegamos a uma relação dúbia com esta imagem externa. Por um lado, queremos ser vistos e admirados, tentamos vender a imagem de um povo feliz, um país de festa; por outro, reclamamos quando os estrangeiros simplificam nossa nação como

---

2   A expressão se refere a uma imagem para ser vendida a olhos estrangeiros mesmo sem ser a realidade existente no país. Ela surgiu nos anos 1830, quando o país promulgou leis contra o tráfico de escravos para o Brasil. Elas cediam às pressões da Inglaterra e seus interesses sobre o Brasil Império, por mais que já tenham surgido como letra morta e nunca tenham sido obedecidas.

Segundo Peter Fry, a expressão é "comumente usada em situações de hierarquia". É apropriada a situações em que se quer 'manter a fachada' perante o 'outro', que poderia reagir hostilmente se soubesse da verdade. A ideia básica é que as regras formais podem ser burladas na medida em que o 'outro' não perceba". FRY, Peter. *Para inglês ver: identidade e política na cultura brasileira.* Rio de Janeiro: Zahar Editores, 1982.

decorativa, terra do carnaval e, numa consequência deturpada, da sensualidade. Por um lado, reclamamos publicamente dos nossos problemas e até pedimos apoio internacional para resolvê-los; por outro, ficamos ofendidos quando nossas falhas são divulgadas e discutidas pelos estrangeiros.

No século XXI, duas décadas depois que a Guerra Fria acabou, os Estados Unidos se consolidaram como única potência global, e o Consenso de Washington tentou padronizar as economias do planeta, o foco dessa preocupação passou naturalmente dos ingleses aos americanos, antigos aliados próximos, que passamos a ver com admiração e suspeita. Mas o fascínio com a interpretação do "eles" em relação ao "nós" continuou. Bastava perceber a atenção dada pela mídia a qualquer menção ao Brasil no exterior – e ver, igualmente, o quanto isso atraía a audiência dos brasileiros.[3]

Parecia um interesse maior do que mera curiosidade que todos têm em relação ao que o outro pensa e fala sobre si, mas uma necessidade de se afirmar pelo discurso do outro, um "complexo de colonizado", de inferioridade, como me disse um pesquisador brasileiro na Universidade da Califórnia em Los Angeles: "Quando o brasileiro se vê representado, isso valida a posição dele e reproduz a posição dele. Quando o brasileiro quer consumir o que o *New York Times* diz sobre ele, ele se coloca na posição de objeto do outro e reverencia estes gestos", disse.[4] É a "síndrome

---

3   Trabalhando em grandes veículos de comunicação nacionais, como a *Folha de S. Paulo* e o portal de notícias da Rede Globo (G1), escrevi muitas dessas matérias, e sempre percebi que elas acabavam entrando nas listas de reportagens mais lidas e comentadas.

4   José Luiz Passos, diretor do Centro de Estudos Brasileiros da Universidade da Califórnia em Los Angeles. Entrevista ao autor em 30 de março de 2010.

de *underdog*" (de vira-latas, ou do oprimido, em tradução livre), como repetiram muitas outras pessoas com quem conversei para tentar entender os motivos deste fascínio. O historiador brasileiro José Murilo de Carvalho já mencionou esta característica dos brasileiros que, segundo ele, alternam "em termos extremados, visões negativas e positivas de nosso povo. Os que só veem nele qualidades foram chamados de ufanistas, como Affonso Celso, ou, em linguagem popular, de 'turma do oba-oba'. Os que nele só enxergam mazelas foram estigmatizados por Nélson Rodrigues como vítimas do complexo de vira-lata".[5]

Além desta curiosidade e da necessidade de afirmação, havia também, desde o princípio, o sentimento de proteção contra ofensas. Era só alguma voz pública falar sobre o Brasil, mesmo sendo na ficção e até mesmo no humor, que os brasileiros reagiam de forma defensiva, como se tivessem sido profundamente ofendidos em sua honra. Foi assim com o episódio dos Simpsons, desenho animado que retratou o Brasil de forma superficial para efeitos humorísticos.[6] Foi assim até mesmo com o ator Robin Williams, humorista, que contou uma piada sobre os motivos de

---

5   CARVALHO, José Murilo de. Nem mito nem realidade. *Folha de S. Paulo*, 18 de outubro de 2009, Caderno Mais!.

6   Os personagens do desenho animado viajam ao Brasil no episódio "O feitiço de Lisa" (*Blame it on Lisa*), de 2002. A garota que dá nome ao episódio resolve mandar dinheiro para ajudar um órfão brasileiro chamado Ronaldo. O garoto desaparece, e a família decide viajar para o Brasil para procurá-lo. Ao chegar no Rio, a cidade aparece como um perigo para turistas, com macacos andando nas ruas e com Homer sendo sequestrado por um taxista. A transmissão do episódio causou polêmica no Brasil, com declarações de protesto na mídia. A Secretaria de Turismo do Rio, que havia investido US$ 18 milhões na época para melhorar a imagem da cidade no exterior, chegou a ameaçar processar a Fox, produtora do desenho. No fim, os produtores do programa acabaram pedindo desculpas pelo programa.

o Rio de Janeiro ter sido escolhido como sede da Olimpíada de 2016.[7] O mesmo aconteceu com um comentário do ator Sylvester Stallone no lançamento de seu filme gravado em parte no Brasil, quando o americano precisou se retratar e pedir desculpas.[8] O sentimento protecionista sempre foi forte, mas um pesquisador brasilianista com quem conversei alegou que quem mora no Brasil não deveria ficar ofendido com essa exposição irônica e depreciativa, e que isso, na verdade, demonstra uma maior relevância do país no cenário internacional. "Piadas mostram um interesse maior no país. Ter piadas sobre o Brasil significa que as pessoas estão pensando e falando sobre o país", explicou Joseph A. Page, professor de direito e diretor do Centro para Avanço

---

7 Em dezembro de 2009, logo depois de o Brasil ser escolhido para sediar as Olimpíadas de 2016, o ator Robin Williams deu uma entrevista à TV americana, em que fez piada sobre a forma como o Rio de Janeiro derrotou Chicago na disputa pelos Jogos. "Chicago enviou a Oprah e a Michelle [Obama]. O Brasil mandou 50 *strippers* e meio quilo de pó. Não foi uma competição justa", disse a David Letterman, no *Late Show*. O próprio ator falou rindo, deixando claro que era brincadeira, mas a notícia repercutiu no Brasil quase como um incidente diplomático, gerando polêmica.

8 Em julho de 2010, ao participar de evento de cultura *pop* nos Estados Unidos, o ator Sylvester Stallone fez comentários jocosos sobre o Brasil, onde filmou em 2009 parte do filme *Os Mercenários*. "Você pode explodir o país inteiro e eles vão dizer 'obrigado, e aqui está um macaco para você levar de volta para casa'", disse, em uma discussão sobre a brutalidade de fazer um filme de ação. As declarações geraram protestos pela internet, que fizeram com que o ator pedisse desculpas. Em comunicado oficial divulgado no dia seguinte pela assessoria de imprensa do filme, Stallone dizia: "Eu sinceramente peço desculpas ao povo brasileiro. Todas as minhas experiências no Brasil foram fantásticas e eu recomendei para todos meus amigos que filmassem lá", garante o ator no comunicado. "Ontem, eu tentei fazer um tipo humor e fui muito infeliz. Tudo que eu tenho pelo grande país que é o Brasil é muito respeito. Novamente, peço desculpas."

no Controle Legal nas Américas da Universidade Georgetown, em Washington DC.[9] E o aumento recente nas referências e nas piadas eram uma demonstração clara de que o Brasil estava crescendo em importância, tornando-se realmente mais relevante e conhecido, sendo mais alvo de brincadeiras (mesmo que de mau gosto e politicamente incorretas), mas de menos preconceito real por parte dos americanos.

70 anos de futuro

Mais de 70 anos antes de este livro ser publicado, chegava aos leitores brasileiros a primeira grande análise do Brasil com olhar exterior. *Brasil: Um país do futuro*, do escritor austríaco Stefan Zweig, foi lançado em 1941 e se tornou uma importante referência sobre o Brasil e sobre o que os estrangeiros pensavam do país. Ele trouxe ainda o que se tornaria o principal 'apelido' do Brasil: país do futuro, que parece, enfim, ter chegado ao presente. Depois de sete décadas, era importante retomar a questão e atualizá-la em meio à nova popularidade internacional de que o país parecia gozar.

A ideia de entender o que os americanos pensam sobre o Brasil e escrever este livro começou a surgir com um e-mail recebido em agosto de 2008. Uma representante da editora norte-americana Palgrave Macmillan (PM) me escreveu encomendando um

---

9   Joseph A. Page é autor do livro *The Brazilians* (*Os brasileiros*), lançado nos anos 1990, em que narra sua relação com o Brasil, onde chegou a viver, e tenta decifrar os aspectos da cultura para identificar o que caracteriza o povo deste país. Escreveu também *The Revolution That Never Was: Northeast Brazil, 1955-1964* (*A revolução que nunca houve: nordeste do Brasil, 1955-1964*). Entrevista ao autor em 13 de maio de 2010.

livro jornalístico, escrito em inglês, para apresentar o Brasil, este "gigante ainda incompreendido", ao público norte-americano. A Palgrave Macmillan é uma das principais editoras comerciais voltadas a títulos acadêmicos nos Estados Unidos, a obras de não ficção, relativamente aprofundadas, mas em busca de um mercado grande, para dar lucro. Ela já tinha, até a época, quase 20 livros que tratavam do Brasil, incluindo obras de brasilianistas renomados como Marshall Eakin, Joseph L. Love e Robert Levine, mas os títulos eram mais acadêmicos e detalhistas – faltava um trabalho mais genérico e jornalístico. Um dos autores publicados pela editora, Nikolas Kozloff, havia me indicado para escrever para eles este trabalho sobre o Brasil. A ideia deles era que o Brasil estava se tornando mais relevante, gerando maior curiosidade (e mercado). Após apresentar um projeto à editora, a negociação desandou e o projeto acabou abortado. A PM acabou lançando um livro semelhante em setembro de 2010, *Brazil on the Rise*, escrito pelo ex-correspondente do *New York Times* no Brasil, Larry Rohter. A negociação deixou um alerta na minha cabeça de que havia interesse pelo Brasil e, ao mesmo tempo, pouco conhecimento.

Consolidava-se aí a ideia de inverter o plano original da PM - de apresentar o Brasil ao americano médio - e passar a explicar aos brasileiros o que os americanos sabem e o que pensam sobre o Brasil ao final desta primeira década do século XXI. Se havia necessidade de um livro sobre o Brasil, era porque o país estava chamando a atenção, mas ao mesmo tempo porque ele deixava mais dúvidas de que respostas no ar. Seria interessante entender que imagem internacional o país tem, e poder apresentar isso para o público brasileiro, sempre interessado na visão externa sobre sua nação.

18   Daniel Buarque

O trabalho de pesquisa remonta há alguns anos de trabalho sobre o tema em reportagens publicadas por mim na imprensa brasileira. Ele ganhou força desde 2008, quando trabalhei na cobertura da eleição de Barack Obama para a presidência americana, viajei aos Estados Unidos e sempre busquei entender a relevância daquilo para o Brasil e o que se pensava naquele país em relação ao Brasil. Em 2009, a pesquisa começou a tomar forma de livro, e a cada nova pauta em que o Brasil aparecia internacionalmente eram feitas perguntas sobre esta imagem internacional. A cada conversa, voltava a se confirmar a importância de transformar esta pesquisa em algo mais amplo e aprofundado.

O Brasil sempre valorizou estudos externos sobre sua realidade, e a própria concepção de "país do futuro" veio de uma análise internacional. A opinião dos chamados brasilianistas sobre as notícias do país sempre foi considerada importante, e desde o início da consolidação dessa área de pesquisa nos Estados Unidos, sempre se debateu o quanto parcial seria este olhar externo. O próprio professor Thomas Skidmore, reverenciado como mais relevante brasilianista nos Estados Unidos, usou esta ideia de olhar externo em pelo menos um de seus livros.[10] Isso voltou a ter destaque com um livro anterior de Larry Rohter, famoso no Brasil justamente por ser o autor dos textos em que o país mais se via refletido internacionalmente no principal jornal americano.[11]

---

10   Lançado em 1994, *O Brasil visto de fora* é uma coletânea de artigos publicados por Thomas Skidmore entre 1967 e 1992. O brasilianista aborda questões relativas à construção da identidade nacional, o problema racial no Brasil e a trajetórias econômica e política do país.

11   Em *Deu no New York Times: o Brasil segundo a ótica de um repórter do jornal mais influente do mundo*, Larry Rohter reúne algumas das principais reportagens que escreveu enquanto era correspondente do jornal nova-iorquino

Faltava algo mais atual, preocupado com o século XXI, que já entra em sua segunda década e que refletisse sobre a obra de Zweig sete décadas mais tarde. Faltava alguém pensar os oito anos de governo Lula que se encerraram em 2010, analisar o legado que o presidente deixa, comparar com o que foi feito nos oito anos anteriores. Faltava trazer a opinião de fora do país, fugindo do partidarismo político que existe internamente. Mais que tudo isso, faltava coletar maior quantidade de opiniões, que concordassem e divergissem, que ajudassem a entender o retrato geral do Brasil pelos olhos dos americanos.

Foi isso que tentei fazer aqui. Durante mais de dois anos de pesquisa, incluindo seis meses vivendo em Nova York, pesquisei extensivamente a história da interpretação internacional sobre o Brasil, lendo os livros lançados nos Estados Unidos a respeito do país, realizei mais de uma centena de entrevistas com as pessoas que estudam o Brasil, que falam sobre o Brasil e que olham para o Brasil a fim de entender esta imagem vista de fora, e ainda acumulei dezenas de horas de entrevistas informais, buscando ouvir de todo tipo de pessoas o que elas pensavam sobre o Brasil.

No total, passei por dez estados americanos, da cosmopolita Nova York ao conservador Texas; da engajada capital Washington DC ao tradicionalismo americano de Ohio; da fábrica de entretenimento da Califórnia à pobre Louisiana, ainda se reconstruindo anos após a passagem do furacão Katrina; e passei ainda por Illinois, Pensilvânia, além de Massachusetts e Nova Jersey, onde estão duas das maiores concentrações de imigrantes brasileiros.

Por questão de viabilidade da pesquisa, o trabalho evitou fazer uma coleta de dados estatísticos sobre o assunto. Para

---

e faz comentários a respeito de economia, cultura, política e da identidade nacional brasileira.

isso, contei com o apoio de dados que me foram passados especificamente sobre o assunto por parte de uma empresa especializada em estatísticas. Tive acesso com exclusividade a dados do Nation Brands Index relativos à imagem brasileira nos Estados Unidos. A pesquisa de *top of mind* sintetiza a opinião genérica de um país em relação ao outro, tudo com base científica. Com os dados da imagem geral que o "americano médio" tem sobre o Brasil, foi possível partir para uma análise mais profunda e qualitativa dessa opinião, falando com as pessoas que estudam isso na academia, e com os próprios americanos sobre suas ideias. Gente da academia, da mídia, do mercado financeiro, dos grupos ambientais, das relações internacionais, da moda, da beleza, da cultura, da comunidade brasileira no exterior, tudo para entender de forma qualitativa como o Brasil é visto no início da segunda década do século.

O resultado desses mais de dois anos de pesquisa está nos capítulos a seguir. Busquei dividir o assunto em temas imprescindíveis, como política, economia e relações internacionais, mas incluí a questão ambiental e da Amazônia, que muitos americanos confundem com a própria ideia de Brasil. Incorporei um capítulo sobre a visão que os imigrantes brasileiros nos Estados Unidos, um grupo com mais de 1,5 milhão de pessoas, têm do Brasil atual. Trago ainda a evolução mais recente dos estudos acadêmicos a respeito da realidade brasileira nas universidades americanas e uma apresentação de como funciona o mito da democracia racial brasileira, em que eles parecem crer como contraste que existe com a realidade deles mesmos. Por último, um capítulo de perfis dos "ícones" do Brasil no exterior, gente como Carmen Miranda e Santos-Dummont, Eike Batista e Henrique Meirelles, Pelé e Gisele

Bündchen. As opiniões apresentadas são sempre as dos entrevistados, observadores externos que não têm oficialmente nenhuma ligação com governos e partidos do Brasil, por mais que possam expressar simpatias ou antipatias. Como autor, tentei manter-me à distância na organização das ideias dos entrevistados e da bibliografia pesquisada, buscando a objetividade e o equilíbrio entre as opiniões divergentes.

Depois de tanta coleta de informações, é possível dizer que a sensação de que o Brasil está recebendo mais atenção é unânime, assim como é unânime a sensação de que o país tem uma imagem cada vez mais positiva. "O futuro chegou", declarou o presidente Barack Obama em discurso proferido durante sua primeira visita ao Brasil.[12] "O Brasil virou o país do hoje",[13] ouvi repetidas vezes, em contraposição ao tradicional clichê do "país do futuro". "O Brasil deixou de ser um exemplo de problemas a serem evitados e se tornou uma fonte de exemplos a serem seguidos",[14] diziam. "O Brasil passou a

---

12 Obama visitou o Brasil em março de 2011, quando se reuniu com a presidente Dilma Rousseff para discutir um aprofundamento nas relações econômicas entre os dois países e ajudar a consolidar um perfil de maior relevância internacional do Brasil.

13 Jim O'Neill, diretor de pesquisa econômica global do Goldman Sachs desde setembro de 2001, foi o criador do termo BRIC, em artigo de 2001. Entrevista ao autor em 26 de novembro de 2009.

14 Vinod Thomas, diretor do Grupo de Avaliação Independente do Banco Mundial, é autor de *From inside Brazil: development in a land of contrasts* (*De dentro do Brasil: desenvolvimento em uma terra de contrastes*), livro que é apresentado não como um olhar externo, mas como o olhar de um estrangeiro que se inseriu nos meandros da sociedade brasileira, a fim de melhor compreendê-la. Ele foi diretor do programa do Banco Mundial no país entre 2001 e 2005. Entrevista ao autor em 27 de abril de 2010.

ser visto como um país sério",[15] reiteravam, sempre fazendo contraposição a estereótipos antigos, como o de que o francês Charles de Gaulle teria dito que o Brasil não é um país sério. Ah, e aparentemente ninguém nos Estados Unidos realmente pensa que nossa capital é Buenos Aires.[16]

---

15 Michael Reid, editor para a América Latina da revista *The Economist* desde 1999, viveu por mais de três anos no Brasil como correspondente e é autor de *O continente esquecido: a batalha pela alma latino-americana*. Entrevista ao autor em 11 de dezembro de 2009.

16 Em reportagem publicada no *Global Post* em 2009, o então correspondente americano no Brasil, Seth Kugel, desmentiu o mito e realizou uma pequena enquete mostrando que, mesmo que a maior parte das pessoas no país saiba que a capital é Brasília, raros são os casos em que se fala em Buenos Aires (Rio e São Paulo são respostas mais comuns). KUGEL, Seth. How much do you know about Brazil?. *Global Post*, 23 de abril de 2009. Diponível em http://www.globalpost.com/dispatch/brazil/090422/how-much-do-you-know-about-brazil

Introdução

Um país do presente

Os gringos estão eufóricos. Nunca antes na história deste país a maior potência global deu tanta atenção ao chamado "país do futuro". Na virada da primeira década do século XXI, o Brasil parece ter alcançado o que há sete décadas era considerado seu "futuro". É tanta empolgação no discurso dos observadores externos que em muitos momentos ela pode ser comparada ao mais forte ufanismo brasileiro.

"O Brasil chegou", ouvi em repetidas ocasiões, quando questionava pesquisadores a respeito da relevância internacional do Brasil. Isso era dito de forma assertiva, como se não houvesse dúvidas. A ideia geral passada é a de que o país havia se consolidado como importante ator da política e da economia internacionais, passando a ser respeitado e levado a sério como nunca antes. "Quantas vezes se escuta que o Brasil é o país do futuro?", perguntou Barack Obama durante discurso para empresários brasileiros e americanos, em março de 2011. "Bom, o futuro chegou e, apesar das incertezas dos últimos dois anos, o Brasil se colocou na dianteira como uma potência econômica e financeira. Vocês não chegaram aqui simplesmente por uma questão de sorte ou acaso. O sucesso ocorreu por conta de um trabalho árduo e da perseverança do povo brasileiro. O espírito empreendedor de muitas das pessoas aqui nesta sala, a visão de líderes como o presidente Cardoso e o presidente Lula".[1]

"O Brasil deixou de ser o país do futuro para se tornar o país do hoje", resumiu Jim O'Neill,[2] talvez o principal responsável individualmente pelo enorme crescimento na visibilidade internacional do Brasil ao incluir o país no mesmo grupo de China, Índia e Rússia, os BRIC, nações emergentes que, segundo um estudo dele na consultoria Goldman Sachs, vão dominar a economia internacional do futuro.[3]

E os motivos para toda essa empolgação são muitos, a começar pelo fato de o Brasil ter se segurado de pé durante a crise financeira que afetou o planeta desde o final de 2008. São impressionantes aos olhos americanos a estabilidade e crescimento sem precedentes da economia e da política nacionais. Isso podia ser visto pela tranquilidade com que observadores do país assistiram à eleição de Dilma Rousseff para a presidência, em 2010, quando se encerrou o ciclo de 16 anos de continuidade dos governos de Fernando Henrique Cardoso e Luiz Inácio Lula da Silva, sem que os estrangeiros se preocupassem, pois eles acreditavam na institucionalização da seriedade na política e na economia.

---

1 Leia e assista à íntegra do discurso de Obama para empresários em Brasília. Portal G1, Obama no Brasil, 19 de março de 2011.

2 Entrevista ao autor em 26 de novembro de 2009.

3 O'NEILL, Jim. Building Better Global Economic BRICs. *Global Economics Paper* n. 66. Goldman Sachs, 30 de novembro de 2001. Disponível em http://www2.goldmansachs.com/ideas/brics/building-better-doc.pdf

Daí é possível passar à atração de cada vez mais investidores americanos para o mercado brasileiro, ao exemplo que o país dá na questão energética, na área de biocombustíveis. Em alguns momentos, a atenção é dúbia, com admiração pela crescente importância do "gigante da América do Sul" nas relações internacionais, mas preocupação por sua excessiva aproximação com o Irã, país que faz parte do chamado "eixo do mal".[4] Há também pontos mais críticos nesta atenção, como a preocupação permanente com a situação da floresta tropical amazônica, acompanhada de perto pelos olhos estrangeiros.

Existe ainda o fato de os americanos se encantarem, mesmo de forma iludida, com as relações raciais no Brasil, que acham tão opostas da segregação informal que ainda existe em seu país, mesmo depois que um negro se tornou presidente. Isso tudo sem falar na cultura, sempre admirada e consumida. A música brasileira é trilha sonora frequente em bares, restaurantes, lojas e nas rádios americanas. O cinema tem um reconhecimento ainda pequeno, mas já consegue impor grandes audiências como *City of God*, a versão internacional de *Cidade de Deus*, de Fernando Meirelles, que ajudou a moldar um novo olhar do país sobre a produção cinematográfica brasileira. E há ainda, claro, os clichês de sempre da sensualidade, da festa, do carnaval e do futebol

---

4   Termo criado por David Frum e Mike Gerson, autores de discursos do ex-presidente americano George W. Bush. O termo se referia aos países não alinhados à política internacional dos Estados Unidos, considerados, por isso, uma ameaça à paz. Em entrevista concedida a mim na época da eleição de Barack Obama, Frum defendeu o legado do governo Bush em suas ações internacionais. NOAH, Timothy. "Axis of Evil" Authorship Settled! Slate, 9 de janeiro de 2003. Diponível em http://www.slate.com/id/2076552/. BUARQUE, Daniel. Ex-assessor defende governo Bush e diz que presidente não foi o pior da história. Portal G1, 3 de novembro de 2008.

– "clichês demoram a morrer", diria um dos brasilianistas com quem conversei.[5] As principais razões apontadas para essas conquistas são a estabilidade e o crescimento econômico, que levaram à conquista do direito de sediar as Olimpíadas e a Copa do Mundo, vistas a um só tempo como representação do *status* ascendente internacionalmente e como chance de o Brasil se consolidar ainda mais como potência internacional.

O fato é que o Brasil é lembrado, é conhecido e reconhecido cada vez mais nos Estados Unidos. Perguntei a cada um dos mais de cem entrevistados, e ouvi de pelo menos 95% deles que, sim, o Brasil está ganhando mais atenção dos americanos, e sabe-se cada vez mais sobre o país. O conhecimento é real, mesmo considerando que os próprios americanos, especialmente a elite intelectual, costumam criticar a falta de interesse dos seus compatriotas em relação a qualquer país que não seja o seu.

O reconhecimento no outro

A imagem que os norte-americanos têm do Brasil, e de outros países, de forma geral, costuma estar ligada à comparação que fazem com imagem que têm do seu próprio país, ou da forma como os Estados Unidos são afetados pelo país. A relevância econômica do Brasil, por exemplo, passou a ser reconhecida de maneira mais enfática depois da crise financeira iniciada em 2008, quando a economia americana afundou em uma grave recessão e os americanos viram que, de longe, o Brasil aguentou o

---

5   Joseph A. Page, professor de direito e diretor do Centro para Avanço no Controle Legal nas Américas da Universidade Georgetown, em Washington DC, em entrevista ao autor em 13 de maio de 2010.

impacto internacional da crise sem sofrer consequências graves. Foi a partir dali que mesmo os pequenos investidores e pessoas que não se envolvem em questões de política e comércio internacionais passaram a reconhecer o que economistas e brasilianistas já apontavam desde anos antes.

De forma semelhante, a interpretação da presença do Brasil nas relações internacionais era resumida, em 2010, à discussão a respeito do contato entre o Brasil e o Irã, ou o Brasil e a Venezuela, países abertamente hostis à política internacional de Washington. Em relação a meio ambiente, acontece algo parecido, pois reconhece-se o domínio brasileiro em relação ao uso de biocombustíveis, mas especialmente para criticar a incapacidade americana de fazer o mesmo ou para abrir uma discussão a respeito dos subsídios que os Estados Unidos pagam para a produção do seu combustível preparado com grãos.[6] É impressionante mesmo que o Brasil continue sendo visto como mais próximo de uma democracia racial em contraposição à segregação histórica entre brancos e negros nos Estados Unidos, por exemplo. E em cada área é possível perceber que o que eles pensam do Brasil costuma estar ligado ao que pensam de si mesmos.

---

6   A retaliação brasileira sobre subsídios que o governo americano destina aos produtores de algodão de seu país, em 2010, por exemplo, foi noticiada por todos os principais veículos de comunicação e discutida nos Estados Unidos. A decisão, resultado de uma disputa de oito anos na Organização Mundial do Comércio (OMC), poderia provocar uma guerra comercial entre os dois países, segundo o jornal *Financial Times*.
RETALIAÇÃO do Brasil aos EUA pode causar guerra comercial, diz Financial Times. Portal G1, 9 de março de 2010. Economia e Negócios. Disponível em: http://g1.globo.com/Noticias/Economia_Negocios/0,,MUL1521175-9356,00-RETALIACAO+DO+BRASIL+AOS+EUA+PODE+CAUSA R+GUERRA+COMERCIAL+DIZ+FINANCIAL+TIM.html

O Brasil é o 20º país mais bem lembrado, mais admirado, por norte-americanos. Esta classificação é parte do Nation Brands Index (NBI), uma pesquisa coordenada pelo consultor governamental britânico Simon Anholt e pelo Instituto GfK,[7] que mede a reputação de 50 países e desenha o perfil deles de acordo com a percepção internacional, acompanhando sua evolução ao longo dos anos. O estudo segue o padrão chamado de *top of mind*, muito usado em publicidade e marketing para entender a imagem que o público tem dos produtos anunciados e vendidos. No NBI, que é realizado anualmente, os países são tratados como se fossem marcas globais, e o estudo indica como essas "marcas" são recebidas e interpretadas pelo público internacional.

"O Brasil é claramente a primeira nação 'em desenvolvimento' e a primeira das nações latino-americanas na visão de mundo norte-americana, e por uma margem bastante ampla", disse Anholt, em uma de várias entrevistas concedidas entre 2008 e 2010, quando forneceu os dados específicos sobre o Brasil na perspectiva dos Estados Unidos. A pontuação média global para o Brasil é praticamente idêntica à apresentada pelo painel dos Estados Unidos, de forma que este ponto de vista é amplamente compartilhado. "O Brasil está fazendo muito bem – e é ainda mais admirado do que a China, Índia ou Rússia", disse, fazendo referência aos outros países que integram o grupo dos BRIC, que muitas vezes apresentam resultados melhores que os do Brasil em economia.

---

7   A GfK Custom Research North America, com sede em Nova York, é a quarta maior empresa de pesquisa de marketing do mundo, desenvolvendo estudos de mercado e pesquisas de opinião. A Nation Brands Index é uma parceria Anholt-GfK, e foi o primeiro tipo de *ranking* de países montado nesse estilo.

Para a pesquisa de 2009, a base usada aqui, foram entrevistadas 20.939 pessoas adultas, sendo aproximadamente 1.050 em cada um dos 20 países utilizados como referência (incluindo o Brasil). Cada entrevistado responde a uma série de questões sobre os 50 países, avaliando seis pontos: Exportações, Governabilidade, Cultura, Povo, Turismo, e um quesito duplo, Imigração e Investimento. Cada uma dessas categorias também se torna um ranking isolado.

Os americanos admiram acima do Brasil os Estados Unidos, Canadá, Reino Unido, Austrália, Itália, Alemanha, Japão, Irlanda, Suécia, Suíça, Espanha, Nova Zelândia, França, Escócia, Áustria, Dinamarca, Holanda, Bélgica e Finlândia. "Seria muito surpreendente se o Brasil estivesse mais alto no ranking do que qualquer um desses ricos, democráticos, predominantemente europeus ou aliados de língua inglesa e parceiros de comércio internacional – e isso faz da classificação de vigésimo do Brasil parecer extremamente positiva", disse Anholt. "Minhas pesquisas mostram que os brasileiros de forma geral são adorados em todo o mundo. Estão sempre entre os 10 preferidos de todos os países, pois são vistos, de forma simplista, como pessoas divertidas e simpáticas."

Não existe, entretanto, uma única visão sobre o Brasil que seja unânime entre os norte-americanos. É impossível dizer que há uma interpretação simples compartilhada por mais de 300 milhões de pessoas que vivem no país a respeito do Brasil. Há diferentes níveis de conhecimento e é possível apontar, de forma simplificada, pelo menos três deles.

Na base da pirâmide do conhecimento do Brasil há milhões de pessoas, a maior parte alienada do resto do planeta, sem muita educação formal e sem se preocupar em acompanhar a realidade global pelo noticiário. Para elas, o Brasil é um gigante desconhecido, um país distante, latino, que aparece vez por outra na mídia e de onde saíram alguns personagens populares na vida delas, como Pelé, Paulo Coelho, Gisele Bündchen, depilações das partes íntimas e tratamentos para alisar o cabelo. Para essas pessoas, o tamanho e a diversidade da realidade brasileira são totalmente ignorados, e o país é visto com olhar superior, como quem é desenvolvido e vê o chamado Terceiro Mundo.

No topo dessa escala, há os especialistas, chamados muitas vezes de brasilianistas, e que têm mais conhecimento a respeito da realidade brasileira do que muitos dos próprios brasileiros. São pesquisadores e acadêmicos que se debruçaram sobre aspectos da história e da sociedade brasileiras por muitos anos, e que desenvolveram trabalhos que expressam este olhar externo de forma aprofundada e bem embasada. São alguns milhares de pessoas que muitas vezes acabam fazendo do Brasil parte de sua vida, apaixonam-se pelo país e por sua cultura, por seu clima, pelas pessoas, por mais que muitas tenham sido vistos, historicamente, de forma suspeita.

E há a parte do meio. Nela talvez esteja a maioria dos americanos. São as pessoas minimamente politizadas, com educação formal, que leem jornais e assistem a redes de televisão. Elas são informadas, mas não chegam a ser conhecedoras aprofundadas do Brasil. Por mais que seja comum ouvir dos pesquisadores que a média dos americanos é autocentrada demais para dar qualquer segundo da sua atenção para outros países, é fácil notar que a política internacional está muito presente na mídia americana, e acaba chegando de uma forma ou outra à população. Neste grupo, há ainda as pessoas que conhecem brasileiros imigrantes nos Estados Unidos (são 1,5 milhão de pessoas), ou que lidam com alguma presença específica do Brasil – em esportes ou economia, cultura ou mesmo estética.

Este olhar mediano é o que mais se encaixa nos números encontrados pela pesquisa que analisou o valor da "marca Brasil" entre os americanos. Enquanto a "marca" do país costuma ser bem avaliada em quesitos que incluem seu povo, cultura e história, o Brasil não é visto com olhos tão positivos em relação aos aspectos considerados mais "sérios", como a política (por mais que esses quesitos estejam em ampla evolução). "A imagem do Brasil é basicamente a de um país 'decorativo, mas não exatamente útil'. Embora haja indícios de que está começando a haver um pouco mais de respeito, assim como apreciação em sua visão do país", disse Anholt.

Um gigante distante

"Tudo o que sei sobre o Brasil é que é um país grande e que vocês têm ganhado cada vez mais espaço, especialmente por conta da economia", disse Stephen Bublitz, um revisor de textos em uma editora voltada para publicação de revistas científicas com sede em Washington, DC, capital dos Estados Unidos, durante uma conversa informal em um *pub* ao norte da capital. Formado em história e letras em uma pequena universidade do interior do Estado de Michigan, no chamado meio-oeste, Bublitz é um bom representante desde grupo médio, de pessoas informadas superficialmente sobre o Brasil. Aos 25 anos, ele é conservador em termos de política e se mantém informado regularmente pela leitura de notícias em jornais e revistas pela internet, apesar de não ser assinante das publicações impressas. Ele não é um especialista, mas acompanha com algum interesse os assuntos relacionados ao resto do mundo.

Durante a conversa sobre o que ele sabia sobre o Brasil, Bublitz mencionou ainda a questão do futebol e da cultura, que disse saber que existem, mas não conhecia tão profundamente. "Não saberia muito mais o que falar sobre o país." A maior parte dos americanos jovens como ele, com alguma formação, recebe as mesmas informações e processa de forma semelhante, criando esta imagem borrada, distante e bem pouco detalhada do que é o outro país.

A menção à questão econômica está no cerne de muito que se vê do crescimento da imagem brasileira no exterior, parte frequente do noticiário que é a principal fonte de informação desses americanos. Bublitz sabia que em meio à crise econômica que assolou o mundo no final da primeira década do século XXI, o Brasil havia se destacado por não ter afundado tanto quanto os outros países. Ele não tinha muita noção exatamente do que isso significava em números, apenas registrou em sua cabeça o fato de que o Brasil manteve-se estável e crescendo, enquanto as outras nações brigavam para não afundar.

Existe, portanto, um certo contraste entre a imagem que as pessoas no topo desta pirâmide de conhecimento em relação ao Brasil e a imagem que os americanos médios têm do país, como demonstrado pelo levantamento de *top of mind*. Segundo o consultor britânico, isso pode ser justificado pelo fato de que a imagem internacional de um país não muda de uma hora para a outra, mas é um processo lento e gradual, que tem início com os "especialistas", ganha espaço na mídia e somente anos depois se consolida na cabeça do cidadão médio como um valor associado à marca-país.

O fato de que vai sediar eventos de grande porte como a Copa de 2014 e as Olimpíadas de 2016 pode ser uma chance de o Brasil reverter sua imagem de apenas um "país de festa" e ter

Brazil, um país do presente   33

também sua "marca" respeitada nos quesitos política e economia, segundo Anholt. A evolução da imagem do Brasil com a Copa e a Olimpíada, explicou, depende de como o país vai aproveitar as oportunidades, pois grandes eventos como estes não melhoram a imagem do país automaticamente, mas são ótimas oportunidades de se destacar na mídia global.

A China, por exemplo, aproveitou sua chance e saltou do 28º lugar do ranking de países de 2008 para o 22º lugar no ano seguinte, graças ao desempenho econômico durante a crise e às Olimpíadas de Pequim, em 2008. "Trata-se de uma enorme oportunidade de mídia. O que mais importa é a forma como esta oportunidade é usada. A grande tragédia vai ser se os Jogos servirem apenas para reforçar o clichê do Brasil", disse Anholt. Logo que foi feito o anúncio do Rio de Janeiro como sede dos Jogos Olímpicos de 2016, por exemplo, toda a mídia americana foi unânime em dizer que seria uma grande festa, o que, segundo ele, pode não ser algo positivo. "Não vai ser bom para o Brasil ser visto apenas como um ótimo lugar para uma festa, pois estamos falando de uma das potências emergentes em economia e política, que precisa usar esta oportunidade para mostrar que é útil, além de decorativo", disse.

Imagem e relevância

Por mais que não seja uma demonstração perfeita da força internacional, entender a percepção que outros países têm do Brasil é importante, porque tudo o que um país quer fazer num mundo atual depende da sua imagem. "Se um o país tem uma boa imagem, é mais fácil e barato atrair investimentos, atrair turistas, ajuda, atenção e respeito da opinião pública global, além de valorizar seus produtos e seu povo em todo o planeta", explicou Anholt. Tudo depende da imagem, pois o mundo é muito grande, as pessoas não conhecem bem todos os países e baseiam suas opiniões e decisões na imagem genérica que o país tem internacionalmente.

A classificação do Brasil no índice de 2009 mostrou uma pequena evolução, subindo do 21º para o 20º lugar em relação ao ano anterior. O país ainda é o mais bem avaliado da América Latina. Além dele, também foram avaliados Argentina (23º), México (28º), Chile (38º), Peru (39º), Cuba (44º), Equador (46º) e Colômbia (47º).

O Brasil aparece à frente em todos os seis itens analisados, mas a variação da avaliação que se faz do país, entretanto, deixa bem claro que o país é mais lembrado pela diversão. Ele é o 10º colocado no ranking do quesito "Cultura", o 17º no que avalia o "Povo" e o 12º no de "Turismo". No item "Exportação", entretanto, quando se avalia a percepção dos produtos do país, o Brasil é o 26º colocado. Em "Governabilidade", analisando a seriedade do poder público, é o 24º lugar; e é ainda o 21º no item "Imigração e Investimento", quando se considera a qualidade de vida e a capacidade de atrair estrangeiros.

Vitrine

No processo para que a mentalidade americana incorpore uma maior valorização do Brasil como marca, uma das instituições mais importantes para levar ao americano médio o que já se pensa na academia e nos círculos especializados é a imprensa. É através dos veículos de comunicação de massa que a maior parte dos americanos obtém suas informações sobre outros países e formam suas opiniões.

Por mais comum que seja o preconceito contra o "americano médio" como um povo autocentrado, que não olha além das suas fronteiras, este é o país que tem alguns dos mais importantes jornais e revistas do mundo, investindo forte na cobertura jornalística de assuntos internacionais. O país tem revistas de peso como a *Foreign Policy* e sites como *Salon* e *Global Post*, com excelentes coberturas de política e cultura globais, além de ser uma nação em que vivem milhões de pessoas que nasceram fora e mantêm laços com o "mundo externo".[8] Trata-se da sede de algumas das mais importantes instituições de educação superior e pesquisa do planeta, como Harvard, Yale, Stanford, Columbia, além de importantes "Think Tanks".[9]

Cerca de 50 milhões de cópias de jornais impressos circulam diariamente nos Estados Unidos, segundo dados relativos a 2009 da Newspaper Association of America (NAA).[10] O número

---

8 Segundo dados do último censo dos Estados Unidos, 31 milhões de pessoas, o equivalente a aproximadamente 10% da população de lá, não nasceu no país. Disponível em: http://www.census.gov/population/cen2000/stp-159/foreignborn.pdf

9 Think Tanks são instituições de pesquisa que pautam o debate político por meio da publicação de estudos, artigos de opinião e da participação de seus membros na mídia. Segundo um estudo da Universidade Federal Fluminense (UFF), existem cerca de 1.500 grupos assim nos Estados Unidos, e eles têm muita influência sobre as políticas públicas do país e sobre sua posição na política internacional. SANTORO, Maurício. Resenha: Os Think Tanks e sua influência na política externa dos EUA – a arte de pensar o impensável. *Contexto int.* Rio de Janeiro, v. 30, n. 3, set.-dez. 2008. Disponível em: http://www.scielo.br/scielo.php?pid=S0102-85292008000300006&script=sci_arttext

10 Organização sem fins lucrativos que reúne cerca de duas mil publicações impressas do país e do Canadá – incluindo veículos impressos diários e semanais.

36   Daniel Buarque

equivale a quase um sexto da população do país. Segundo pesquisa da NAA em 2008, 45% dos norte-americanos adultos, cerca de 103 milhões de pessoas, leem algum jornal diariamente. O número sobe para 64% quando se fala em leitura de jornal ao longo da semana (cinco dias úteis) e atinge quase 75% da população adulta (170 milhões de pessoas) em relação à leitura de jornal impresso ou na internet ao longo de sete dias.[11] Em 2010, a média de visitantes dos sites dos jornais ligados à NAA foi de mais de 70 milhões de pessoas.[12]

Entre os jornais mais lidos em todo o país,[13] é comum ter grandes coberturas e muito destaque para temas internacionais, tratando de assuntos que interessam diretamente os norte-americanos, mas também assuntos internos de países como o Brasil. O *USA Today*, por exemplo, tratou com destaque das chuvas que atingiram o Rio de Janeiro em janeiro 2011, quando mais de 700 pessoas morreram em desabamentos. No *New York Times* são regulares as contribuições de correspondentes no Brasil (um fixo e outros colaboradores) que abordam notícias "quentes", como a tragédia, mas temas da política interna e curiosidades sobre o país.

---

11   The Newspaper Audience. Disponível em: http://www.naa.org/docs/ NewspaperMedia/data/TheNewspaperAudience.pdf

12   O dado é relativo a *unique visitors* e significa que, ao longo de um mês, mais de 70 milhões de computadores acessaram, pelo menos uma vez, as páginas dos jornais na internet. Disponível em: http://www.naa.org/ TrendsandNumbers/Newspaper-Websites.aspx

13   O jornal com maior circulação nos Estados Unidos é o *USA Today*, que se propõe uma publicação nacional, sem se prender a nenhuma cidade ou Estado específico, como fazem o *New York* ou o *Los Angeles Times* (terceiro e quinto mais lidos). O segundo lugar é do *Wall Street Journal*, que aborda especialmente temas de economia.

Brazil, um país do presente   37

Estudos sugerem que o Brasil tem tido uma presença maior no noticiário de outros países. Segundo um levantamento realizado por uma agência brasileira, houve em 2009 mais de 3.000 referências ao país em 14 das principais publicações do mundo.[14] E, na maioria delas, a visão era claramente positiva. De janeiro a setembro, por exemplo, o país foi citado em 2.367 reportagens, e 79,8% delas tinham teor favorável, destacando a diminuição na vulnerabilidade da economia interna e a rápida reversão do quadro de crise.

"Estamos percebendo um aumento no número de matérias na imprensa internacional", disse-me Fernanda Arimura, coordenadora da pesquisa que envolve o trabalho de oito pessoas.[15] Segundo ela, a principal tendência é a consolidação da visão do Brasil como ator global. "Isso está presente desde o começo, mostrando a posição diferenciada em relação à crise."

Os relatórios publicados ao longo do ano mostram uma melhora na imagem do Brasil nas reportagens. Nos três primeiros meses de 2009, por exemplo, 73% dos textos que se referiam ao país tinham tom positivo. Segundo a coordenadora da agência responsável pelo levantamento, o estudo mostrava também uma visão positiva da política brasileira. "O país aparece como ator

---

14   O Boletim Brasil é produzido pela agência de comunicação Imagem Corporativa com base no monitoramento de 14 jornais internacionais: *Asahi Shimbun* (Japão), *China Daily* (China), *Clarín* (Argentina), *El Mercurio* (Chile), *El País* (Espanha), *Financial Times* (Reino Unido), *The New York Times* (EUA), *Le Monde* (França), *RIA Novosti* (Rússia), *The Economist* (Reino Unido), *The Times of India* (Índia), *The Economic Times of India*, *Wall Street Journal* (EUA) e *Washington Post* (EUA). Ele reúne e analisa referências ao Brasil em reportagens de política e economia com o objetivo de apontar a percepção da mídia internacional sobre o país.

15   Entrevista ao autor em 10 de dezembro de 2009.

38   Daniel Buarque

global, principalmente pela atuação do presidente Lula, que tem uma imagem boa lá fora", disse.

Entre as publicações analisadas, o jornal norte-americano que mais mencionava o país era o *Wall Street Journal*, seguido pelo *Washington Post* e pelo *The New York Times*. Os assuntos mais abordados foram a relevância internacional do país, o Brasil como local de investimento, a vulnerabilidade brasileira e a situação privilegiada do país em relação à crise.[16] "Até meados dos anos 1990, com exceção de assuntos ligados aos esportes e às artes, o Brasil era praticamente ignorado pela imprensa internacional", explica o estudo. "A partir de então, o Brasil começou a ganhar destaque na imprensa internacional, graças à estabilização da economia, ampliação de investimentos estrangeiros e internacionalização de empresas brasileiras", completa.

Um país do presente

Dizer que o Brasil "chegou", que se transformou em um país do hoje, do presente, é fazer uma referência a uma das descrições mais tradicionais que se faz ao Brasil internacionalmente: a ideia de que o Brasil é o país do futuro, "e sempre vai ser".[17] Uma nação que sempre foi e sempre vai ser vista como uma promessa, mas

---

16   É interessante notar, entretanto, que mesmo quando o percentual de referências ao Brasil na mídia dos Estados Unidos não chega a ser tão grande, como no terceiro trimestre de 2009, quando a soma das menções no *Washington Post* e no *New York Times* não chegou a 2% do total, isso equivale a 18 referências ao país em cada um deles no prazo de três meses, quase seis por mês, o que é muito, considerando o tamanho da tiragem desses jornais e sua relevância internacional, e provam o crescimento no prestígio brasileiro.

17   Brasilianistas usavam o complemento para descrever a forma como a ideia de promessa havia se transformado em piada depois de tanto tempo que

que nunca se realiza. Pelo que dizem os americanos que conhecem o país e acompanham sua trajetória, agora, sim, o país já alcançou seu potencial.

Essa indicação da promessa do país foi quase um decreto. Em 1941, o austríaco Stefan Zweig publicou seu livro de impressões sobre o Brasil, país que acabara de cruzar de sul a norte conhecendo em detalhes. O livro é ao mesmo tempo descritivo, histórico, muito bem escrito e agradável, demonstrando uma grande capacidade de análise do autor. O texto traz uma sensação forte de atualidade mesmo 70 anos depois, e mesmo com o país demonstrando um forte desenvolvimento mais recentemente.

No subtítulo da obra, o tradutor do alemão para o inglês "pescou" um trecho da epígrafe e escreveu: "Um país do futuro". Desde então, tornou-se comum usar a expressão em análises e apostas, tanto dentro quanto fora do Brasil, com diferentes óticas. "Nenhum título foi tão celebrado quanto este. Transformou-se em cognome, sobrenome, estigma e vaticínio. País-promessa, terra do nunca, nação do amanhã – a expressão pode ser entendida em todos os sentidos", explica Alberto Dines, jornalista que pesquisou a vida de Zweig e escreveu o prefácio de uma das mais recentes edições da obra.[18] Seria uma previsão do que aconteceria no mundo? Um exemplo a ser seguido por outros países, um potencial idenficado? A questão é que o país mudou desde a visita de Zweig, que tinha se apaixonado pela terra que o acolheu durante a Segunda Guerra Mundial.

---

havia sido criada por Stefan Zweig, e o país continuava não se consolidando como potência internacional.

18 ZWEIG, Stefan. *Brasil, um país do futuro*. Trad. Kristina Michahelles. Porto Alegre: L&PM, 2008, 264 págs.

Segundo Dines, o livro é o mais famoso de todos os textos que se escreveram sobre o Brasil. "Nenhuma obra foi tão traduzida, tão reeditada e tão citada quanto esta ode de Stefan Zweig ao país que o abrigou", diz. O jornalista explica que até hoje não se sabe exatamente o que Zweig pretendia dizer com "este sugestivo e enigmático jogo de palavras", que poderia ser traduzido como "um país" ou "o país", "do futuro" ou "de futuro".

O valor da obra está em grande parte no fato de que, 70 anos atrás, Zweig recusou a imagem do país exótico e pitoresco que era mais comum, "deixou de lado os balangadãs e, em troca, ofereceu aquele arrebatado esboço para uma potência sem prepotências, afável, segura". No prefácio do livro, Dines escreve que, por mais sucesso que o livro tenha tido, ele sempre foi massacrado pelos críticos. "Era proibido encantar-se com um país dominado por uma férrea ditadura onde a máquina da propaganda oficial era a única que se manifestava livremente" – a acusação era de que ele "vendera-se". "Poucos perceberam que Zweig condenava a miséria em que se encontrava grande parte do país e, para mitigá-la, oferecia um projeto de civilização acoplado a um plano de 'desenvolvimento sustentável'".

Zweig conta que suas expectativas em relação ao Brasil não eram muito altas, frutos do que ele admite ser um forte preconceito eurocêntrico, e descreve a imagem que se tinha do Brasil à época nos Estados Unidos e na Europa, uma visão aparentemente deixada de lado 70 anos mais tarde. "Eu tinha a mesma imagem algo pretensiosa que tem o europeu ou o norte-americano medianos, e eu me esforço em reconstruí-la: [o Brasil era] uma daquelas repúblicas sul-americanas que não distinguimos bem umas das outras, com clima quente e insalubre, situação política instável e finanças em desordem, mal administrada e onde apenas as cidades litorâneas são relativamente civilizadas, porém geograficamente belo e com muitas possibilidades mal aproveitadas – um país, portanto, para emigrados desesperados, mas de modo algum um lugar do qual se possa esperar estímulos intelectuais", dizia. Ao completar sua viagem pelo país e o livro, entretanto, Zweig afirmava que o Brasil estava fadado a ser um dos fatores mais importantes do desenvolvimento futuro do nosso mundo.

O escritor austríaco conta que, "por honradez", preferiu não fornecer conclusões definitivas, previsões ou profecias sobre o então futuro econômico, financeiro e político do Brasil. "Em termos econômicos, sociológicos e culturais, os problemas do Brasil são tão novos, tão insólitos e, principalmente por causa da sua extensão, estratificados de forma tão desordenada, que cada um deles exigiria uma equipe completa de especialistas para fornecer uma explicação consistente. Impossível ter uma visão completa de um país que ainda nem consegue se perceber como conjunto, além de se estar em meio a um processo tão intempestivo de crescimento que qualquer relatório e qualquer estatística já estarão ultrapassados antes que a informação se torne escrita e que esta escrita, por sua vez, vire palavra impressa."

Sete décadas depois, a empolgação internacional mostra que o austríaco estava certo, e o Brazil, com z por ser o país visto pelos americanos, começa a ajudar a impulsionar o desenvolvimento internacional. O país passou a ser visto como uma república institucionalizada que se distingue bem das outras, com clima quente, saudável, situação política estável e finanças em ordem, bem administrada e onde as cidades são civilizadas, geograficamente belo e com muitas possibilidades sendo muito bem aproveitadas – um país, portanto, para ajudar a liderar o mundo e de onde sai muito estímulo intelectual.

Enquanto adentra a segunda década do século XXI, o Brasil expõe facetas bem variadas na sua comparação com o mundo e com o tempo. Há quem diga, com um olhar externo semelhante ao usado por Zweig 70 anos antes, que o país se consolidou como terra do "hoje", atualizada em relação a outras nações – quando se analisa a economia, por exemplo. Um olhar mais profundo sobre a política, entretanto, pode ainda questionar se o país não está preso a coisas do passado. Pode-se dizer, então, que é o país do presente, mas ao mesmo tempo mantém características de país do futuro e até o do passado.

Economia

Crise global e nirvana brasileiro

"Compre, compre, compre." O apresentador careca e com cavanhaque parecia empolgado com aquilo que repetia, frenético, se mexendo e falando rápido e alto, mexendo na manga da camisa longa que ele usava já dobrada, em clima de "mãos à obra". Era fim de tarde num dia de semana, e ele aparecia em um segmento de um programa de TV voltado para os investidores dos Estados Unidos, gente que usa a poupança, mesmo que pequena, para tentar fazer o dinheiro crescer no mercado financeiro internacional, e que acompanha os fluxos da macroeconomia do planeta para tentar entender como as empresas iam se comportar e qual seria a melhor forma de ter lucro.

O alvo da sua empolgação eram ações de empresas brasileiras, indicadas por ele desde antes da crise financeira internacional como "alguns dos melhores investimentos em todo o mundo", e que ele voltava a sugerir como opção interessante. Segundo ele, o Brasil estava passando por uma transformação com o crescimento da sua classe média, que estava comprando "como louca", o que

44 Daniel Buarque

prometia grande crescimento no valor das empresas e lucro certo para seus acionistas. A crise financeira global[1] trouxe uma surpresa para os norte-americanos no final dos anos 2000. Enquanto os mercados europeus e dos Estados Unidos afundavam em uma depressão que motivava comparações com o grande *crash* econômico de 1929, um outro país, historicamente associado a turbulências econômicas, assistia a tudo atento, mas com relativa tranquilidade, esperando apenas uma "marolinha"[2] da tempestade mundial, estável, equilibrado e com dinheiro "sobrando". Entre 2008 e 2010, o Brasil se desprendeu do estigma de instabilidade para passar a ser retratado e visto nos Estados Unidos como o principal exemplo de país que aguentou a pressão gerada pela desorganização do sistema financeiro global. E isso está no âmago das principais justificativas para o Brasil estar "na moda", recebendo mais atenção até em outras áreas como cultura, esportes,

---

1 A crise financeira de 2008 provocou a mais profunda recessão nos Estados Unidos desde a Segunda Guerra Mundial, com o desemprego ultrapassando os 10% da força de trabalho e o déficit público elevando-se a mais de 10% do PIB. Ela foi causada por desregulamentação financeira, com o colapso dos mercados imobiliário e de ações do país, além de culminar com um plano de resgate bilionário para socorrer empresas do setor financeiro, como a seguradora AIG e as companhias hipotecárias Freddie Mac e Fannie Mae.

2 Em setembro de 2008, um dos momentos mais tensos da crise financeira global, o presidente Luiz Inácio Lula da Silva declarou que os efeitos do retrocesso econômico não seriam sentidos com tanta força no Brasil. "A crise americana - se ela chegar aqui -, ela lá é um tsunami, aqui ela vai chegar uma marolinha, que não dá nem pra esquiar", disse o presidente. Disponível em: http://g1.globo.com/Noticias/Economia_Negocios/0,,MUL785133-9356,00-LULA+DIZ+QUE+SADIA+E+ARACRUZ+ESPECULARA M+CONTRA+A+MOEDA+BRASILEIRA.html

e mesmo em sua política externa. O país se tornou um "nirvana para investidores", segundo o economista Jim Cramer, que apresenta o empolgado programa de TV.[3]

Sempre sorridente e brincalhão, Cramer é um guru dos investimentos privados dos norte-americanos.[4] Todos os dias da semana, durante a tarde, ele tem um programa de uma hora na CNBC, o principal canal de TV a cabo voltado para economia nos Estados Unidos, em que apresenta notícias sobre o mercado financeiro e dá dicas de apostas em ações, discute que empresas estão indo bem, mal ou como devem reagir no futuro. O show se chama *Mad Money*,[5] dinheiro louco, e tem um formato bem fora do convencional para o jornalismo econômico, misturando informação e entretenimento com um apresentador que pula de um lado para o outro, grita, bate bumbos e torna a economia algo engraçado e divertido − e que já foi comparado a apresentações de luta-livre tipo *telecatch* e ao humorista Jerry Lewis.[6]

3   METZINGER, Miriam. Jim Cramer's Mad Money In-Depth, 10/30/07: Buy Brazilian Banco Bradesco. Seeking Alpha.com. Disponível em: http://seekingalpha.com/article/52165-jim-cramer-s-mad-money-in--depth-10-30-07-buy-brazilian-banco-bradesco

4   Formado em direito em Harvard, Cramer trabalhou no grupo Goldman Sachs até 1987, quando criou o seu próprio fundo de ações e, em seguida, o site *The Street*, onde publica seus comentários sobre o mercado financeiro. Em 2000, ele se afastou do fundo de investimentos e passou a se dedicar exclusivamente ao jornalismo de economia.

5   O show chega a ter em média 500 mil telespectadores em suas duas apresentações diárias http://tvbythenumbers.com/2010/07/01/cable-news-ratings-for-wednesday-june-30-2010/55959

6   Disponível em: http://www.newyorker.com archive/2006/06/05/060605cr te_television?currentPage=2#ixzzotHsjJBjP

Para Cramer, o Brasil era a melhor alternativa para os investidores americanos que viam a bolsa do seu país despencar no final da década, e a razão para isso estava na administração que deu estabilidade ao país e no crescimento da classe média e do consumo interno.[7] Era o que chamava de "revolução do crédito". Ele é autor de uma série de livros sobre o mercado financeiro e se tornou uma referência sobre economia de forma simples e popular na televisão americana.[8] Cramer é reconhecido como "gênio" do mercado financeiro mesmo por seus críticos[9] e, segundo estatísticas informais, o nome dele vale entre US$ 50 milhões e US$ 100 milhões.[10]

Cramer foi um dos primeiros a perceber o avanço do Brasil a partir da segunda metade da década de 2000, e sabia que era preciso divulgar o potencial do país para gerar dinheiro para investidores dos Estados Unidos. Em novembro de 2007, ele apareceu em um segmento especial de um programa matutino da Rede NBC, canal aberto transmitido em todo o país. Durante cinco minutos, Cramer apresentou as "cinco coisas que você nunca ouviu

7   Disponível em: http://seekingalpha.com/article/52165-jim-cramer-s-mad-money-in-depth-10-30-07-buy-brazilian-banco-bradesco

8   Disponível em: http://www.thestreet.com/author/269/JimCramer/all.html

9   Durante o auge da crise das hipotecas nos Estados Unidos, Cramer foi atacado por não ter alertado os investidores para os problemas econômicos que se aproximavam, e por ter defendido a valorização de ações de alguns dos bancos que faliram e ajudaram a derrubar a economia. Ele se defendeu alegando que o mercado é instável e que errar faz parte do trabalho de quem aposta em ações. Mesmo com a crise, seu programa continuou sendo um dos mais assistidos e com credibilidade a tratar de economia na TV dos Estados Unidos.

10   Disponível em: http://www.newyorker.com archive/2006/06/05/060605crte_television?currentPage=2#ixzzotHsjJBjP

Brazil, um país do presente   47

– investimentos que podem mudar sua vida", e explicou que na verdade eram coisas que tinham muito potencial de gerar lucro no mercado de ações e que ainda não estavam sendo aproveitadas. Essas cinco coisas eram gás natural, sementes (soja, por exemplo), videogames, Canadá e, especialmente, o Brasil. "O Brasil é o país mais bem administrado do mundo agora", disse, defendendo ser um lugar com orçamento equilibrado, autossuficiente em termos de energia, com uma classe média crecente, pessoas ganhando mais dinheiro, passando a ter cartão de crédito "e pagando suas contas, ao contrário do que está acontecendo por aqui", explicou. Segundo ele, o ideal seria os investidores americanos colocarem dinheiro em empresas brasileiras, como as de telefonia, bancos, recursos naturais. "O Brasil representa um país emergente e seguro como não há nenhum outro no mundo", disse.[11]

A rede NBC apresentava o Brasil, apontado como melhor opção da América Latina, pois havia acabado de descobrir hipotecas e cartões de crédito, criando uma classe média emergente que estava "comprando como louca". "E pela primeira vez, um governo estável se aproveitou dessas mudanças."

Desde *Mad Money*, seu livro de 2006, Cramer já defendia os investimentos no mercado consumidor brasileiro. Na época, meses antes de a economia americana entrar em crise, ele defendia que os investidores deveriam comprar ações de empresas americanas que vendessem produtos ao Brasil, por ser algo confiável, seguro e com retorno garantido, sem precisar investir em um mercado que seguisse "as regras" do Brasil. Com a crise americana e a estabilidade brasileira no meio da turbulência internacional, mudaram as perspectivas, e ele e outros analistas de

---

11   Disponível em: http://today.msnbc.msn.com/id/21997402

mercado passaram a indicar o investimento direto nas empresas brasileiras e no Brasil.[12] Em 2010, Cramer continuava indicando ações de empresas brasileiras. O banco Bradesco, por exemplo, era para ele a segunda melhor ação de mercado emergente do mundo – perdendo apenas para a China Unicom. Além dela, ele mencionava a Vale, a Petrobras, a Gafisa, o Mercado Livre, o banco Itaú/Unibanco e a Gol.[13]

Além da presença constante no Mad Money, o Brasil recebe mais atenção da mídia norte-americana, e isso pode se refletir no comportamento dos investidores em relação ao país, segundo analistas de economia e investimentos dos Estados Unidos. O desconhecimento ainda é grande, mas, a exemplo de Cramer, outros analistas de mercado internacional têm sugerido que o Brasil entre nos investimentos dos americanos.

Esta interpretação do perfil foi confirmada pelo discurso de Barack Obama durante visita ao Brasil, em março de 2011. O presidente repetiu a ideia de que o Brasil tinha uma classe média e um mercado em crescimento e alegou que isso era importante para os Estados Unidos, que poderiam exportar para o Brasil e assim gerar emprego e crescimento da economia americana. "Ao observar o Brasil, os Estados Unidos enxergam maiores oportunidades de vender mais bens e serviços para um mercado de quase 200 milhões de consumidores em rápida expansão."[14]

---

12   CRAMER, James J.; MASON, Cliff. *Jim Cramer's Mad Money: Watch TV, Get Rich*. New York: Simon & Schuster, 2006. 240 páginas

13   http://247wallst.com/2008/02/09/cramers-groomin/

14   LEIA e assista à íntegra do discurso de Obama para empresários em Brasília. G1, Obama no Brasil, 19 de março de 2011.

O fim da piada

Em suas palestras sobre mercado financeiro por todo o país, o economista Peter Navarro sempre defende o investimento no Brasil. "É importante ter uma diversificação geográfica de investimentos como parte da estratégia, e é importante incluir investimentos na América Latina, o que sempre digo que significa olhar para o Brasil, pois o Brasil vai se sobrepor aos outros países da região por mais muitas décadas", explicou.[15] "A piada é que o Brasil tem um grande futuro e sempre terá. Parece que estamos saindo disso agora, pois o Brasil tem uma das melhores economias do mundo atual", disse, em entrevista. Segundo ele, o país combina o tamanho e a emergência de um mercado forte com a capacidade de produzir *commodities*.

Navarro tem doutorado em Economia pela Universidade de Harvard e leciona no departamento da mesma área da Universidade da Califórnia em Irvine. É autor de oito livros voltados para a administração financeira, como *If It's Raining in Brazil, Buy Starbucks* ("Se está chovendo no Brasil, compre Starbucks", um guia para investidores para lucrar com notícias e outros eventos de mudanças no mercado).[16] Segundo ele, o problema desse reconhecimento

---

15 Entrevista ao autor em 20 de abril de 2010. Navarro tem um site com informações para ajudar a formar os investidores norte-americanos e publica um artigo semanal com análises sobre o mercado de ações. Sua tese é que se precisa dar atenção a questões de política global para pensar em economia e investimentos. Tudo está interligado, diz, e cada onda macroeconômica e geopolítica, seja onde for no mundo, move o mercado de ações internacional de formas muito diferentes, mas ainda assim sistemáticas e previsíveis.

16 NAVARRO, Peter. *If It's Raining in Brazil, Buy Starbucks. The investor's guide to profiting from news and other market-moving events*. New York: McGraw-Hill Books, 2002. "Se você conseguir entender completamente

recente da economia brasileira é que o investidor americano não está numa situação muito boa na virada da década, saindo da crise financeira global. "O Brasil ainda não recebe tanta atenção quanto seu mercado mereceria", disse.

Quem também percebe a empolgação dos investidores americanos com o Brasil é Zélia Cardoso de Mello, economista e ex-ministra da Fazenda do Brasil no governo Collor, que trabalha em uma consultoria americana, ajudando a promover investimentos internacionais no Brasil. Conversei com a economista em Nova York, onde ela está baseada há muitos anos e de onde observa, animada, o bom momento do Brasil. "Há um otimismo muito grande em relação ao Brasil. Todo mundo acha que o país está indo muito bem, que os indicadores econômicos estão ótimos, e eu concordo com esse otimismo. Minha impressão é de que tem toda a razão para continuar assim por algum tempo."[17]

Zélia foi responsável pelo Plano Collor,[18] elaborado em 1990 para tentar acabar com a então crescente inflação na economia brasileira – o que só seria alcançado quatro anos mais tarde.

---

essas ondas, você vai se tornar um melhor investidor", diz. Seu foco é mostrar que as notícias internacionais podem ajudar a prever os comportamentos do mercado, apontando o relacionamento entre as empresas e os fatos ocorridos em todo o mundo. O exemplo do título é bem claro: chuva no Brasil baixa o preço do café, o que aumenta os lucros da Starbucks, e consequentemente o valor das suas ações.

17 Entrevista ao autor em 20 de abril de 2010.

18 Com o Plano Collor, implantado em 1990, 80% de todos os depósitos no mercado (poupanças e ativos) que excediam US$ 1.300, foram confiscados e congelados e por 18 meses e seriam devolvidos com correção. O plano adotou uma nova moeda para o país, o Cruzeiro, que substituía o Cruzado Novo, valendo 11 vezes esta última. ROETT, Riordan. *The New Brazil: From Backwater to Bric*. Washington, DC: Brookings Institution Press, 2010.

Ela trabalha como consultora da Aquila Associates, empresa de investimentos de Nova York que administra fundos e desenha estratégias de mercado. Segundo a ex-ministra, o interesse no Brasil aumentou bastante no final dos anos 2000, seja através de investimentos diretos, de participação na bolsa. "Quando veio a crise, isso diminuiu um pouco, mas em 2010 o interesse já está novamente no mesmo nível. Continua muito grande em investimento direto e no mercado acionário", disse Zélia.

Durante a conversa, ela comentou que o investidor americano já tem uma noção geral do Brasil, já sabe quais são os principais indicadores econômicos, o que esta acontecendo no país, mas disse que a informação sobre o país não atinge tanto as pessoas fora do ambiente de mercado. "O Brasil ficou mais na moda, mas ainda tem muita ignorância sobre o país. Tirando os investidores e as pessoas mais informadas, os americanos ainda não conhecem muito", disse.

Liderança compartilhada

A crise em 2008 e 2009 mudou a visão internacional do papel dos Estados Unidos, procurando por lideranças no mundo, que passou a ver o Brasil como um líder na América do Sul e potencialmente além do continente, explicou-me Thomas J. Trebat, diretor executivo do Instituto de Estudos Latino-Americanos e do Centro para Estudos Brasileiros da Universidade Columbia, em Nova York. "É do interesse dos Estados Unidos ver estes países que podem oferecer liderança política e econômica em parceria",[19] disse, alegando que o Brasil se opõe ao mundo domi-

---

19 Trebat trabalhou muitos anos como pesquisador de economia latino-americana em Wall Street e foi diretor de análise de mercado do Citigroup.

nado pelo radicalismo islâmico, ao risco militar que a China pode representar e à tensão na relação com a Rússia. "Isso tudo em um mundo em que os Estados Unidos não são mais a única superpotência inquestionável que já foi um dia. Isso explica por que ouvimos mais sobre o Brasil nos Estados Unidos desde 2006."

Este destaque dado ao Brasil pôde ser percebido na imagem de uma montagem mostrando a estátua do Cristo Redentor, no Rio de Janeiro, decolando, como se fosse um foguete. Ela estampou a capa de 14 de novembro de 2009 da prestigiosa revista internacional *The Economist*, uma das principais publicações sobre economia global.

Brazil Takes Off, Brasil decola, dizia a manchete. Dentro da revista, uma série especial escrita pelo jornalista John Prideaux discutia a situação à época e a história do país ao longo de 15 páginas. O título da matéria, talvez a mais relevante e mais aprofundada sobre o Brasil na mídia internacional, poderia ser livremente traduzido para "Enfim, estruturando-se".[20] Ela dizia que o país que costumava ser "todo promessa" estava começando a "entregar", no sentido de alcançar seus objetivos, seu potencial. Segundo a revista, no final de 2009 o Brasil vivia "seu melhor momento desde que um grupo de marinheiros portugueses chegou na sua costa em 1500".

Esteve envolvido nas negociações da dívida externa do Brasil nos anos 1980 e foi diretor regional da Fundação Ford para a América Latina. É autor do livro *Brazil's State-owned Enterprises: A Case Study of the State as Entrepreneur* (*Empresas estatais brasileiras: Um estudo de caso do Estado como empresário*). Entrevista ao autor em 11 de janeiro de 2010.

20 PRIDEAUX, John. "Getting it together at last". *The Economist*, 14 de novembro de 2009.

A *Economist* indicava que muitas coisas boas pareciam estar acontecendo ao mesmo tempo no Brasil. "O Brasil já foi democrático antes, já teve crescimento econômico antes e já teve baixa inflação antes. Mas nunca tinha conseguido sustentar todos os três de uma só vez", diz. Além disso, todas as três principais agência de classificação colocavam os papéis brasileiros como "grau de investimento".[21] O governo brasileiro anunciou ainda que emprestaria dinheiro ao FMI, uma instituição que há apenas uma década impunha grandes condições para o dinheiro emprestado ao Brasil.

"Todo mundo que conheço está querendo investir no Brasil, está sempre falando do sucesso recente do país na economia", me contou Seth Kugel, jornalista americano correspondente do portal *Global Post* no Brasil desde 2008, que escreve também para o *New York Times*. Sobretudo no mundo financeiro, disse, aumentou muito o reconhecimento do Brasil nos Estados Unidos.[22]

Kugel compara o Brasil com os bairros imigrantes mais pobres de Nova York, alegando que o país sofre do mesmo preconceito por parte das pessoas mais ricas, que pensam especialmente em clichês

---

21 Em 30 de abril de 2008, a agência Standard and Poor's foi a primeira agência internacional a classificar o Brasil como um dos 14 países soberanos com "grau e investimento", um claro sinal de estabilidade financeira e consolidação internacional, o que atrai mais investidores de todo o mundo, indicando que o país é seguro para investir. A agência dizia que as instituições brasileiras haviam melhorado e tinham perspectivas de crescimento. Em 3 de junho do mesmo ano, a agência Fitch seguiu o exemplo e também melhorou a classificação do Brasil a "grau de investimento". Pouco depois vieram ainda as recomendações das agências Moody's e Dominion Bond. ROETT (2010)

22 Kugel é autor do livro *Nueva York: The Complete Guide to Latino Life in the Five Boroughs (Nueva York: O guia completo da vida latina nos cinco bairros)*. Entrevista ao autor em 12 de janeiro de 2010.

de cultura e violência, mas disse que nos setores da economia isso vem mudando. "Brasil tem a imagem de samba, carnaval, futebol, pobreza, desigualdade, favelas. Agora estamos vendo pouco a pouco que mais pessoas têm uma visão mais refinada, sobretudo quem trabalha com empresas, finanças, no mercado", disse.

Marshall Eakin, brasilianista que por anos liderou os pesquisadores americanos especializados no Brasil, se disse impressionado com a confiança que investidores têm com a ideia de que "o momento do Brasil já chegou". "Eu, como historiador, olho mais no longo prazo, e me perguntava se isso não era só um ciclo, mas todos parecem dizer que não, que chegou o momento. Essa confiança, junto com a força da economia brasileira, mostra que a situação atual é sustentável. No passado faltava inovação tecnológica, faltava capacidade de manutenção do crescimento, agora, pelo contrário, algumas empresas brasileiras dominam suas áreas, elas criam tecnologia, desenvolvem ideias."[23]

Eakin ressaltou que o crescimento das multinacionais brasileiras – como a Vale, a Odebrecht, Andrade Gutierrez, Embraer – dá ao Brasil uma projeção internacional. "O Brasil vive quase duas décadas de estabilidade econômica. Os meus amigos investidores estão colocando dinheiro no Brasil e isso não era uma opção nos anos 1980". Seu medo, disse, é que houvesse uma euforia, que formasse uma bolha. O pesquisador estava no Rio de Janeiro quando conversamos, em 2010. Ele comentava o quanto o país havia mudado ao longo das três décadas que vinha estudando sua realidade. "O crescimento do

---

23 Eakin é professor da Universidade Vanderbilt, no Tennessee. Ele idealizou a criação da Brasa, a Associação de Estudos Brasileiros nos EUA, grupo que reúne mais de 600 pesquisadores e de que é secretário executivo desde 2004. Entrevista ao autor em 27 de março de 2010.

consumo, a aparição de uma classe média. Por mais que ainda haja desigualdade, o surgimento do consumo de massa, a expansão do crédito, fazem lembrar a China", disse.

A evolução da economia brasileira no final dos anos 2000 se deu por por dois motivos, segundo William R. Summerhill, vice--diretor de equipe acadêmica da Universidade da Califórnia em Los Angeles (UCLA), especializado em Brasil e em história econômica. O primeiro deles foi a mudança no perfil do presidente Luiz Inácio Lula da Silva quando chegou ao poder. O outro, diz, foi a reforma em 1994, que "acabou com aquela inflação horrível, liberou crédito para os trabalhadores, protegeu os salários e permitiu um fluxo de capital interno e externo, que aumentou a taxa de investimento e realmente estabeleceu as condições fundamentais para o crescimento econômico persistente". Segundo ele, "realmente o Brasil é a bola da vez, muito badalado, com muitas pessoas impressionadas com a economia e sua estabilidade. Todos os fatos indicam um amadurecimento da economia e da política macroeconômica brasileira".[24]

Summerhill já morou no Brasil, fala português fluente, com leve sotaque americano, e ensinou no Departamento de Economia da USP e na Fundação Getúlio Vargas. Ele compara a situação da

---

24 Summerhill é autor do livro *Order Against Progress: Government, Foreign Investment, and Railroads in Brazil, 1854-1913.* (*Ordem contra progresso: governo investimento estrangeiro e estradas de ferro no Brasil, 1854-1913*), lançado em 2003. O livro estuda a construção das ferrovias brasileiras, apontada no passado como intensificadora da dependência brasileira do capital britânico, e mostra que a economia com o gasto com transportes trouxe os maiores ganhos para o país até 1914, fazendo o país sair da estagnação e se tornar, desde a época, uma das economias que mais crescia no mundo. Summerhill mostra ainda como as rodovias favoreceram a imigração e a expansão da agricultura. Entrevista ao autor em 7 de maio de 2010.

economia do país do século XIX ao XXI e vê um contraste na forma como esta economia é percebida internacionalmente, atraindo investimentos. Enquanto o Brasil no século XIX mantinha um dos melhores históricos de pagamento de dívidas externas, evitando qualquer tipo de moratória, isso não se transformava em maiores investimentos ou mesmo em desenvolvimento. "O Brasil fez tudo certo na área de dívida pública, mas não conseguiu o grau esperado de desenvolvimento financeiro, continuando com o setor bancário muito restrito, com taxas de juros altas para os padrões da época." No século XXI, o cenário é diferente. O Brasil passou a maioria do século XX com problemas com dívida pública, dando calote, com dificuldades de pagar dívidas interna e externa. Porém, desde as reformas das décadas de 1980 e 1990, o Brasil é visto como um país devedor de baixo risco. "Sobreviver a tudo aquilo deixou claro para o mundo que o governo brasileiro não dá calote, mas que renegocia e paga suas dívidas baixando os juros."

Um "tijolo" chamado Brasil

Apesar das ressalvas, a maior parte dos analistas de economia parecem deixar de lado o medo e abraçar a animação do avanço da economia brasileira. "O Brasil está se tornando o país do hoje, afinal", defendeu Jim O'Neill, um dos mais empolgados com o sucesso brasileiro.[25] O'Neill ajudou mais de que qualquer outra pessoa a dar mais visibilidade internacional ao Brasil com a criação, em 2001, dos BRIC.

O termo é um acrônimo, referência a Brasil, Rússia, Índia e China, potências emergentes que se tornariam um grupo mais

---

25 Entrevista ao autor em 26 de novembro de 2009.

rico de que o G6[26] em 2050. Nascido na Inglaterra, O'Neill é diretor de pesquisa econômica global do Goldman Sachs,[27] nos Estados Unidos, desde 2001. O sucesso dele fez com que se tornasse uma "estrela do rock" na economia, respeitado por trabalhar de forma pragmática e com visão de longo prazo para a análise de dados. Ele apostou desde cedo na desvalorização internacional do dólar, por exemplo, e acertou muitas

---

26   Grupo formado pelas maiores economias do planeta: Estados Unidos, Alemanha, França, Reino Unido, China e Rússia.

27   Sediado em Nova York, o Goldman Sachs é um grupo de serviços financeiros internacional que trabalha com investimento, segurança, administração de investimentos para clientes que incluem corporações, instituições financeiras, governos e indivíduos muito ricos. Fundado em 1869, a empresa tem escritórios em Londres Frankfurt, Tóquio, Hong Kong, em São Paulo e em outras metrópoles do mundo. O Goldman Sachs e outras empresas financeiras gigantes dos Estados Unidos, como Lehman Brothers e Bear Sterns, decidiram por anos o destino de Wall Street e, por consequência, da economia global. Com a crise, o Goldman Sachs foi a única solvente e independente entre elas. O banco sobreviveu às calamidades do crédito se redefinindo como banco comercial e recebendo uma infusão de dinheiro do legendário investidor Warren Buffet. Enquanto isso, Bear Sterns e Lehman Brothers entraram em colapso. O Goldman Sachs saiu ainda mais forte da crise, já que seus principais concorrentes tiveram muitas dificuldades, chegando a precisar fechar. Em 2010, em meio ao clima de tensão por conta da crise financeira que continuava afetando os Estados Unidos, o Goldman Sachs foi acusado de fraude e de ter responsabilidade na turbulência global. O Goldman Sachs passou a ser investigado criminalmente pelo Departamento de Justiça dos Estados Unidos por suspeitas de fraudes na Bolsa. A ação se referia a um produto financeiro atrelado a hipotecas de alto risco, negociado pelo banco em 2007, quando o mercado imobiliário dos Estados Unidos começava a apresentar problemas. O banco negava as acusações e alegava que havia perdido dinheiro, por mais que ele tivesse sido um dos menos afetados pela crise nos Estados Unidos.

de suas previsões, aplicando modelos novos à economia.[28] Foi a criação do acrônimo e a previsão a respeito dos países emergentes, entretanto, que o tornaram realmente famoso. O próprio O'Neill se refere a si mesmo, após a criação do termo, como Mr. BRIC, e diz que não esperava que sua tese tivesse tanto impacto. "Transformou a minha própria vida", diz. Ele conta que decidiu criar o termo após os atentados terroristas de 11 de Setembro de 2001.[29] "Em torno do horror daquele evento, a mensagem que ficava era de que a globalização iria continuar e crescer. Precisaria ser uma base mais complexa, e não haveria efetivamente uma americanização do mundo. Em novembro daquele ano, escrevi um *paper*.[30] Ele mostrava que não se podia fazer o mundo funcionar de forma apropriada sem um maior envolvimento desses caras", disse, propondo o que pode ser visto como um passo adiante do já ultrapassado Consenso de Washington e pensando em um mundo mais multilateral.

O que havia de comum entre os quatro países, para ele, era simples: gente. "Minha tese básica era de que, se esses países abraçassem as mudanças de produtividade que acompanham o comércio global

---

28   COHN, Laura: Goldman's Rock Star. *Business Week*, 7 de março de 2005. Disponível em: http://www.businessweek.com/magazine/content/05_10/b3923171_mz035.htm

29   O mais violento ataque já sofrido pelos Estados Unidos, quando cerca de três mil pessoas morreram após aviões serem jogados por terroristas contra o World Trade Center, em Nova York, e o Pentágono, na Virgínia.

30   O'NEILL, Jim. Building better global economic BRICs. *Global Economics Paper* n. 66. Goldman Sachs, 30 de novembro de 2001. - *Construindo BRICs [que soa como tijolos, bricks] econômicos globais melhores.*

Brazil, um país do presente   59

e a globalização, dado o fato de que eles têm um número tão grande de pessoas, eles provavelmente se tornariam grandes."[31] Apesar de o termo BRIC ter sido criado em 2001, a primeira análise mais elaborada a abordar a evolução dos quatro países emergentes foi publicada em 2003.[32] Sua principal tese é de que, nos próximos 50 anos (desde 2003), Brasil, Rússia, Índia e China poderiam se tornar uma força muito maior na economia mundial. "Se as coisas derem certo, em menos de 40 anos as economias dos BRIC juntas podem ser maior de que a do G6." A análise salienta que não fazia a previsão com base apenas numa extrapolação de taxas de crescimento anual da época, mas a partir de considerações claras sobre o processo de crescimento em uma perspectiva de longo prazo. "Usando as mais recentes projeções demográficas e um modelo de acumulação de capital e crescimento de produtividade, mapeamos o crescimento do PIB, renda per capita e movimentos de câmbio nas economias dos BRIC até 2050." O crescimento seria formado por dois terços de aumento real na produção e um terço de valorização cambial contra o dólar (até 300% em 50 anos).

O texto admitia que as projeções eram otimistas, "mas elas são economicamente racionais e internamente consistentes". Existiam grandes chances, dizia, entretanto, de as condições certas em uma ou outra economia não se encaixarem e as projeções não serem alcançadas. Segundo o estudo, estabilidade

---

31   KOWITT, Beth. For Mr. BRIC, nations meetin a milestone, *Fortune* de 17 de junho de 2009. Disponível em: http://money.cnn.com/2009/06/17/ news/economy/goldman_sachs_jim_oneill_interview.fortune/index.htm

32   WILSON, Dominic; PURUSHOTHAMAN, Roopa. Dreaming With BRICs: The Path to 2050. *Global Economics Paper* n. 99. Goldman Sachs, 1º de outubro de 2003.

macroeconômica, capacidade institucional, abertura e educação são condições necessárias para que os quatro países atinjam o grau de crescimento previsto.

Dos quatro países, o Brasil aparecia com menos destaque em quase todas as previsões deste documento e das análises seguintes, alegando que o país necessitava de uma melhora significativa em comparação com os outros. A dúvida estava especialmente em relação à estabilidade macroeconômica, enquanto os outros países tinham mais problemas em suas instituições políticas (Rússia), em sua abertura (China) e educação (Índia). "Dos BRIC, o Brasil é o único em que o crescimento recente vem sendo significativamente mais baixo do que nossas projeções. Isso sugere que é preciso desbloquear um crescimento sustentável maior", dizia o Goldman Sachs. O crescimento do Brasil em 2003 ainda era baixo, e vinha caindo muito desde a crise dos anos 1980, na época do "Milagre Econômico",[33] segundo eles, por causa de uma série de choques externos combinados com uma política de resposta pobre em meio à transição da ditadura militar para a democracia.

Desde 2003 e até a crise financeira global iniciada em 2008, o Brasil aparecia como menos promissor entre os BRIC. O Brasil se saía bem em termos de estabilidade política, expectativa de vida e adoção de tecnologias, mas se destacava pouco em termos de investimento, nível de educação, abertura ao mercado externo e déficit governamental. No *ranking* total, ficava em 8º lugar na pontuação de ambiente de crescimento, uma nova pontuação introduzida em 2005.[34] Entre a publicação do estudo original sobre

---

33   O grande crescimento da economia brasileira entre 1968 e 1973, com taxas médias de 11,3% ao ano, formou o chamado "milagre econômico".

34   GES (Growth Environment Score) é um índice que mostra o trabalho feito no sentido de levar ao crescimento previsto como possível. Trata-se de uma

os BRIC em 2001 e um novo estudo divulgado em 2008, o Brasil cresceu apenas a uma média de 2,7% por ano, comparado com os 3,7% que o grupo havia estimado que seria o potencial de longo prazo. Desde 2003, o crescimento real do PIB de China, Índia e Rússia foi de em média 10,2%, 8%, 6,9%, superando em cada caso nossa estimativa de potencial de longo prazo.

Mesmo decepcionado com o lento avanço do Brasil, o grupo continuava defendendo que o país tinha potencial para crescer bem mais de que vinha conseguindo. A principal razão para a atuação abaixo do esperado era que o governo continuava em processo de implementação de um programa de estabilização, com objetivo de alcançar a estabilidade macroeconômica. O Brasil fortaleceu suas contas externas, mas o progresso na área fiscal foi considerado decepcionante. "O Brasil ainda tem o segundo maior déficit fiscal entre os BRIC e o maior estoque de dívida pública total." A produtividade do trabalho também ficou para trás, por causa da baixa qualidade da educação, mas o Brasil se deu "relativamente melhor na capacidade tecnológica". O país ao menos fez importante progresso no desenvolvimento das instituições políticas. "A corrupção tem sido um problema, drenando recursos do orçamento, diminuindo a qualidade dos serviços públicos e levando a barreiras no Congresso, que atrapalha o progresso no *front* das reformas." Era preciso entender o passado do país para entender suas dificuldades e limitações, dizia o

---

equação entre estabilidade macroeconômica (inflação, déficit governamental e dívida externa); condições macroeconômicas (taxas de investimento, abertura da economia); capacidade tecnológica (penetração de compuatadores, telefones, internet); capital humano (educação, expectativa de vida); e condições políticas (estabilidade política, respeito às leis, corrupção). O'NEILL, Jim et al. How Solid are the BRICs? *Global Economics Paper* n. 134. Goldman Sachs, 1º de dezembro de 2005.

texto. "Acreditamos que não é irrealista esperar que o Brasil volte a crescer tão rapidamente quanto cresceu nos anos do seu 'milagre'."[35] E o novo "milagre" do Brasil veio logo depois, a partir 2008, com a crise financeira internacional, quando o PIB dos países mais ricos do mundo caiu e o do Brasil ficou praticamente estável e, um ano depois, com a previsão de crescimento perto dos 7%. As razões para o país ter se saído bem na economia mundial em meio às turbulências estavam na solidez da política macroeconômica desenvolvida com empenho pelos governos do país, desde que o acrônimo BRIC havia sido criado. Isso e "o carisma do presidente Lula" haviam feito algo que O'Neill considerava fantástico: a mudança da mentalidade dos brasileiros em relação ao país e a seu potencial.

"Nos primeiros anos após a criação do termo BRIC, sempre que ia ao Brasil as pessoas me perguntavam por que o "B" estava ali? E chegavam a dizer que era uma piada. Como as pessoas não acreditavam no Brasil, era um desafio fazer a inflação se manter baixa e estável. Graças ao presidente Lula e ao Banco Central, claro, eles conseguiram isso, o que é particularmente impressionante por causa da crise internacional. Agora, percebo claramente, muitos brasileiros pensam de forma diferente. Quando fui ao Brasil [em 2009], percebi que os brasileiros podem planejar para o futuro no longo prazo com uma confiança razoável. Isso é o que mudou."

O'Neill contou que ouvia as pessoas dizerem, em 2001, que uma das razões pelas quais a ideia de BRIC era loucura, era porque o governo Lula seria um desastre. Essa ideia estava espalhada em todo o mundo, segundo ele. Com o tempo,

---

35 LEME, Paulo. The B in BRICs: unlocking Brazil's growth potential. In: *BRICs and Beyond*. Disponível em: http://www2.goldmansachs.com/ideas/brics/book/BRIC-Full.pdf

entretanto, as coisas mudaram e o Brasil passou a ser visto de forma muito mais positiva, com as pessoas acreditando na estabilidade das políticas econômicas no país independentemente de quem seja o presidente. "Lula precisa ser visto como o melhor grande tomador de decisões políticas desta década. O que mudou foi a mentalidade de todos os brasileiros."

Apesar da demora para decolar em comparação com os outros países do BRIC desde 2001, diz, a mudança na mentalidade brasileira é o avanço que O'Neill considera mais positiva. "O Brasil é o país que me deixa mais feliz, pois é onde houve a maior mudança em termos de mentalidade", disse.

Marketing dos tijolos

A divulgação do termo BRIC teve essa força na mudança na mentalidade brasileira por causa da sua influência como marketing, segundo Michael Reid, que é editor para a América Latina da *Economist* desde 1999, e viveu por mais de três anos no Brasil antes disso como correspondente da revista. Ele inverte a ordem aparente das coisas apresentadas por O'Neill, alegando que o país só se tornou mais visível graças à divulgação das análises sobre os BRIC, e que assim ele se tornou também mais relevante e conseguiu mudar sua mentalidade, avançando cada vez mais em termos de economia. É como se o Goldman Sachs tivesse dado o impulso externo de que o Brasil precisava.

O termo criado pela Goldman Sachs, para ele, só tem força nesta área de propaganda. "As pessoas nos países desenvolvidos já estavam prestando bastante atenção à China e à Índia como futuras potências, e o que o termo BRIC fez foi incluir o Brasil, por seu tamanho, no foco das pessoas", explicou.[36] Ele disse que o Brasil já teve, no passado, sua "fase chinesa", nos anos 1960 e 1970, durante o "milagre", quando o país era muito pobre e o crescimento era imenso em termos relativos. "Mas se torna mais difícil crescer rapidamente quando já se é relativamente rico", diz, alegando que a situação do Brasil já era melhor que a da China.

O'Neill nega que a criação do termo possa ter tanta influência, e diz que os BRIC foram apresentados por ter sido percebido o potencial de países como o Brasil. "Gostaria de pensar que tivemos tanta influência, mas sou suspeito, já que se trata de uma criação minha. Sei que a criação do termo forçou as pessoas a pensarem sobre o Brasil, incluindo o próprio povo brasileiro, o que foi importante", disse. O'Neill admite ainda que a aproximação entre os países só acontece por causa da sua tese. "Sem ela, por que esses caras teriam se juntado?".

Charles Ellis, economista que estudou a história e a influência do Goldman Sachs, também acha exagero falar que a criação do termo ajudou no desenvolvimento dos quatro países. "Quase nada do desenvolvimento dos países que fazem parte do BRIC desde 2001 pode ser considerado consequência do surgimento da ideia de BRIC", disse.[37] "Acho que os países se desenvolveriam e cresceriam mesmo sem o Goldman Sachs criar os BRIC". Mas

---

36   Reid é autor de *O Continente Esquecido: A Batalha Pela Alma Latino-Americana*. Entrevista ao autor em 11 de dezembro de 2009.

37   Ellis é consultor de investimentos internacionais e autor de 14 livros, incluindo *The Partnership: The Making of Goldman Sachs* (*A parceria: a construção do Goldman Sachs*, de 2009), em que trata da história do "mais lucrativo e poderoso banco de investimento do mundo atual". O livro, fruto de dez anos de pesquisas, é uma "imensa e detalhada história do Goldman Sachs", segundo o jornal *New York Times*. A publicação se refere ao autor como sendo leal a Wall Street. "Ele dirigiu o Greenwich Associates por 30 anos,

também é verdade, disse, que enquanto o Brasil vai construindo sua força no mundo, o fato de Goldman Sachs estar aconselhando as pessoas a prestarem atenção, a antecipar o fato de que o Brasil vai se tornar ainda mais forte, torna-se mais fácil para o Brasil fazer as grandes mudanças. "Claro que também significa que as pessoas vão fazer comparações, então o Brasil tem que produzir, o que é ótimo."

Abraço capitalista

Analistas americanos veem a virada para a segunda década do século XXI como o momento em que o Brasil colhe os frutos de ter abraçado o capitalismo internacional. Depois de conflitos internos, de turbulências econômicas e políticas, a macroeconomia do país abraçou uma fórmula que lembrava o Consenso de Washington,[38] aceitou as regras do capitalismo global e construiu um momento positivo de crescimento com base nisso. Esta interpretação indica que os americanos veem a estabilidade e o crescimento da economia brasileira como algo que atende a seus interesses ideológicos, como uma aproximação brasileira à mentalidade de mecado que já domina nos Estados Unidos há muitas décadas e que foi defendida pelo país durante a Guerra Fria.

---

oferecendo pesquisa e consultoria para empresas, incluindo o Goldman Sachs". Entrevista ao autor em 30 de novembro de 2009.

38 "Formulado no final dos anos 1980 e começo dos anos 1990, o chamado 'Consenso de Washington' oferecia o mapa das reformas orientadas para o mercado que levaria ao aumento da competitividade, dos empregos e redução da pobreza. Mas ele não funcionou dessa forma. Com a chegada da crise na Tailândia, em julho de 1997, o Consenso já era muito rejeitado", diz Riordan Roett em seu livro *The new Brazil*, de 2010.

66 Daniel Buarque

O principal marco deste "casamento" foi a manutenção das políticas do governo de Fernando Henrique Cardoso por Luiz Inácio Lula da Silva, a partir de 2003, que consolidaram o perfil confiável do Brasil, agora visto como um "país sério" segundo os preceitos dessa economia internacional.

Os norte-americanos estão especialmente empolgados com o crescimento da classe média brasileira,[39] que é vista como mais um símbolo dessa aproximação entre os perfis dos dois países. O Brasil já é mais rico em uma base per capita do que a China e a Índia, que têm populações mais de cinco vezes maiores. Segundo analistas dos Estados Unidos, os consumidores brasileiros já estão mais próximos dos norte-americanos, e as pesquisas mostram que eles se espelham nos consumidores norte-americanos de antes da crise, sendo afeitos ao crédito, à gratificação imediata, à moda e às marcas, e isso pode ajudar empresas internacionais que querem vender produtos aos brasileiros. O Brasil está vivendo um momento parecido com o que os Estados Unidos viveram nos anos 1950, em que muitas pessoas estão tendo seus primeiros carros e produtos domésticos, e isso pode ajudar as pessoas encarregadas de vender produtos ao Brasil.[40]

---

39 "Cerca de 32 milhões de brasileiros ascenderam de classe social entre 2003 e 2008, e passaram a integrar as classes A, B e C, indica estudo da FGV (Fundação Getúlio Vargas) baseado nos dados da Pnad (Pesquisa Nacional por Amostra de Domicílios). Ao mesmo tempo, 20,9 milhões de pessoas deixaram a parcela mais pobre da população, migrando das classes D e E. Somente na classe E deixaram de figurar 19,5 milhões de brasileiros, o que representou uma retração acumulada de 43% entre 2003 e 2008." JUNIOR, Cirilo. 32 milhões subiram para a classe média no governo Lula, diz FGV. *Folha Online*, 21 de setembro de 2009. Mercado.

40 Entrevista concedida pelo repórter da revista *The Economist* ao site da publicação na internet, complementando a reportagem especial escrita

Para quem acompanha a história recente do Brasil a partir dos Estados Unidos, o mais marcante é ver como o país mudou nos 25 anos, desde que os civis voltaram ao poder político e até o final da primeira década do século XXI, com o país evoluindo para a percepção de ser um ator importante internacionalmente. Isso foi causado, segundo os analistas americanos, pelo consenso interno na busca pelo equilíbrio. "Houve uma mudança dramática no consenso macroeconômico, de o que deve ser essa política econômica, que se tornou independente do espectro político", explicou Vinod Thomas,[41] diretor do Grupo de Avaliação Independente do Banco Mundial.

Segundo ele, a atenção que as pessoas dão ao Brasil desde a crise financeira internacional é bem diferente da que havia até o século passado. Naquela época, o olhar era para descobrir o que aprender a partir dos problemas do Brasil, fosse a dívida externa ou a má distribuição de renda. "Isso mudou. Agora olhamos para o Brasil para descobrir o que podemos aprender com o exemplo do Brasil em macroeconomia, em distribuição de renda e até em questões ambientais", disse. "Podemos falar que o país é levado mais a sério. A macroeconomia agora é olhada como exemplo a ser seguido pelo mundo."

---

por ele sobre o Brasil. Prideaux, John. Getting it together at last. *The Economist*, 14 de novembro de 2009.

41 Thomas é autor de *From inside brazil: development in a land of contrasts* (*De dentro do Brasil: desenvolvimento em uma terra de contrastes*), livro que é apresentado não como um olhar externo, mas como o olhar de um estrangeiro que se inseriu nos meandros da sociedade brasileira a fim de melhor compreendê-la. Ele foi diretor do programa do Banco Mundial no país entre 2001 e 2005. Além disso, já havia passado um ano e meio ensinando economia na USP nos anos 1980, o que lhe deu uma perspectiva mais longa na história recente do Brasil. Entrevista ao autor em 27 de abril de 2010.

68   Daniel Buarque

Do ponto de vista norte-americano, 1994 foi o ano da virada para o Brasil. Foi ali que o país começou seu mais longo período de estabilidade política e econômica, democracia e crescimento, abrindo espaço para quase duas décadas de continuidade em projetos que ajudaram a desenvolver o país, a transformá-lo numa das maiores promessas do mundo e mantê-lo quase inabalado durante a crise financeira global. Foi ali, mais especificamente com o Plano Real, do governo de Itamar Franco, que o Brasil começou a abandonar seu eterno estigma de "país do futuro". A conquista da estabilidade, explicou Michael Reid, da *Economist*, permitiu ao Brasil alcançar um período de maturidade que faz com que sua economia seja respeitada e vista como séria internacionalmente.

Jim O'Neill defende a importância do governo Lula para a mudança na mentalidade brasileira, mas admite que percebeu o potencial do Brasil em 2001, antes mesmo da eleição de Lula e da continuidade que seu governo daria à política econômica do anterior. "Não começou com Lula", disse. "A razão pela qual o Brasil chamou a atenção foi por conta da luta contra a inflação. O país tinha uma grande população e estava trabalhando com foco na inflação. A razão de Lula ser tão importante é que as pessoas achavam que ele ia interromper isso, mas ele não o fez, e deu continuidade", explicou.

Foi em 1994 que veio o "milagre real" da economia brasileira, diz a *Economist*. As reformas daquele ano e de 1999 (do câmbio) trouxeram disciplina para as finanças do governo. A criação do superávit primário[42] "permitiu que o Brasil se

---

42   Superávit primário é o percentual de receita que o governo deve economizar após o pagamento de suas despesas, sem considerar os gastos com os juros da dívida. A medida é usada para reduzir a proporção da dívida pública em relação ao Produto Interno Bruto, usando a economia para pagar

livrasse da maior parte da dívida externa em dólar que causava instabilidade toda vez que a economia 'tremia'. Agora, os credores internacionais confiam que o governo vai honrar seus compromissos". A revista aponta o governo de Fernando Henrique Cardoso, entre 1995 e 2002, como o principal responsável pela boa fase do país. Segundo ela, ao contrário do que o governo de Lula tentava propagar, de que ele é o responsável pelo sucesso recente do país, a administração petista "deu sorte", pois "Cardoso fez um grande favor para Lula".

E a grande ação de Lula foi a continuidade, dizem os analistas americanos. Quando o petista era candidato, havia um medo muito grande do que ele ia fazer. "À medida que ele mostrou que ia continuar numa linha de ação de combate à inflação, abertura econômica e que não ia mudar nada do que estava sendo feito, os investidores foram se tornando mais seguros", disse Zélia Cardoso de Mello, a ex-ministra da Fazenda do governo Collor. Isso coincidiu com um momento em que havia no mundo uma procura por retorno de investimentos e o Brasil oferecia possibilidades muito atrativas em todos os sentidos, por ter um mercado acionário em desenvolvimento, que estava fazendo vários lançamentos que atraíam o investidor, os indicadores macroeconômicos se mostrando sucessivamente com bons resultados. "Basicamente, o que ocorreu foi, de um lado, a maior confiança no governo, na continuidade da abertura, e, ao mesmo tempo, a procura internacional por maiores retornos. O que chamamos de *hunt for return*", explicou.

---

os juros da dívida para impedir seu crescimento e sinalizar ao mercado que haverá recursos suficientes para honrá-los no futuro.

Folha Online. Entenda o que é o superávit primário e seu impacto sobre a dívida, 19 de junho de 2007.

Zélia admite que o Plano Real foi o ponto de ruptura para a economia brasileira, mas defende que o trabalho feito por ela desde o governo Collor também teve influência. "Não adiantava ter o que foi feito em 1990, por exemplo, com a abertura da economia brasileira, liberalização e privatização, se a economia tinha inflação descontrolada. Mas o contrário é verdade também. Não ia adiantar de nada ter uma economia estabilizada em termos de inflação, se esta fosse uma economia fechada. As duas coisas devem ser vistas de forma conjunta", disse.

Mas a força e a influência do Plano Real não estava tão clara de forma imediata na época em que ele foi implementado. Três anos depois de a inflação brasileira ter sido controlada, em 1997, o economista americano Albert Fishlow questionava o então aparente sucesso do ainda novo plano, mas dizia que o país "parecia capaz de dar continuidade" à estabilidade. "O Brasil aparentemente cruzou a linha da inflação", dizia Fishlow em um capítulo de livro americano sobre o governo de Fernando Henrique Cardoso, apesar de "ser um dos últimos países na região a ter sucesso na luta contra a inflação", citando que Argentina, Bolívia, Chile, Peru e o México o fizeram antes.[43]

Em 2010, depois de mais de 15 anos de estabilidade, Fishlow já olhava de forma mais positiva para os avanços alcançados pelo Plano Real. Em entrevista, ele me disse que não havia mais muita dúvida de que o Plano Real foi um elemento absolutamente necessário para que o Brasil fosse capaz de experimentar sua expansão. Mas ele alegava ainda que, além de 1994, 2003 também deve ser considerado um marco histórico na economia do Brasil

---

43   FISHLOW, Albert. Is the real Plan for Real. In: PURCELL, Susan Kaufman, ROETT, Riordan (edit.). *Brazil Under Cardoso*. Colorado: Lynne Rienner Publishers Inc.,1997.

Segundo ele, está claro que o Plano Real começou o processo com Fernando Henrique Cardoso, mas o fato de que foi sustentado sob Lula fez uma enorme diferença. "Muitas pessoas estavam preocupadas, com medo, no fim de 2002, quando houve um aumento do câmbio com o dólar chegando a R$ 4,00 e uma diminuição do fluxo de capitais. Havia medo de que apesar do que Lula havia dito na campanha eleitoral, ele poderia decidir seguir o modelo argentino, não contribuindo para o Fundo Monetário Internacional e seguindo as políticas que muita gente no PT certamente queria, recusando-se a pagar a dívida externa", explicou. "Mas percebeu-se que os elementos-chave foram em 2003, quando o Brasil entrou em recessão e limitou a demanda, aumentou as taxas de juros, restringiu o suprimento de dinheiro, mas conseguiu controlar a situação e a atividade econômica começou a crescer, dando continuidade às políticas que haviam sido estabelecidas antes. Este foi um momento crítico e parte deste processo. Cardoso estabeleceu o Real, mas Lula e Pallocci em 2003 deixaram claro que aquela política macroeconômica seria continuada, e que o superávit primário seria mantido e até aumentado", disse Fishlow.

Na opinião de Kenneth Serbin, por mais importante que tenha sido o Plano Real, a virada real na situação econômica do Brasil e na sua imagem internacional aconteceu na eleição de Lula à Presidência em 2002. "Naquele momento, o Brasil consolida sua democracia. Em 2003, quando ele assumiu, o PT modificou bastante sua estrutura, deixando de lado o radicalismo e assumindo, abraçando o capitalismo. Há uma virada no momento em que Lula assume, ajudando a estabilizar o real internacionalmente, atraindo investidores de todo o mundo."

Serbin estuda o Brasil desde 1986 e admite que o capitalismo tem seus problemas, "mas o Brasil decidiu deixar de lado a ideia de socialismo, o que aproximou o mercado mundial e permitiu que o país avançasse". A democracia é muito importante para isso, completou, alegando que a China tem uma economia que cresce rapidamente, mas tem problemas por falta de democracia, por censura, por restrições políticas e ideológicas.

Thomas J. Trebat explicou que não se pode falar de um fato específico que tenha mudado tudo na forma como a economia brasileira é vista internacionalmente. "Isso começou em meados dos anos 1990, sobreviveu às crises em 1999 e 2002, sobreviveu à crise da eleição em 2002 e 2003, e agora parece sólido na mente da maior parte dos americanos que os brasileiros têm muitas diferenças entre si e muitos problemas que precisam superar, mas eles parecem estar fazendo isso."

Trebat é autor do livro *Brazil's State-owned Enterprises*.[44] Segundo ele, as pessoas fora do Brasil, e particularmente nos Estados Unidos, não veem grandes diferenças em termos de democracia e economia entre os governos de Fernando Henrique Cardoso e Lula. "É uma observação simples, mas profundamente verdadeira. No Brasil as pessoas apoiam um ou outro, odiando tudo o que foi feito pelo outro, acusando os governos opostos de corruptos. As diferenças que os brasileiros veem não são as caracaterísticas fundamentais vistas por estrangeiros", disse.

Segundo Trebat, os americanos veem continuidade e não mudança. Eles vêm a solidificação de um sistema democrático em que o poder troca de mãos em paz, há diferentes correntes políticas e os eleitores podem escolher tranquilamente. "Eles veem

---

44   *Empresas estatais brasileiras*, um estudo de caso do Estado como empresário.

um Congresso vivo, que vota várias leis, e evita que o Executivo faça tudo o que quer. Economicamente, enfatizam o crescimento de uma grande nação exportadora. Eles veem as políticas dos dois presidentes e a evolução econômica como uma continuidade."[45]

'Paranoia construtiva'

A empolgação dos americanos com a economia brasileira domina as opiniões, mas não é consenso. O analista menos animado com a situação econômica do Brasil pós-crise global era Werner Baer, professor de Economia da Universidade de Illinois e autor de uma das principais obras internacionais sobre a economia brasileira.[46]

---

45 Depois de trabalhar muitos anos como pesquisador de economia latino--americana em Wall Street e como diretor de análise de mercado do Citigroup, Trebat esteve envolvido nas negociações da dívida externa do Brasil nos anos 1980 e foi diretor regional da Fundação Ford para a América Latina. Segundo ele, as pessoas não se lembram das dificuldades por que o Brasil passou durante a ditadura, não se lembram das instabilidades dos anos 1980 e 1990, do período Sarney, Collor, o início do governo Fernando Henrique.

46 *The Brazilian Economy*, editado pela 6ª vez em 2008, cobrindo todo o desenvolvimento econômico do país desde períodos coloniais até o século XXI. Baer é formado pelo Queens College, com mestrado e doutorado em Harvard. Ele viveu no Rio de Janeiro e em Portugal, recebeu título de doutor *honoris causa* de universidades como a Federal de Pernambuco e a do Ceará. Em 1995, recebeu a Medalha de Honra da Inconfidência, do Estados de Minas Gerais, e em 2000 a medalha Rio Branco, concedida pelo Ministério das Relações Exteriores. Baer foi um dos três pesquisadores americanos detidos pelos militares durante a ditadura brasileira. Em 1970, ele, Riordan Roett, que também se especializou em economia e política, e um cubano-americano foram presos pela polícia política, não chegaram a ser torturados, mas alegaram terem se sentido ameaçados.

74   Daniel Buarque

Por conhecer bem o Brasil e ter acompanhado sua história econômica desde os anos 1960, ele alega ter grande confiança no país, mas diz que a "onda de empolgação" com o país nos Estados Unidos é passageira, já apareceu e se foi em outras situações e poderia desaparecer em breve. A questão, segundo ele, é que o elogiado crescimento brasileiro é muito recente, baseado em *commodities* e em investimentos estrangeiros por causa dos altos juros, tudo isso em detrimento do desenvolvimento industrial do país.

Baer se voltou para o Brasil no início dos anos 1960, discutindo relações entre inflação e crescimento econômico. Segundo ele, o interesse americano no Brasil flutua. Ele foi muito grande nos anos 1960, com a Aliança para o Progresso,[47] que deixava as pessoas com medo do comunismo, o que gerou dinheiro para que os brasilianistas estudassem o Brasil. Esse interesse depois caiu, mas agora há um novo interesse no Brasil. "Mas as pessoas vão acabar cansando disso", disse.

"Não acho que há motivos especiais para empolgação agora. No início do governo Lula, por exemplo, o crescimento não era tão grande, depois ele cresceu com a entrada de investimentos estrangeiros. Para quem conhece bem o Brasil, não há nada excepcional", disse. "Se fosse brasileiro, diria para não nos empolgarmos demais. Está sendo criada uma forte expectativa, e isso pode ajudar no começo, mas pode se tornar um problema mais adiante."

---

47   Programa assistencialista do presidente americano John F. Kennedy (1961-1963) para dissuadir países da América Latina a passar para a órbita de influência da União Soviética. DÁVILA. Sérgio. Morre embaixador dos EUA que apoiou o golpe de 1964. *Folha de S. Paulo*, 22 de dezembro de 2009. Brasil.

Na mesma linha de defesa de uma cautela na empolgação com a economia brasileira, há pesquisadores que dizem que um dos maiores obstáculos para o Brasil é doméstico: a arrogância.

Segundo o jornalista Andrés Oppenheimer, analista de América Latina para o *Miami Herald*, esta preocupação é dominante entre os norte-americanos que estão empolgados com o crescimento econômico do Brasil, e a ideia de que o sucesso pode subir à cabeça tem deixado todos em alerta para o que se passa no país.

"O Brasil precisa de uma dose de paranoia construtiva", disse, depois de um evento que discutia o Brasil como "poder em ascensão", na Flórida. A maior conquista das duas últimas décadas percebida pelos analistas, segundo ele, é de que o país se tornou "previsível", gerando confiança em sua postura política e econômica, independentemente do que venha a ocorrer a cada eleição.[48]

A avaliação dele confirma o crescimento da confiança de que já falava O'Neill, mas vê isso como uma coisa não necessariamente boa para o desenvolvimento do país. Ele não chega a considerar os brasileiros arrogantes e admite que a população mantém a "cabeça fria", tentando não se empolgar demais. O maior problema relacionado a esta "arrogância" era percebido como crítica ao Partido dos Trabalhadores, que colheu todos os louros da evolução recente do país. Oppenheimer cita uma tensão com o "triunfalismo" do governo brasileiro sob o PT, como se eles fossem os únicos responsáveis pela consolidação da potência brasileira. Esta postura do governo, segundo ele, faz com que o perfil do Brasil seja muito mais confiante do que o dos outros países emergentes.

---

48 Andrés Oppenheimer é colunista do jornal *Miami Herald*, ganhador do Prêmio Pulitzer de 1987 e autor de "Castro's Final hour", sobre Cuba. OPPENHEIMER, Andres. Brazil needs dose of constructive paranoia. Miami Herald. The Oppenheimer report, 18 de setembro de 2010.

A confiança pode ser uma coisa boa, é verdade, mas é preciso ficar desconfiado de forma construtiva, completa.

Oppenheimer não é o único a perceber isso. Dentro do Brasil mesmo, o historiador José Murilo de Carvalho já havia defendido um limite para o "oba-oba", alegando que o importante para o país é encontrar um meio-termo entre a euforia e o "complexo de vira-latas". Na ascensão do Brasil, diz, o "êxito mais duradouro desta vez dependerá de trabalho duro em todas as frentes reconhecidamente indispensáveis para a decolagem".[49]

Desafios

Além da empolgação exagerada e da possibilidade de criação de uma "bolha brasileira", os problemas relacionados à estrutura da economia brasileira frequentemente aparecem como principais desafios para a manutenção do crescimento do país. Além disso, segundo a *Economist*, a taxa básica de juros é uma das maiores do mundo, o crescimento da produtividade é pequeno e, por mais que nao seja nada muito grave, "reflete realidades como a viagem de duas horas até o local de trabalho que as pessoas que vivem na periferia de São Paulo, a maior cidade do país, precisam encarar, nas quais eles correm o risco de serem assaltadas e chegam cansadas demais ao trabalho. O governo investe muito pouco e tem buracos permanentes em segurança e educação para preencher. O sistema legal é desfuncional".

Michael Reid diz que nada vai acontecer para resolver os problemas do Brasil rapidamente. "O investimento em infraestrutura é importante e pode ser realizado. Em educação, após

---

49   CARVALHO, José Murilo de. Nem mito nem realidade. *Folha de S. Paulo*, 18 de outubro de 2009. Caderno Mais!

alguns anos perdidos, o Brasil parece estar caminhando de forma positiva e acho que se perdeu uma grande oportunidade de reformas, especialmente das leis trabalhistas." O problema, segundo ele, é que o ambiente global vai ser mais duro a partir da crise financeira global, sem o clima otimista que ajudou o Brasil a se consolidar como economia estável e dificultando o trabalho do Brasil para se desenvolver.

Trebat defendeu que, mesmo depois de 16 anos de estabilidade e com a conquista de um espaço internacional mais positivo, nem tudo é sem risco para o Brasil. "Ainda há muitas ameaças. A renda per capita no país continua muito baixa, por exemplo. É preciso criar um ambiente mais preparado para receber investimentos de todos os tipos."

É crítico, diz, que mesmo com toda a estabilidade, o investimento continue baixo, pois o Brasil continua preso à questão de poupança. Segundo ele, há também uma série de questões sociais que precisam ser resolvidas, e não faz sentido ser otimista em relação ao Brasil se estas questões não forem solucionadas. Há pelo menos três que merecem atenção: a saúde, a educação e a desigualdade. "Não acho que estes riscos de que falei vão gerar nenhum problema maior ao longo dos próximos anos e é possível combatê-los."

George Friedman,[50] analista de política internacional e autor de *Os próximos 100 anos*, não vê o Brasil como uma potência geopolítica no futuro, mas admite que a economia do país vai

---

50   Friedman é diretor da Agência de Inteligência Global Stratfor, grupo privado fundado em 1996, com objetivo de desenvolver pesquisas sobre a glopolítica global. Doutor pela Universidade Cornell, foi assessor militar e ensinou em escolas militares dos Estados Unidos. É autor de *The next 100 years* (*Os próximos 100 anos*, ed. Doubleday). Entrevista ao autor em 5 de março de 2010.

ser cada vez mais relevante internacionalmente. Segundo ele, o Brasil do futuro vai se assemelhar ao que vive a Austrália, que tem grande desenvolvimento interno mas não tem importância política global. "O Brasil tem se tornado mais importante apenas por conta da sua economia, mas o problema é que ele é prisioneiro da economia global. Sua economia, como a da China, é muito dependente das relações internacionais, do mercado internacional, para seu desenvolvimento." Ele alega que o Brasil se deu muito bem enquanto o mercado global estava próspero. O desafio é ver como o Brasil vai se desenvolver quando o mercado internacional não for tão bem.

É verdade que o Brasil melhorou bastante, mas é preciso entender que a entrada de dinheiro no Brasil se dá porque as taxas de juros são muito altas, explicou Werner Baer. Isso gera muita especulação e faz com que o real se valorize, o que prejudica a indústria brasileira. Para ele, ainda há muito a ser feito para que o país cumpra seu potencial de crescimento e desenvolvimento. "Acho que o Brasil negligenciou a educação, sem investir na qualidade do ensino. Acho que falta pesquisa e desenvolvimento, e o governo precisa trabalhar nisso. Só agora o governo parece ter percebido que é necessário investir em infraestrutura."

Segundo Summerhill, a alta taxa de juros para o mercado nacional é o maior problema financeiro do Brasil. Ou seja, explicou, o brasileiro típico que quer tomar dinheiro emprestado para montar uma empresa ou sobreviver até receber uma renda que vem no mês seguinte enfrenta um custo de capital ainda muito alto. Isso torna qualquer negócio no Brasil mais caro e está precisando de uma reforma, talvez não só financeira, mas do Judiciário até, pois parte do problema vem dos direitos de propriedade.

O risco agora não é mais a inflação, diz. "No passado, a taxa de juros precisava ser alta por conta do risco da inflação, mas esse risco não justifica mais a alta taxa de juros do Brasil. O país precisa de uma microrreforma para que as pessoas que emprestam dinheiro tenham formas transparentes e de baixo custo para entrar na justiça e recuperar o valor emprestado." O Brasil pegou a onda das *commodities*, está "mandando bem", exportando muito, segundo Summerhill. Isso ajudou com a inflação e a taxa de juros. O problema é o que vai acontecer quando essa onda passar. É preciso ter um mercado mais eficiente. Essas reformas construiriam uma plataforma mais alta, para quando passasse essa onda, o Brasil pousasse em outro nível. Há o risco de que a aterrissagem se dê no mesmo lugar.

Para Summerhill, o principal erro brasileiro em busca do desenvolvimento econômico foi o de empregar o Estado para resolver problemas sem estabelecer restrições que garantam que mercados que estão funcionando não serão destruídos. É verdade que há áreas nas quais o mercado não funciona bem, diz, quando existe papel para o Estado. "Mas não significa que o Estado deva entrar dominando tudo e começar a mexer com outros mercados. O Estado deveria se preocupar com a atração de investimento", defende. Mesmo nos Estados Unidos, Summerhill acha má ideia ter controle do Estado sobre a economia. "Se o mercado não conseguiu resolver o problema, por que as pessoas acham que o Estado vai fazer melhor? O Estado é um grupo de políticos procurando fins políticos. As pessoas acham que o Estado tem de consertar falhas do mercado, mas a maior parte das falhas de mercado já é causada pelo Estado, pois já houve alguma interferência. Não é preciso mais regulamentação, mas regras mais efetivas, que sejam cumpridas", disse.

Ilusão legal e custo Brasil

Entre os vários problemas que podem atravancar o desenvolvimento econômico do Brasil, um dos apontados mais repetitivamente como maior risco para o país é excesso de regras ligadas às leis trabalhistas.

John Prideaux, correspondente da revista *Economist* que escreveu a reportagem especial sobre o Brasil, disse que este seria o ponto número um para dar um encaminhamento ainda mais positivo para o país. "Se pudesse falar de uma microrreforma urgente que deveria ser feita amanhã, é a reforma trabalhista", disse.

"O Brasil tem um código trabalhista extremamente rígido, que vem de uma época em que o governo sentia que o futuro do mundo seria um lugar em que todas as pessoas trabalhariam em grandes companhias manufatureiras parecidas com fabricantes de carros, em que as pessoas teriam um emprego para toda a vida e tudo seria muito estável. É extremamente caro contratar e demitir pessoas no Brasil, o custo passa de 50% do valor do salário, e o resultado disso é um grande mercado de trabalho informal. Efetivamente, o código de trabalho rígido exclui muitas pessoas de conseguirem um trabalho no mercado formal, pagando impostos." Isso tudo acaba incentivando a informalidade.

Segundo Werner Baer, as leis de fato são um problema, mas não tão sério assim. "A infraestrutura é um problema maior, pois há filas e filas de caminhões em época de colheitas. O país tem apagões. As estradas fora de São Paulo são péssimas."

A questão da legislação do trabalho no Brasil foi um dos principais temas abordados pelo coordenador da Conferência de História do Trabalho na América Latina, John D. French, autor do livro *Afogado em leis.*[51] Ele me concedeu entrevista em junho de 2010, e alegou que há um enorme exagero do que chamam de "custo Brasil", incluindo as questões trabalhistas do país. "Essa era uma grande questão do neoliberalismo nos anos 1990, tanto com Collor quanto com Fernando Henrique Cardoso, com o argumento de que o Brasil, especialmente por causa da sua legislação trabalhista, está em desvantagem na corrida competitiva da globalização. Para ser honesto, acho que por conta da má aplicação das leis trabalhistas no Brasil, a CLT já foi essencialmente flexibilizada desde o começo, e não acredito que ela seja, em si, um obstáculo para o desenvolvimento econômico do Brasil", disse.

Segundo ele, a evidência dos oito anos de governo Lula, com estabilidade e desenvolvimento, com grande atração de capital internacional, indica que as leis não são obstáculo. "Não houve nenhuma flexibilização na essência da lei, ou nenhum afrouxamento na cobertura legal. Mesmo sem uma mudança na essência da lei, nos últimos anos a economia do Brasil tem se dado muito bem, com aumento do emprego formal, com progresso. Não concordo com a *Economist*, e acho que a posição ideológica deles em defesa do mercado livre está muito clara nesta opinião", disse.

O investimento internacional vai para locais em que acha que vai ganhar dinheiro, explicou. "O neoliberalismo funcionou

---

51 Professor da Universidade Duke, na Carolina do Norte, French é doutor pela Universidade Yale, e especialista em movimentos trabalhistas no Brasil, onde viveu por muitos anos. Seu principal trabalho é o livro *Drowning in Laws: labor law and brazilian political culture* (*Afogando-se em leis: lei trabalhista e cultura política brasileira*), versão lançada em 2004, em inglês e mais completa, do estudo *Afogado em leis*, publicado anteriormente no Brasil. O trabalho é um resumo de anos de estudos no ABC Paulista, acompanhando os movimentos trabalhistas da região e relacionando-o à história política e econômica do Brasil.

nos anos 1990 com o argumento que vem desde Reagan, de que havia apenas um caminho para o futuro, que a globalização não era uma escolha, mas uma necessidade, e que, se os países em desenvolvimentos não seguissem as regras X, Y e Z, ele iria fracassar na tentativa de atrair investimento estrangeiro. Mais uma vez, acho que o caso brasileiro nos últimos oito anos prova que não é bem assim. O Brasil parou de tentar enfraquecer as leis trabalhistas para acomodar os interesses dos empregadores, e mesmo assim o investimento estrangeiro só faz crescer."

Em seu livro, French explica que desde 1943 o trabalho no Brasil é governado por um "código trabalhista altamente estruturado, minuciosamente regulamentado" que há muito vem sendo caracterizado como a "legislação trabalhista mais avançada do mundo". Originada durante a efervescência legal e política dos anos 1930 sob Getúlio Vargas, a legislação social e trabalhista do Brasil foi sistematizada em 1943 sob a ditadura do Estado Novo de Getúlio Vargas na Consolidação das Leis do Trabalho, ou CLT.[52] "A CLT tem funcionado desde 1943 como o código

---

52 A CLT é uma reunião consolidada de leis que provêm um guia em quase todos os aspectos importantes do mundo do trabalho. Além de dar base aos princípios fundamentais e normas legais, a CLT responde a centenas de questões secundárias, pequenas e grandes. As questões cobertas incluem horas de trabalho e acerto de salários, disciplina, contrato, demissão e pedidos de demissão, documentos trabalhistas, pensões, emprego de mulheres, menores e nascidos em outros países, saúde e segurança industrial e garantia e manutenção do emprego com base em tempo de serviço. As leis são um resultado do talento especial do regime de Vargas, que conseguia simultaneamente ganhar a simpatia das massas sem nome de trabalhadores, sem afetar negativamente os empregadores. "Na variante coloquial brasileira, Vargas havia se posicionado ao mesmo tempo como 'mãe dos ricos' e 'pai dos pobres'." Para muitos, a CLT foi mais importante iniciativa política identificada com Vargas e seu regime, caracterizando a postura

trabalhista do Brasil e assim contribuiu para a estabilidade legal e institucional do que se caracterizou como o sistema industrial de relações trabalhistas no país", diz.

"Apesar de ter oferecido esperança, a legislação trabalhista abundante e avançada do Brasil foi facilmente percebida como brincadeira pelos trabalhadores que se viam como afogados em um mar de leis encantadoras, mas ineficientes e frustrantes. Muito era oferecido, mas pouco era conquistado." O problema percebido na época era que a legislação era avançada demais para o Brasil.

A CLT foi traduzida para o inglês pela primeira vez em 1944 pelo próprio governo, que estava orgulhoso do seu trabalho. Para um historiador familiar com os Estados Unidos, uma primeira leitura da CLT produz uma reação curiosa, diz French. A pessoa é imediatamente alertada pelo extraordinário literalismo com que a CLT trata de direitos e garantias para os trabalhadores urbanos e suas organizações. "Se o universo do trabalho de fato operasse de acordo com a CLT, o Brasil seria o melhor lugar do mundo para se trabalhar. E mesmo se metade da CLT fosse posta em prática, o Brasil seria visto como um dos lugares mais decentes e razoavelmente humanos para os trabalhadores."

Vista da perspectiva de empregadores dos Estados Unidos, as relações trabalhistas do Brasil pareciam diferentes. O administrador americano no Brasil encontra um ambiente em que o interesse coletivo dos trabalhadores supostamente é protegido pela legislação, mas onde os sindicatos são relativamente fracos. "Um especialista americano, John Shearer, entrevistou administradores

---

paternalista dele. Uma das supostas intenções da CLT era evitar confrontos de classe no Brasil, criando uma harmonia social artificial. FRENCH, John D. *Drowning in laws: labor law and Brazilian political culture.* North Caroline: University of North Carolina Press, 2004.

de 35 companhias americanas no Brasil em 1958 e concluiu que 'relações trabalhistas estão muito abaixo na lista das preocupações dos investidores americanos'. Apesar da existência de sindicatos em todos os lugares, havia poucos casos de representação coletiva e poucos casos eram levados à Justiça", conta French.

A relativa fraqueza do trabalhismo organizado deixava muitos administradores americanos entusiasmados com o Brasil. "O vazio entre o ideal e o real era grande mesmo no caso de direitos individuais. 'A extensa e avançada legislação trabalhista do Brasil', notou o enviado dos Estados Unidos Irvin Salert em 1953, 'são quase completamente ignoradas no nível das fábricas'."

A principal fraqueza do sistema legal esta em sua aplicação. O problema da CLT, de uma perspectiva norte-americana, está no forte contraste com a abordagem mais pragmática dos anglo-americanos ao lidar com o trabalhismo, com sua ênfase na barganha coletiva. O trabalhismo no Brasil tende a codificar todas as formas concebíveis ligadas ao trabalho e questões sociais em um livro estatuto. Isso faz com que a lei esteja adiante da real situação econômica e social. "Uma lei como a CLT pode prometer uma melhora de 80%, mas só entrega 20% dela."

Segundo French, a CLT foi promulgada para o Brasil aparecer, para divulgação internacional, "para inglês ver". Para muitos, a falha fatal do sistema de leis trabalhistas brasileiras tem sido a diferença entre o que é proclamado no papel e a realidade praticada nos locais de trabalho e aceita nas cortes trabalhistas. "Se assumirmos, entretanto, que os arquitetos da lei não estavam agindo de boa-fé, este vazio pode ser visto como a chave para a sobrevivência da CLT e a origem do seu sucesso contínuo. Se a CLT tivesse sido aplicada vigorosamente, conflitos profundos teriam se seguido entre a burocracia do governo e os poderosos interesses privados. Ao não aplicar a lei de forma consistente, porém, o governo e a Justiça ganharam ao menos a tolerância desses grupos ao agir em nome deles, mesmo que o sistema não tivesse sido estabelecido em sua defesa."

O argumento da falta de aplicação da lei do trabalho é válido também para as outras leis do Brasil, explicou-me French quando conversamos. O Brasil tem o costume de se apropriar dos procedimentos legais de uma forma própria, disse. "A elite letrada do Brasil tem historicamente criado um mundo alternativo nas leis que são colocadas no papel. Eles criam mundos imaginários de perfeição que os fazem pensar que estão participando de uma tendência global, como se a realidade do Brasil e dos países da Europa fosse a mesma." Ao mesmo tempo, há o desejo de ter leis perfeitas, mais avançadas do que em qualquer país, mesmo que elas nem sempre funcionem na prática. O fato, complementa, é que o Brasil quer ser progressista na forma de leis, mas a realidade é diferente, e neste caso, a polícia mata centenas de pessoas por ano sem se responsabilizar por isso. "O Brasil é uma sociedade cheia de leis, mas ao mesmo tempo uma sociedade sem leis."

Quantidade e qualidade

Além de todos os desafios que ainda se colocam no caminho do desenvolvimento brasileiro, mesmo as áreas da economia que contribuíram para o sucesso do Brasil vivem novas fases de desafios, com novos níveis de dificuldade para avançarem, segundo Vinod Thomas, do Banco Mundial.

A inclusão social, por exemplo, precisa enfocar a qualidade dessa inclusão, trabalhando a educação superior, a formalização do mercado de trabalho, a geração de mais empregos. Há uma segunda geração de desafios nessas áreas de sucesso, e essas áreas não estão encerradas. "Em um nível diferente, diria que as questões agora estão mais relacionadas à qualidade, não mais à quantidade", explicou. Enquanto o Brasil evoluiu para se tornar um país de renda alta, que é algo alcançável, a qualidade de vida e o que precisa acontecer para ser um país de alta renda e de alta qualidade de vida, é preciso trabalhar a questão energética, de seguridade social, questões de microfinança, coisas que ajudem a subir a escada. São desafios difíceis. "Diria, entretanto, que o projeto do Brasil em 2025 vai vir com progresso e reformas para trazer mais qualidade de vida para os brasileiros. Isso está indo no caminho certo, independentemente das disputas políticas, e acho que o Brasil vai aproveitar que está com as peças no lugar certo para se aproveitar da atual situação. É preciso uma visão nacional para isso."

Um dos motivos para esse otimismo é que Thomas acredita que algumas das reformas na política econômica se tornaram institucionalizadas, em oposição a projetos partidários que vêm e vão com mudanças políticas. "Isso cria um ciclo virtuoso, pois a comunidade global passa a acreditar no país e a reagir de acordo com essa crença, então as instituições se fortalecem e fica mais difícil desfazer o que vem sendo feito no longo prazo."

Política

A institucionalização democrática

Pouco tempo depois de assumir a Presidência dos Estados Unidos, em 2009, Barack Obama resumiu em uma curta frase a impressão dos Estados Unidos sobre a política brasileira. "Ele é o cara. É o político mais popular da Terra",[1] disse, referindo-se a seu colega brasileiro, Luiz Inácio Lula da Silva, prestes a encerrar oito anos de mandato. Assim como governou com popularidade recorde[2] no Brasil, Lula também conseguiu exportar bem a sua imagem para o resto do mundo, e surfou no avanço da economia

---

1   O comentário foi feito em uma roda de líderes mundiais, pouco antes do início da reunião do G20, em Londres, em 2 de abril de 2009. BBC Brasil. Obama diz que Lula é 'o político mais popular na Terra'. G1, 2 de abril de 2009. Economia e Negócios.

2   Em dezembro de 2010, a dois dias de encerrar seu mandato, o governo do Presidente Lula foi considerado "bom" ou "ótimo" por 87% do eleitorado brasileiro, de acordo com pesquisa do Instituto Sensus. O levantamento foi realizado entre os dias 23 e 27 de dezembro, quando o Instituto Sensus ouviu 2 mil entrevistados em 136 municípios de 24 estados, e registra um novo recorde de popularidade. G1. Popularidade de Lula bate recorde e chega a 87%, diz Sensus, 29 de dezembro de 2010. Política.

para tornar o país mais relevante na política internacional, evidenciando o que os americanos veem como amadurecimento da política brasileira, capaz de, com todos os problemas de qualquer democracia, ter continuidade de longo prazo em políticas nacionais e institucionalizar posturas pragmáticas de governo.

Por mais que os observadores internacionais ainda vejam muitos problemas, o avanço brasileiro nos 16 anos em que o país foi governado por Fernando Henrique Cardoso e por Lula é apontado como uma enorme transformação na mentalidade política brasileira. E, mesmo reconhecendo os méritos do governo FHC em criar bases para uma nova política nacional, o ponto normalmente apontado como mais importante para o Brasil foi a "Carta ao Povo Brasileiro"[3] divulgada por Lula pouco antes de ele ser eleito presidente, e já indicando que ele daria continuidade ao que havia sido iniciado pelo governo anterior.

Se, em economia, a virada brasileira pela ótica americana veio quando o país se assumiu de vez como capitalista, o momento da ascensão de Lula ao poder, em 2003, foi interpretado como a consolidação do abraço brasileiro à política "de centro". Segundo analistas norte-americanos, o Brasil abraçou o pragmatismo e a seriedade, abrindo mão de idealismo e de fantasias, e buscando caminhos alcançáveis através da institucionalização da continuidade.

"A esta altura, estamos no 16º ano do governo FHC", disse Larry Rohter, ex-correspondente do jornal *New York Times* no

---

3   Em junho de 2002, quando ainda era pré-candidato à Presidência, Lula leu o texto que chamava de "Carta ao Povo Brasileiro", tentando acalmar o mercado financeiro em relação a sua candidatura. O texto tinha três páginas e meia e reafirmava o compromisso do petista com o cumprimento dos contratos brasileiros, se fosse eleito. Lula rejeitava, por exemplo, a hipótese de calote da dívida do país, temida pelo mercado. Lula culpa governo FHC pela crise financeira. *Folha de S. Paulo*, 23 de junho de 2002. Brasil.

Brasil e autor de *Brazil on the Rise*, lançado no segundo semestre de 2010. "A política econômica do governo Lula, com o passar dos anos, é cada vez mais social-democrata, no sentido europeu. Claro que ainda existem no partido facções e grupos nostálgicos da linha marxista-leninista, mas não são a maioria", completou[4].

A percepção internacional positiva em relação à economia brasileira acompanhou o fluxo conquistado pela economia e se consolidou a partir da segunda metade dos anos 1990, com o governo de FHC. Estudiosos já relatavam três anos após o Plano Real e a eleição do sociólogo, que ainda havia muita desconfiança em relação à durabilidade do controle da inflação e das conquistas do governo, mas demonstravam bastante otimismo quanto a um futuro promissor do Brasil. "O governo de Cardoso, eleito com grande apoio popular, iniciou o processo de revisão da Constituição estatizante de 1988 e deu prioridade à luta contra a inflação (com o plano Real), diminuindo o setor público e atraindo investimento externo direto."[5]

Quem aborda a questão política de forma mais profunda é o diretor de Estudos do Hemisfério Ocidental e do Programa de Estudos da América Latina da Universidade Johns Hopkins, em Washington DC, Riordan Roett.[6] Segundo ele, com a elei-

---

4 SORG, Letícia. Larry Rohter: "Este é o 16º ano do governo FHC". *Época*, Mundo, 29 de agosto de 2010. Diaponível em: http://revistaepoca.globo. com/Revista/Epoca/0,,EMI166579-15227,00-LARRY+ROHTER+ESTE +E+O+ANO+DO+GOVERNO+FHC.html

5 ROETT, Riordan: Brazilian Politics at Century's End. In. PURCELL, Susan Kaufman, ROETT, Riordan (edit.). *Brazil Under Cardoso*. Colorado: Lynne Rienner Publishers Inc., 1997.

6 Autor de *The New Brazil*, Roett foi detido pelos militares durante a ditadura brasileira em 1970, sob suspeita de ter ligação com comunistas. Ele recebeu a Ordem de Rio Branco do governo brasileiro e é autor

ção de FHC como o "primeiro chefe do Executivo moderno no Brasil", houve uma grande expectativa de que sua Presidência seria um ponto de ruptura na modernização da economia brasileira.

"Comparado com seus vizinhos no hemisfério – Argentina, Chile e Peru – o Brasil era visto como se estivesse lento em seu esforço para introduzir uma economia de mercado, fazer privatizações de empresas do Estado, resolver o desequilíbrio fiscal e oferecer os incentivos para uma economia competitiva de século XXI."

Para Roett, a crença em que "Cardoso", como FHC é conhecido nos Estados Unidos, seria capaz de superar o personalismo e o populismo que caracterizaram a política brasileira por décadas era baseada no sucesso impressionante do seu Plano Real. "Sua vitória sobre Luiz Inácio Lula da Silva pareceu confirmar que o Brasil estava pronto para mudanças." Ele alega que as palavras "imobilismo" e "beco sem saída", comuns para apresentar o Brasil até 1994, são inapropriadas para descrever a política brasileira pós-FHC. "O processo político é altamente fluido – novas coalizões e alianças nascem a cada dia no Congresso. Enquanto comentaristas políticos parecem ver um sistema imobilizado, o que funciona no dia a dia no Brasil é um sistema que se move rapidamente em reação – e para proteger – aos interesses locais e estaduais das elites econômicas e políticas que querem se eleger. Enquanto o sistema é desfuncional da perspectiva da teoria política, é altamente funcional – e bem-sucedido – para aqueles interessados em manter o atual equilíbrio de poder no Brasil."

O pesquisador faz uma longa crítica ao sistema político brasileiro e sua história. Segundo ele, trata-se de uma estrutura bem

---

de pesquisas sobre o Brasil, incluindo *Brazil – Politics In A Patrimonial Society* (*Brasil – política em uma sociedade patrimonial*, de 1999). Entrevista ao autor em 7 de dezembro de 2009.

particular, em que os partidos políticos são como grupos móveis de indivíduos interessados em si mesmos, que acham conveniente se juntarem sob um nome indiferente que normalmente inclui palavras como "progressista", "social" e "democrático". "Na realidade, a forma e o conteúdo da entidade particular provavelmente vai demonstrar pouco progressismo na orientação do programa, comprometimento muito modesto com reforma ou mudança social e impaciência com a ação democrática."

Roett critica a Constituição de 1988, que considera um documento regressista, populista, "criado como bomba-relógio na política nacional ao transferir parte significativa da renda nacional para estados e municípios, enquanto deixa a responsabilidade por programas sociais com o governo federal, que agora tem uma receita reduzida". Ele diz ainda que o sistema de partidos políticos tem sido afetado por constante mudanças de filiação, alianças oportunistas e curtas e falta de liderança nacional com credibilidade. Para o pesquisador, há deturpações na estrutura de poder político com pequenos estados "deliberadamente sobrerrepresentados" e grandes estados, como São Paulo e Minas Gerais, "deliberadamente sub-representados". "Governos sucessivos optaram por favorecer a sobrerrepresentação para os estados menores e mais marginais como forma de compensar o poder econômico e a influência dos maiores membros da federação."

O longo desenvolvimento do processo partidário no Brasil leva a uma conclusão, segundo Roett: a base do poder no Brasil é local. Já que líderes locais exercem tremenda influência nas preferências dos eleitores, especialmente em áreas rurais, uma base local tem grande influência sobre aqueles eleitos para a Câmara a cada quatro anos. O sistema produz efeitos negativos para o processo legislativo em Brasília.

Em relação aos políticos, "há pouca vantagem para eles em votar a favor do interesse nacional, já que seu interesse é local e regional. E o presidente é forçado a negociar e barganhar item por item, com ofertas federais em um jogo precário voltado a ganhar votos suficientes para movimentar o processo de reforma adiante". O ritmo das reformas, explica, é determinado pelos interesses dos principais negociadores de poder. Sempre há espaço para ceder, oferecer proteção, negociar e barganhar. Mas os custos fiscais deste processo são altos – e em último caso podem desfazer muito do trabalho anterior para reestruturar a economia.

Para entender como o Brasil começou a se estruturar e a mudar de perfil, tornando-se uma democracia mais estável, é preciso "voltar para FHC, à lei de responsabilidade fiscal, às metas de inflação, o próprio Plano Real, tudo isso convenceu a comunidade internacional de que o Brasil é um país cada vez mais sério. Claramente, a elite política brasileira se provou, deixando a corrupção e todos os outros problemas de lado, muito adaptável em administrar os negócios do país, e conseguiu levar o Brasil de sucesso em sucesso", explica.

Apesar de toda a crítica ao sistema, Roett defende que a estrutura mudou no país na virada do século XXI. "Nunca pensei que veria 16 anos de relativa continuidade e claridade em política em Brasília. Não é verdade que tudo acaba em pizza. Cardoso e Lula deixaram muito claro que não se pode nem pensar em mexer no Banco Central e no ministro da Fazenda, por exemplo. Os políticos podem ter o que quiserem com o Ministério de Integração Nacional ou qualquer outro, mas não se pode destruir a boa reputação que o Brasil tem hoje no mercado internacional."

Quando ia a Brasília durante os governos de Sarney, Collor Itamar Franco, Roett achava fácil acreditar que o Brasil ia quebrar em algum momento. "O país era tão mal administrado, programas heterodoxos de choque, inflação alta, mudança de presidentes e ministros da Fazenda. E Fernando Henrique acabou com tudo isso", disse.

Corrupção funcional

Dentro da abordagem da política brasileira nos Estados Unidos, um dos temas que mais atrai a atenção e mais deixa os estrangeiros chocados é a corrupção. Não que seja um mérito puramente brasileiro, e mesmo nos Estados Unidos não chega a ser raro ver escândalos de tráfico de influência e poder, mas impressiona o fato de que no Brasil não há punição para os corruptos, que muitas vezes voltam logo em seguida ao poder.

O jornalista americano Seth Kugel, correspondente do portal *Global Post* no Brasil, disse que a corrupção e o sistema jurídico são os pontos da política brasileira que mais o impressionam. Ele vive em São Paulo desde 2008, diz que os escândalos não chegam a ser mais surpresa, porém não consegue se acostumar. "Fico muito impressionado com o sistema jurídico. Acho impressionante que os corruptos não vão para a prisão."[7]

Em 2009, em meio ao escândalo dos atos secretos do Senado brasileiro, Kugel reuniu em uma reportagem perguntas e respostas para entender a crise, um guia para os escândalos intitulado de *Brazilian Senate scandals: a guide*, em que comparava as denúncias

---

7   Kugel é jornalista americano correspondente do portal Global Post no Brasil desde 2008, escreve também para o *New York Times*. É autor do livro *Nueva York: The Complete Guide to Latino Life in the Five Boroughs* (*Nueva York: o guia completo da vida latina nos quatro bairros*). Entrevista ao autor em 12 de janeiro de 2010.

no Brasil às acusações que levaram um vereador de Nova York, Miguel Martinez, a renunciar ao cargo e restituir cerca de US$ 100 mil aos cofres públicos. "Isso simplesmente não aconteceria no Brasil", disse, em referência à punição ao político americano. "Renunciar ao cargo: ocasionalmente. Devolver dinheiro aos cofres públicos: raramente. Ser preso? Provavelmente nunca. Relembre os últimos escândalos e você achará muitos dos seus protagonistas de volta aos cargos públicos".[8]

Roett explicou que o Brasil desenvolveu um modelo próprio de política, que consegue aliar um método de ter um governo competente paralelo à manutenção de uma corrupção acima da média internacional. "É um modelo novo e interessante. Enquanto o país tem presidentes muito fortes, como Cardoso e Lula, que foram capazes de traçar uma linha, infelizmente há a corrupção, o mensalão, o abuso de poder. Este é o preço que o Brasil paga por enquanto, até que os dois lados se encontrem, levando a política local com imagem internacional e com a administração monetária e fiscal."

Segundo ele, pode-se chamar isso por enquanto de uma corrupção funcional. "Por conta do terrível sistema eleitoral do país, abriu-se uma porta para a corrupção, más coalizões, mudanças de partidos... Até que se introduzam reformas políticas, mesmo que pequenas, haverá um impacto dramático em poucos anos, gerando uma nova classe política. Estamos falando disso há décadas e nada aconteceu. E temos de aceitar que o Brasil está funcionando perfeitamente bem com seu sistema atual."

Roett tratava de uma mudança no perfil político do país, acreditando que programas sociais como o Bolsa Família

---

8 KUGEL, Seth. Brazilian Senate scandals: a guide. *Global Post*, 4 de agosto de 2009.

começaram a mudar o Norte e o Nordeste, e que os antigos "donos do poder", os velhos coronéis, não estavam mais no comando como até dez anos antes. "Algumas pessoas podem dizer que o que há agora é uma nova versão, petista, dos coronéis. Não acho que seja de verdade. O Bolsa Família tem a importância de fortalecer as mulheres, que não é algo comum no Brasil, e também está conseguindo fazer investimentos básicos em educação e saúde que, obviamente, com o tempo, vão formar um eleitorado mais bem informado e crítico."

Lula, o cara

A interpretação comum entre os americanos é de que Lula apenas manteve o que havia sido iniciado por seu antecessor. O interessante é que isso não é visto como uma postura menos importante, ou menor, e a "guinada ao centro" da política brasileira, com mais acordos entre direita e esquerda e sem rupturas, é apontada como mérito pessoal de Lula e base para o desenvolvimento político e econômico do país.

A avaliação dos oito anos de governo Lula beira a idolatria. Os americanos que conhecem o Brasil admiram o pragmatismo e os programas sociais do presidente, encantam-se com seu "jeito humano", empolgam-se com sua personalidade popular e com suas declarações bem-humoradas.

Por um lado, o presidente brasileiro é visto como o oposto dos líderes controversos da região, como o venezuelano Hugo Chávez e o boliviano Evo Morales – uma alternativa mais séria e competente nesta "onda rosa" de governos de esquerda na América Latina, conseguindo agradar ao mesmo tempo à elite financeira e à população carente. Por outro lado, Lula é comparado

96   Daniel Buarque

a grandes estadistas da história de Brasil e Estados Unidos, como Abraham Lincoln,[9] Franklin Delano Roosevelt[10] e Getúlio Vargas. A crítica a ele, quando há, é pela dificuldade que muitos têm em entender sua história e seus interesses, alegando que ele parece ser uma icógnita.

A relevância dele é tão grande que Lula apareceu várias vezes na mídia dos Estados Unidos ao longo do seu governo, como um dos nomes mais importantes da política mundial. Um dos principais reconhecimentos veio em 2010, quando a revista semanal *Time* o incluiu na lista de líderes mais influentes do planeta.[11] Não foi a única vez que o brasileiro teve reconhecimento internacional por sua atuação. Lula já havia recebido outras homenagens de jornais e revistas relevantes mundialmente. Em 2009, ele foi escolhido pelo jornal britânico *Financial Times* como uma das 50 personalidades que moldaram a última década. Também foi eleito o "Homem do ano 2009" pelo jornal francês *Le Monde*,

9   Lincoln foi o 16º presidente dos Estados Unidos, entre 1861 e 1865, considerado responsável pela união do país após a Guerra Civil e pelo fim da escravidão.

10   FDR foi o 32º presidente dos Estados Unidos, entre 1933 e 1945, apontado como responsável pela recuperação da economia americana após a crise de 1929 e a Grande Depressão, e pela vitória dos Aliados na Segunda Guera Mundial.

11   A relação foi divulgada oficialmente em 29 de abril de 2010, no site da revista, e foi recebida no Brasil como indicação de que Lula era "o" mais influente do mundo, seguindo o tratamento dado por agências de notícias à relação da revista americana. A edição de fato colocou Lula como o primeiro da lista de "líderes", por mais que não diga de forma direta em nenhum momento que o elenco ali reunido está em um ranking. STENGEL, Richard. Under the Incluence. *Revista Time*, 29 de abril de 2010. Disponível em: http://www.time.com/time/specials/packages/article/0,28804,1984685_1985638,00.html

na primeira vez que o veículo decidiu conferir a honraria a uma personalidade política. Na mesma época, o jornal espanhol *El País* escolheu Lula o personagem do ano. Na ocasião, o então presidente espanhol José Luis Zapatero redigiu o artigo de apresentação do brasileiro e disse que Lula "surpreende" o mundo. O perfil de Lula na "Time" foi escrito pelo premiado e controverso documentarista Michael Moore.[12] Seu texto sobre Lula traz uma abordagem simplista e idealizada do trabalho do presidente. Segundo o cineasta, a eleição de Lula em 2002 fez os "barões ladrões" do Brasil checarem o tanque de combustível dos seus jatos, dando a entender que os ricos brasileiros temiam que Lula fosse fazê-los "pagar" pelo passado de desigualdade do país. O Lula de Moore é um "filho genuíno da classe trabalhadora latino-americana". O cineasta traça a vida de Lula e diz que o que o levou à política foi a morte de sua mulher por falta de atendimento médico. "Eis uma lição para os bilionários do mundo: deixem o povo ter bom tratamento de saúde e eles vão causar menos problemas para vocês", diz.[13]

Em uma análise menos idealizada, o coordenador de estudos brasileiros na Universidade de Illinois, Joseph Love, diz que "Lula teve bom-senso de continuar a política de Cardoso interna e externamente. Para os Estados Unidos, ele faz contraste com os

---

12   Autor de filmes que transformaram o gênero documentário em arrasa-quarteirões, como *Tiros em Columbine* e *Fahrenheit 11 de setembro*, Moore é constatemente acusado por críticos de manipular a informação a fim de dar maior impacto ao que apresenta em seus filmes.

13   MOORE, Michael. Luiz Inácio Lula da Silva. *Revista Times*. 29 de abril de 2010. Disponível em: http://www.time.com/time/specials/packages/article/0,28804,1984685_1984864,00.html

governos populistas de Venezuela, Bolívia e Argentina"[14]. Love explica que, ao dar continuidade o que já vinha sendo feito, o presidente, na verdade, rompeu com o passado de disputa do país e ajudou o Brasil a entrar num período de estabilidade raro.

Para Love, há ainda o fato de Lula ter uma história ímpar, que atrai o interesse internacional como nenhuma outra do planeta. "A unicidade de Lula atrai a atenção. Pelo fato de ser uma pessoa com pouca educação, de raça mista, vindo da região mais pobre do país, que mostra sua personalidade como exemplo de mobilidade social, o que pode influenciar outros países. Nos Estados Unidos, nunca tivemos um membro da classe operária como presidente. Este caso dele é único."

O professor Roett também defende a relevância de Lula, e concorda com a opinião da revista *Economist*, que diz que o presidente Lula foi "mais sortudo de que competente"[15], mas alega que isso "é muito importante em política". Na opinião dele, pode-se defender que todo o avanço do Brasil foi graças a Lula, mas o crédito tem que ir também ao governo anterior e à equipe montada pelo presidente quando assumiu o poder. "Lula escutou bem o lado financeiro do seu governo. Teria sido fácil deixar o velho Lula reaparecer e gastar, imprimir dinheiro. Aposto que algumas vezes ele pensou nisso, para gastar mais no lado social."

A opinião de Roett não é unânime, e para alguns pesquisadores americanos que acompanham a política brasileira de longe,

---

14   Love é autor de *Brazil under Lula*, livro escrito em parceria com o economista Werner Baer, em que analisa o governo do presidente brasileiro. Entrevista ao autor em 18 de janeiro de 2010.

15   PRIDEAUX, John. Getting it together at last. *The Economist*, 14 de novembro de 2009.

aperfeiçoou esses programas e desenvolveu mais essa tendência, que chamo de 'social-democracia de centro-esquerda' que está sendo implementada no país. Não é uma transformação radical que vai modificar a diferença entre os pobres e os super-ricos no país, mas há uma melhora lenta na vida das pessoas."

Institucionalização dos acertos

Mais importante de que a atuação de um ou outro presidente, a principal alteração no Brasil sob FHC e Lula foi institucional, explicou Bryan McCann, diretor do Programa de Estudos Brasileiros no Departamento de História da Universidade Georgetown[21]. "A estrutura institucional é diferente e não há tanto espaço no Brasil para a reemergência de líderes populistas que transformem essas instituições, para o bem e para o mal. O Brasil tem instituições mais fortes de que os outros países da América Latina, e isso é uma vantagem na maior parte dos casos", disse.

Segundo ele, há situações em que a institucionalização política pode ser também um obstáculo, como no caso de reformas políticas, que têm sido difíceis de realizar. "O Brasil vai continuar sua caminhada com um líder sem tanta popularidade, reforçando suas instituições democráticas."

---

21   McCann é diretor do Programa de Estudos Brasileiros no Departamento de História da Universidade Georgetown. Estudou de forma aprofundada o populismo latino-americano e escreveu sobre a história do rádio, da música popular, da política e do jornalismo no Brasil. Realizou uma pesquisa sobre as associações de bairros que mudaram o espaço urbano do Rio de Janeiro na segunda metade do século XX. É autor de *Hello, Hello Brazil* (*Alô, alô Brasil*) e *Throes of Democracy: Brazil since 1989* (*Espasmos de democracia: Brasil desde 1989*). Entrevista ao autor em 11 de dezembro de 2009.

McCann alega ser difícil dizer "tão cedo" se Fernando Henrique ou Lula foram mais relevantes para a história do Brasil. "Institucional e administrativamente os dois podem ser considerados de centro-esquerda e ambos tiveram governos de centro-esquerda em termos de reforma política e econômica." Está claro, complementa, que FHC realizou reformas necessárias que permitiram que o Brasil crescesse em uma época em que atrair capital internacional era crucial para garantir o crescimento, e foi preciso fazer concessões para atrair o capital multinacional. Lula assumiu em uma época em que a presença deste capital internacional estava um pouco mais segura e o contexto havia mudado, permitindo que o crescimento brasileiro estivesse se consolidando.

O mais importante para o futuro, segundo ele, seriam as reformas políticas. "Não tenho uma receita exata, mas quando vemos o aparecimento de casos como o mensalão, faz pensarmos que há práticas da política brasileira que reproduzem este tipo de 'caixa dois', pagamentos 'por fora', e alguma reforma precisa atacar este tipo de coisa, até por não ser algo específico de um ou outro partido, mas bem mais geral."

Quem melhor resume o processo político pelo qual o Brasil passou desde a redemocratização, e especialmentes nos 16 anos de governo de FHC e Lula, é o cientista político Alfred P. Montero. "Os dois presidentes substituíram pureza ideológica por estratégias políticas práticas", explicou.[22]

---

[22] Professor do Carleton College, Montero é autor de *Brazilian Politics: Reforming a Democratic State in a Changing World* (*Política brasileira: reformando um Estado democrático em um mundo em transformação*), em que aborda o avanço do pragmatismo e da competência do governo do país em contraposição à incapacidade de resolver problemas-chave, como a desigualdade. Entrevista ao autor em 23 de março de 2010.

Segundo o pesquisador, apesar da política pragmática dos dois presidentes, o sistema político do Brasil é complicado demais, e o avanço real perdeu destaque pela impossibilidade de resolver problemas gritantes no país, como a desigualdade. "Enquanto o antecessor de Lula, Cardoso, não teve um partido disciplinado como o PT do seu lado, ele liderou com o mesmo estilo pragmático."

Montero foca a questão da democracia no Brasil em cinco pontos específicos: força do Estado, representação, equidade social, cidadania e participação política, e o papel no Estado em uma comunidade global de estados. Segundo ele, o Brasil atualmente pode ser e é chamado de "democracia", mas uma "democracia sem...": "Quer dizer, uma democracia em que faltam alguns graus de alguns desses ingredientes essenciais desse sistema."[23]

Ele trata da questão da democracia sem Estado forte, por exemplo, que seria necessário para resolver os problemas de desigualdade econômica e distribuição de renda no país. Trata ainda da "democracia sem representação", em que o domínio da oligarquia é um pilar da história do país. "Mesmo no Brasil democrático de hoje, as elites tendem a criar constituências que as mantêm no poder e mantêm seu acesso a recursos da patronagem. O clientelismo − a prática de trocar favores para apoiar um bloco de interesses específico − substituiu a representação de classes e grupos." Ele alega que o Brasil é também uma "democracia sem equidade", pois a desigualdade política levou a aumento nas diferenças sociais.

Montero explica que o Brasil também é uma "democracia sem identidade internacional", e alega que, mais de que nunca, o

---

23 MONTERO, Alfred P. *Brazilian Politics: Reforming a Democratic State in a Changing World*. United Kingdom: Polity Press, 2005.

país depende de uma comunidade maior de países. "As regras básicas de comércio internacional, regulamentações financeiras, políticas industriais, direitos de propriedade, direitos humanos, administração de recursos comuns, como o mar e o ar puro, e segurança internacional são temas primordiais de interações entre estados, não os desígnios de um único estado particular ou império."

Segundo ele, em razão de seu tamanho, seu nível de desenvolvimento e o profissionalismo do seu corpo diplomático, o Brasil está bem colocado para ter um papel-chave na política mundial. Mesmo assim, precisa se sobrepor a sua tendência "de olhar apenas para si mesmo". "O Brasil precisa construir uma identidade para si mesmo no mundo, baseando-se em valores centrais que esteja disposto a defender no palco global, mesmo contra os interesses dos Estados poderosos, como os Estados Unidos e a supranacional União Europeia. O forte envolvimento do Brasil em grupos de comércio regional e organizações internacionais e geoestratégicas e a importância ambiental da Amazônia apresentam oportunidades importantes para que os líderes do país forjem um papel distinto no mundo."

Montero negou, entretanto, que se pudesse dizer que a democracia brasileira não estava completa. "Nunca gostei da ideia de que a democracia pode ser completa. O termo correto é consolidada. O Brasil não está em período de transição. Desde a Nova República há uma democracia consolidada. Mas ainda há coisas a serem feitas. Até mesmo países como Estados Unidos e Inglaterra continuam explorando os limites da sua democracia, então é um processo longo", disse.

Para ele, o Brasil é consolidado como democracia, mas tem problemas, e mencionou especialmente a questão da responsabilidade dos políticos perante a sociedade, o que se chama de *acountability*, em inglês, indicando que os responsáveis por erros e por corrupção não são punidos.

Disputa entre iguais

Por mais que seja frequente o comentário a respeito da continuidade entre os dois governos, os pesquisadores americanos assistiam ao discurso de Lula a respeito da "herança maldita" recebida do governo anterior[24]. Este tipo de declaração, segundo o professor de Sociologia na Universidade Rutgers, Ted Goertzel[25], não passava de discurso. "Isso é so política, é retórica. Acho que não é um problema. Acho que Cardoso, pessoalmente, merecia um pedido de desculpas, pois ele não é valorizado o quanto merecia, mas em perspectiva histórica, ele vai aparecer com mais destaque."

Goertzel diz que os dois presidentes estão preocupados com seus legados históricos e vão aparecer bem na perspectiva do futuro. Segundo ele, Lula sempre fala em mudança, diz que não continuou as políticas do antecessor, mas a política fundamental é basicamente a mesma. "Lula trouxe mudança real de estilo, de pensamento positivo, de liderança carismática. Quando ele fala em mudança, deve estar enfocando mais em

---

24 "Eu recebi uma herança maldita, que era um país andando para trás", disse Lula às vésperas de deixar o governo, no final de 2010. Trata-se de uma crítica comum que fez ao longo de seu mandato em relação ao governo anterior de FHC. Reuters. Lula diz que não deixará 'herança maldita' para Dilma. G1, 12 de novembro de 2010.

25 Goertzel é professor de Sociologia na Universidade Rutgers, em Camden, Nova Jersey, e autor de *Fernando Henrique Cardoso e a reconstrução da democracia no Brasil* (Ed. Saraiva, São Paulo, 2002), biografia do ex-presidente brasileiro que analisa seu governo. Entrevista ao autor em 4 de maio de 2010.

estilo e não nas políticas reais. Cardoso falaria só de política. Lula gosta mais de deixar todo mundo feliz e entusiasmado. Isso é válido, e Cardoso não fazia isso bem. Ele tem essa habilidade que seu antecessor não tinha."

Em 2002, Goertzel defendeu o saldo positivo do governo de FHC, que se encerrava. Ele respondia a artigos que citavam avanços, mas criticavam a política econômica do governo como sendo responsável por uma quase estagnação. "Mas as economias são caóticas e imprevisíveis, e o ciclo econômico segue sua dinâmica própria. É melhor não atribuir aos presidentes nem crédito demais, nem culpa demais pelos altos e baixos econômicos." A crítica, segundo Goertzel, diz que FHC deveria ter desvalorizado o real mais cedo. "Olhando em retrospectiva, todos concordam com isso, até mesmo o FMI. Mas não era tão evidente assim na época. Havia o receio legítimo de que a hiperinflação pudesse voltar." Segundo ele, os próprios economistas do PT não tiveram tanta visão de futuro: "Pensaram que a hiperinflação voltaria". Ele ainda responsabiliza a oposição petista durante o governo FHC por dificultar o avanço econômico do país.

"A democracia é um valor importante, mas ela realmente dificulta a gestão das transições econômicas, como podemos ver se compararmos as experiências russa e chinesa. No Brasil, a oposição democrática dificultou o trabalho de Fernando Henrique em administrar situações delicadas. "A oposição forte de esquerda impediu que fossem levadas adiante muitas das reformas que FHC esperava completar. Parece ser pouco generoso que defensores da esquerda critiquem Fernando Henrique por não ter feito coisas às quais a esquerda montou oposição acirrada durante os oito anos de FHC na Presidência".

Goertzel compara os dois presidentes, alegando que as pessoas procuram três qualidades principais em seus líderes: competência, força e empatia. "FHC era altamente competente e tão forte quanto era preciso ser. Seu principal ponto fraco era a incapacidade de transmitir empatia, de fazer a população saber que ele sentia sua dor e compartilhava seus sonhos." Em contraposição, diz, o principal ponto forte de Lula é justamente sua empatia, e a população reagiu a ela. "Ele também é um líder forte, mas sua competência como líder político nacional ainda não foi posta à prova. Ele terá que adaptar habilidades que desenvolveu como líder sindical e partidário, e para isso terá a ajuda de uma excelente equipe de assessores."

Em relação ao discurso lulista de que FHC deixara uma "herança maldita", Goertzel disse que ninguém vence uma eleição elogiando o outro lado, e a popularidade de Fernando Henrique estava num patamar tão baixo que mesmo o candidato de seu próprio partido lhe dava reconhecimento apenas a contragosto. "Lula e Fernando Henrique são velhos amigos cuja relação data da longa luta contra o regime militar. Eles têm metas semelhantes para o Brasil e são homens práticos, que não têm vontade nenhuma de afundar na defesa gloriosa de sonhos impossíveis."

Goertzel sempre é mencionado como sociólogo e biógrafo de FHC, e entende que as pesoas achem que ele seria partidário do ex-presidente do PSDB. Ele alega, entretanto, que apoiou FHC e em seguida apoiou Lula também, acreditando que este fez um bom trabalho. "Tinha conexão com Cardoso por ser sociólogo e conhecer pessoas em comum, e isso traz simpatia pela carreira dele. Admiro o que Lula fez como continuidade do governo anterior, sem romper. Olhando de fora, acho que estava certo com as coisas que elogiava, e acho que o próprio Lula sabe disso", disse. Depois de publicar um livro sobre FHC, Goertzel trabalhava, em 2010, em um livro sobre Lula, a ser publicado no mercado editorial norte-americano.

Segundo Goertzel, Lula lida bem com a ideia de que os brasileiros têm baixa autoestima. "Ele é um 'cheerleader' [líder de torcida]. É uma pessoa inspiradora, que tenta melhorar o ânimo do país, e isso faz parte da personalidade do Brasil atualmente, tentando ajudar outros países, e no fim das contas isso é uma coisa boa."

Relação bilateral

Amigos, poder e dinheiro à parte

No discurso oficial, os Estados Unidos deixaram no século XXI de ver o Brasil como um "parceiro júnior", e, segundo o presidente Barack Obama, passou a reconhecer no Brasil um "igual".[1] Na prática, o governo americano faz o discurso que o brasileiro quer ouvir, levanta o moral de Brasília, diz que aceita as diferenças de opinião, mas tenta segurar a parceria entre os dois países com base na conversa, na longa amizade, sem alterar de fato o *status* do Brasil na geopolítica global e sem dar mais espaço para sua economia ascendente.

Ao longo de séculos de relações intensas, os dois países sempre estiveram envolvidos em debates intensos sobre dependência e imperialismo. Enquanto o Brasil busca um crescente multilateralismo nas suas relações políticas e econômicas, os Estados Unidos buscam manter próxima esta "nação amiga", sem querer necessariamente

---

1   A declaração foi feita em discurso durante visita de Obama ao Brasil. EUA e Brasil têm de ser 'parceiros iguais', diz Obama no Rio. G1, Obama no Brasil, 20 de março de 2011.

comprometer sua posição no mundo. São dois amigos centenários e próximos, mas cada um que defenda seus interesses.

Vazamentos

Um australiano radicado na Suécia foi responsável por uma das maiores ameaças recentes à relação bilateral entre Brasil e Estados Unidos. Parceiros históricos, os dois países foram colocados em lados opostos de disputas políticas por Julian Assange, um personagem amplamente desconhecido até 2010, mas que se tornou uma das pessoas mais conhecidas e mais controversas do planeta, chegando a ser considerado o "inimigo público número um".[2] Foi nesse ano, e sob a bandeira da liberdade de imprensa, que ele revelou ao mundo tudo o que a diplomacia dos Estados Unidos secretamente dizia para o governo do país a respeito do resto do mundo. Todas as avaliações políticas, sociais, culturais, e mesmo os comentários mais simples, tudo feito de forma interna, confidencial e secreta, se tornaram públicos globalmente.

Em novembro de 2010, o site WikiLeaks,[3] liderado por Assange, começou a divulgar livremente na internet um paco-

---

2   CROFT, Adrian. Assange lawyer says Swedish PM prejudices case. *Reuters*, 11 de fevereiro de 2011.

3   O WikiLeaks é uma organização midiática sem fins lucrativos que visa à divulgação de documentos sigilosos que comprometam o discurso oficial e público de governos pelo mundo. Liderado pelo australiano Julian Assange, o grupo ganhou destaque internacional quando publicou um vídeo do Exército americano que mostra que civis foram mortos no Iraque sem haver confronto, por mais que a versão oficial informasse que as mortes haviam ocorrido em confronto. Desde então, no início de 2010, a página está sob ataque do governo norte-americano, que acusa as atividades de ilegais e diz que elas põem em risco a segurança do país. www.wikileaks.ch

te com mais de 250 mil despachos diplomáticos entre enviados norte-americanos pelo mundo e o governo em Washington. Os papéis eram os relatórios passados pelos consulados e embaixadas para informar o Departamento de Estado, que cuida das relações internacionais dos Estados Unidos, sobre o que acontecia nos países, tanto aliados quanto inimigos.[4] Entre os países envolvidos, naturalmente, estava o Brasil.[5]

Dentre as informações que os diplomatas americanos radicados no Brasil passavam a Washington estava o discurso não oficial, aquele feito internamente entre americanos e "pelas costas" dos colegas diplomatas brasileiros. Ali ficava revelado o que os americanos realmente achavam do Brasil e da sua diplomacia. Por trás da fachada de "melhores amigos para sempre", os americanos viam no Itamaraty do Brasil democrático um "adversário".[6] O Brasil parecia preocupado em se livrar da imagem de "dependente" e "lacaio" do "Tio Sam" (imagem que

---

4 O "Cablegate", referência aos "cables" (cabos), despachos internacionais da diplomacia dos Estados Unidos, foi o vazamento de informações do WikiLeaks que mais teve repercussão internacional, por seu tamanho. Ao todo, foram 251.287 telegramas produzidos pela diplomacia americana entre 28 de dezembro de 1966 e 28 de fevereiro de 2010. O WikiLeaks afirmava ser "o maior conjunto de documentos confidenciais a ser levado a público na história". RODRIGUES, Fernando. PF disfarça prisão de terroristas, dizem EUA. *Folha de S. Paulo*, 29 de novembro de 2010. Poder.

5 Em parceria com os jornais *Folha de S. Paulo* e *O Globo*, o WikiLeaks conseguiu difundir no Brasil os 2.903 documentos vazados que mencionavam algo relacionado ao país. Os jornais alegavam que se tratava de uma parceria e que não havia obrigação de publicar nenhuma informação, mas apenas de citar a fonte. FOLHA tem acesso a todos telegramas sobre o Brasil. *Folha de S. Paulo*, 7 de dezembro de 2010. Poder.

6 RODRIGUES, Fernando. Documento revela que, para EUA, Itamaraty é adversário. Poder. *Folha de S. Paulo*, 30 de novembro de 2010. Poder.

havia se consolidado especialmente durante a ditadura) e buscava quase sempre uma posição independente da norte-americana, chegando a partir para disputas diretas com a grande potência mundial. Os documentos vazados revelam respeito pelo Brasil, mas uma certa impaciência com a "teimosia" da diplomacia de Brasília.[7] Para alguns analistas, os documentos vazados apresentavam o Itamaraty como "inimigo" dos Estados Unidos. Os despachos diplomáticos deixavam evidente a preocupação do Ministério de Relações Exteriores em ser independente dos interesses e da política americana, chegando a entrar em confronto de palavras para demonstrar sua soberania. Alguns dos telegramas confidenciais indicavam que o governo americano de fato considera o Ministério das Relações Exteriores do Brasil como um adversário que adota uma "inclinação antinorte-americana".[8]

A primeira revelação relacionada ao Brasil dizia que o país "difarçava" a prisão de terroristas, acusando os detidos de outros crimes. A informação estava em um documento de 2008, e dava a entender que o Brasil tentava se afastar da imagem de país que tem terroristas em seu território. Outros documentos sigilosos voltavam a mencionar a presença de possíveis terroristas no Brasil, os projetos para adaptar os imigrantes muçulmanos no país e as relações entre Brasil e Estados Unidos, Brasil e Venezuela e Brasil e Irã e o restante do Oriente Médio.[9]

---

7   MELLO, Patrícia Campos. Brasil atrapalha no Oriente Médio, diz relatório dos EUA. *Folha de S. Paulo*, 16 de fevereiro de 2011. Mundo.

8   GASPARI, Elio. O WikiLeaks lavou a alma do Itamaraty. *Folha de S. Paulo*, 5 de dezembro de 2010. Poder.

9   BALTHAZAR, Ricardo. EUA desconfiaram de negócios com Irã. Mundo. *Folha de S. Paulo*, 16 de janeiro de 2011. Mundo.

Apesar do impacto inicial das revelações, com o tempo o vazamento ganhou uma recepção mais crítica. Analistas começaram a atacar as revelações por serem parecidas com "fofocas", intrigas desnecessárias, informações pouco relevantes e práticas.[10] Até mesmo jornais americanos que antes defendiam a publicação das informações se tornaram mais críticos. O *New York Times*, por exemplo, apontou que a maioria dos mais de 250 mil documentos não era confidencial. Cerca de 11 mil eram "secretos" e muitos dos documentos haviam sido editados por Assange e o WikiLeaks. No geral, alegava-se que havia pouca informação relvante de fato e muita opinião superficial e pouco importante.[11]

No discurso oficial e público, entretanto, os conflitos diplomáticos entre Brasil e Estados Unidos sempre foram minimizados pelas duas partes. Políticos brasileiros menosprezavam os vazamentos, alegando que as informações não eram fatos, mas opiniões usadas por enviados para explicar a situação ao governo.

Em uma entrevista coletiva concedida em São Paulo, o embaixador dos Estados Unidos no Brasil, Thomas Shannon, declarou que o governo do Brasil reagiu com "serenidade" ao vazamento de informações diplomáticas relativas ao país pelo *site* WikiLeaks.[12] Shannon mencionou que o vazamento dos dados era como se alguém tivesse escutado uma conversa de um casal que está em casa e revelasse seu conteúdo a todos os conhecidos do casal. Ele usava uma metáfora parecida com a da amizade, reforçando que, independentemente do que possa ser dito pelas

---

10 COUTINHO, João Pereira. Conversa de cabeleireiras. *Folha de S. Paulo*, 7 de dezembro de 2010. Ilustrada.

11 ANTUNES, Claudia. Segredos de liquidificador. *Folha de S. Paulo*, 6 de fevereiro de 2011. Ilustríssima.

12 Entrevista coletiva com participação do autor em 10 de dezembro de 2010.

costas, amigos que se identificam e têm interesses em comum continuam amigos mesmo depois da "fofoca". "Todo mundo precisa de alguma confidencialidade", disse, defendendo que as informações sigilosas servem para ajudar na tomada de decisões bem informadas.

A longa amizade

Brasil e Estados Unidos são como dois amigos de longa data. A interpretação é quase unânime entre os norte-americanos que acompanham a história das relações entre os dois países, e assume diferentes facetas ao longo do tempo, mas sempre volta à ideia de amigos históricos que podem se afastar, discordar e até ter rápidas brigas, mas nunca rompem definitivamente e sempre mantêm um forte laço.

A percepção de que o Brasil pode ser dependente dos Estados Unidos, seguindo obediente o que é definido por Washington, era negada veementemente na virada da primeira década do século XXI, quando os dois países tinham claras discordâncias em questões de política externa e até viviam o auge de uma disputa econômica na Organização Mundial do Comércio. Eles são amigos, mas não deixam de ter divergências e até disputas para tentar se sobressair em determinadas áreas.

O conceito da amizade era uma forma de explicar, com base histórica, a situação das relações entre os dois países, quando ficou frustrada a esperança de uma maior aproximação depois que Barack Obama assumiu a Presidência dos Estados Unidos. Desde os atentados terroristas de 11 de setembro de 2001, os norte-americanos ficaram muito mais focados em problemas em outras regiões, dando pouca atenção ao que acontecia no

Brasil e no restante da América Latina. O período foi o mesmo em que o Brasil consolidou sua estabilidade econômica e política, passando a buscar uma maior relevância global, o que acabou causando alguns choques entre Brasília e Washington. Pela ótica americana, as duas nações viviam um momento um tanto afastado nas relações, mas não era nada que fosse se consolidar como separação definitiva.

A aproximação e simpatia bilateral está evidente na postura oficial (e pública) do Departamento de Estado norte-americano, órgão do poder Executivo responsável pelas políticas de relações internacionais. No banco de dados público da Instituição, o Brasil é apresentado como um parceiro importante.[13] O estudo ressalta que os Estados Unidos foram o primeiro país a reconhecer a independência do Brasil em 1822, e que "os dois países têm tradicionalmente relações amigáveis e ativas, abrangendo uma ampla agenda política e econômica".

Na relação bilateral, "um país sempre espera poder contar com o apoio do outro. Por mais que eles às vezes se afastem, que discordem e até possam esquecer de dar o valor e o prestígio que o outro amigo merece, eles nunca rompem este laço". A descrição foi feita pelo professor de História do Brasil na Universidade de New Hampshire, Frank D. McCann.[14] Os Estados Unidos

---

13 DEPARTMENT OF STATE. A Country Study: Brazil. Library of Congress Call Number F2508. B846 1998. Disponível em: http://lcweb2.loc.gov/frd/cs/brtoc.html

14 McCann é professor de História do Brasil na Universidade de New Hampshire, autor de vários livros sobre o país e sua relação com os Estados Unidos, incluindo *Aliança Brasil Estados Unidos* (Ed. Bibliex Cooperativa), *Soldados da Pátria* (Companhia das Letras), em que aborda a história do Exército brasileiro desde a queda do Império até a instauração da ditadura do Estado Novo, em 1937, e *Modern Brazil: Elites and*

preferem que o Brasil se veja como um amigo, disse. "Não acho que os Estados Unidos menosprezem o Brasil, apenas acabam esquecendo do país, sem dar a atenção devida".

McCann é autor de parte do principal estudo sobre o Brasil na Biblioteca do Congresso americano. Segundo ele, apesar da proximidade histórica, a forma como Brasília e Washington veem o mundo é bem diferente. "Washington sempre quis que o Brasil estivesse a seu lado quando desejasse, mas acho que eles não pararam para pensar no que é mais interessante para o Brasil", alegou.

A opinião é semelhante à de uma das mais importantes analistas das relações entre os Estados Unidos e a América Latina, Julia Sweig, diretora há mais de uma década do Centro de Estudos Latino-Americanos no Council on Foreign Relations,[15]

Masses in Historical Perspective (*Brasil moderno: elites e massas em perspectiva histórica*), lançado apenas nos Estados Unidos. Entrevista ao autor em 1º de dezembro de 2009.

15 O Council on Foreign Relations foi fundado em 1921 para servir de fonte de análises políticas e econômicas a respeito do mundo e das relações internacionais. Os investidores estavam preocupados com o protecionismo que havia na política interna americana, com o pensamento muito autocentrado que sempre dominou a política externa do país. O grupo foi criado como uma instituição internacional, com a premissa básica de que os Estados Unidos se tornam mais saudáveis quando se envolvem com o resto do mundo, em vez de se isolar ou pensar apenas na política interna. A instituição tem base em Nova York e em Washington, e promove grupos de estudos em temas variados, gerando publicações e realizando debates sobre política internacional. São mais de 4 mil membros ligados ao grupo como parte de iniciativas públicas (políticos e grupos governamentais) e privadas (pesquisadores e jornalistas). O grupo é financiado por doações de instituições não divulgadas abertamente. Promovido como um "Think Tank" independente, ele não tem ligação oficial com o governo, mas é uma das principais fontes de informações a respeito da visão norte-americana sobre o resto do mundo, servindo ao mesmo tempo de base de estudos para informar o governo dos Estados Unidos e como

Brazil, um país do presente   119

mais influente instituição americana de pesquisa em relações internacionais. Segundo ela, é difícil definir a relação entre Brasil e Estados Unidos com uma única palavra. Quando os Estados Unidos usam a palavra parceria, isso pode significar algo diferente do que o Brasil vê como parceria, explica.

"Pode-se dizer que na frente econômica e financeira, os dois países são importantes um para o outro, mas isso não deixa clara a questão menos tangível da diplomacia. É impossível saber o que o Brasil espera dos Estados Unidos para se consolidar como um país de importância global, e o que os Estados Unidos precisam do Brasil na emergência de um mundo multipolar." O ponto principal, diz, é saber se Washington pode tolerar um Brasil mais ativo, e se o Brasil está pronto para isso. "Essas questões estão abertas e não há resposta clara para elas."

Segundo Julia Sweig, existe uma questão de identidade nacional brasileira que se recusa a seguir puramente os Estados Unidos, dando importância à autonomia nas relações internacionais brasileiras. "A retórica de política externa de Fernando Henrique Cardoso soava mais familiar para Washington. Sua política real buscava uma boa relação, mas não uma aliança íntima como a que os Estados Unidos têm como a Turquia, Reino Unido ou a Coreia do Sul, o que seria rejeitado por todos os espectros da política brasileira", explicou. Segundo ela, nem os próprios americanos estão buscando este tipo de relação, e não há a expectativa de que o Brasil vá seguir tudo o que Washington faz internacionalmente. "O Brasil é um 'animal' diferente, tem um estilo diferente, e não vai exercitar seu poder da forma como Washington exerce."

---

porta-voz extraoficial deste governo. Oficialmente, entretanto, o CFR não toma posições formais a respeito de decisões políticas.

Julia Sweig é uma das principais pesquisadoras do país a se debruçar sobre o subcontinente e o Brasil. Ela foi autora, em 2010, de um texto editorial de forte tom elogioso ao Brasil no *New York Times*, defendendo que os Estados Unidos devem prestar mais atenção ao país. Para ela, o Brasil historicamente busca autonomia em relação às maiores potências do planeta, portanto, os Estados Unidos não devem esperar subordinação, mas oferecer algo dentro da aproximação. "Bilateralmente, impostos, tarifas e comércio, e mesmo gênero e raça vão dominar a agenda entre os dois países."

A opinião de Julia Sweig é confirmada por documentos do CFR. Um estudo publicado no início de 2010 pelo grupo atesta o aumento do interesse pelo Brasil e a visão de que o país está emergindo como potência internacional além da região em que está localizado. O trabalho dizia que os Estados Unidos sempre viram o Brasil como uma potência regional significativa, mas a percepção da sua importância cresceu na última década. Por conta da sua força econômica, da sua liderança hemisférica e do crescente papel geoestratégico em fóruns internacionais multilaterais, o Brasil se tornou um personagem vital em política regional e global em numerosas dimensões.[16]

"Generalizando cinco décadas de política externa, os Estados Unidos retoricamente sempre reconheceram a importância do Brasil, mas foram poucas as iniciativas concretas e práticas." A visão de Washington sempre foi de que o Brasil tinha um papel influente, mas não central, na ordem mundial. "A instabilidade crônica significava que, embora fosse geográfica e geoestrategicamente importante, o Brasil era visto por muitos em Washington,

---

16 O'NEIL, Shannon K. Brazil as an Emerging Power: The View from the United States. *Policy Briefing 16*. Emerging Powers Programme. Fevereiro de 2010.

Brazil, um país do presente   121

para citar o general Charles de Gaulle, como um país 'que não é sério'." O estudo alega que essas ressalvas começaram a desaparecer à medida que a economia brasileira melhorava. "Ancorado pelo Plano Real de 1994, o Brasil enfim domou sua historicamente alta inflação através de políticas macroeconômicas e monetárias sólidas e embarcou em privatizações e outras reformas econômicas." Nos anos 2000, complementa, a instabilidade macroeconômica do Brasil parecia totalmente esquecida no passado, e sua economia crescia com a alta dos preços das *commodities* e a tão esperada expansão da sua classe média.

Afastamento e falta de atenção

Com a ascensão da relevância internacional do Brasil, atrelada a seu avanço econômico pós-1994, uma série de posturas dos dois países no final dos anos 2000 demonstravam contrastes ideológicos e faziam pensar que poderia ser um afastamento acima do normal na relação entre Brasília e Washington.[17] Segundo

---

17   Um dos focos de controvérsia era a aproximação brasileira com o Irã, país governado pelo presidente Mahmoud Ahmadinejad, considerado um ditador de uma nação do "eixo do mal" pelos Estados Unidos. O auge da relativa tensão se deu numa troca de cartas entre Barack Obama e Luiz Inácio Lula da Silva, quando o líder iraniano esteve em Brasília. Mahmoud Ahmadinejad esteve no Brasil em novembro de 2009 para se encontrar com Lula e reafirmar a relação entre Brasil e Irã. Na véspera da chegada do iraniano, Barack Obama enviou uma correspondência a Lula na qual apresentou os pontos de vista de sua administração sobre mudança climática, a Rodada Doha da Organização Mundial do Comércio (OMC), a questão nuclear iraniana e a crise política de Honduras. Lula respondeu em seguida, incluindo no debate o conflito Israel-Palestina e a cooperação Brasil-Estados Unidos no Haiti.

McCann, isso era normal, saudável e as eventuais discordâncias fazem parte da relação entre os dois "amigos".

Mais de que discordâncias entre os dois países, McCann percebia um distanciamento dos Estados Unidos em relação ao Brasil por conta das prioridades americanas em termos de geopolítica. "A cabeça de Obama está longe do Brasil no momento e tem estado assim desde o início do seu governo", disse. "Sei que há pessoas no Departamento de Estado que estão prestando muita atenção no Brasil, mas não é o foco central do governo." O motivo para isso é regional, já que "as coisas" no Oriente Médio não estão indo muito bem para os Estados Unidos.[18]

O que aconteceu a partir do século XXI, explicou o professor de Relações Internacionais da Universidade Stanford, Thomas O'Keefe, foi que os Estados Unidos simplesmente não deram atenção ao Brasil e ao restante do continente. "Parece haver um entendimento, por parte do governo Obama, de que existem tantos problemas mais sérios para resolver internamente e no exterior, que ele não tem o tempo e o dinheiro para enfocar a situação da América do Sul. Nesta situação, ele parece ter deixado o Brasil assumir um papel de liderança", disse. Para O'Keefe, por mais que 20% dos americanos possam traçar suas origens à América Latina e ao Caribe, a região nunca recebeu a atenção de Washington, "a menos que se consolidassem como ameaça militar real ou imaginária, ou experimentasse um desastre natural catastrófico".

Segundo Steven Topik, chefe do departamento de História da Universidade da Califórnia em Irvine, o interesse norte-americano no Brasil de fato diminuiu desde 2001, mas isso deve ser

---

18   Referência às guerras no Afeganistão e no Iraque, que duravam mais de cinco anos e não tinham perspectiva de resolução simples para os militares americanos.

interpretado como algo positivo. "Os Estados Unidos não estão prestando muita atenção na região, o que é bom para ela. O país está tão focado no Oriente Médio, que foi possível ver esta 'onda rosa'[19] na América Latina, com quase todos os países desenvolvendo projetos políticos próprios e independentes", disse.

Até o momento em que Fernando Henrique Cardoso chegou ao poder no Brasil, em 1995, o Brasil era visto pelos norte-americanos de forma mais firme como aliado muito próximo. "Acho que Cardoso e Lula realmente tentaram mostrar que o Brasil tem seus próprios interesses, buscando tornar o país independente, multipolar, aliado de mais nações", explicou W. Michael Weis, professor de História da Illinois Wesleyan University.[20]

Para ele, essa "independência" da política externa brasileira vai se fortalecer, e o Brasil vai formar mais laços com China, e cada vez menos com os Estados Unidos. "Acho que os Estados Unidos vão se tornar cada vez mais uma nação concorrente de que um aliado. Não estou dizendo que as relações são ruins, ou que vamos nos tornar rivais, mas vai ser mais complicado de que era no século XX."

A tese dele é de que isso não é um problema, mas sim uma oportunidade para os dois países. "Quanto mais o Brasil crescer,

---

19 Referência à eleição de líderes de tendências de esquerda na Venezuela, na Bolívia, no Equador, no Chile, na Argentina e no Brasil.

20 Weis viveu no Brasil e é autor de *Cold Warriors and Coups d'Etat: Brazilian American Relations, 1945-1964* (*Guerreiros frios e golpes de estado: relações brasilo-americanas, 1945-1964*), obra em que mostra que os funcionários do governo norte-americano conseguiram 'cuidar do noticiário' nos primeiros três meses após a tomada do poder pelos militares no Brasil, "a fim de ocultar o envolvimento dos Estados Unidos no golpe e apresentar uma visão distorcida da realidade". Entrevista ao autor em 5 de janeiro de 2010.

melhor vai ser para os Estados Unidos." A relação, disse, vai ser cada vez menos a de um país dominante e um subserviente, consolidando-se mais como uma relação entre iguais.

Segundo Susan Kaufman Purcell, diretora do Centro de Políticas Hemisféricas da Universidade de Miami, as relações entre dois países mudam, historicamente, de acordo com quem são os presidentes. "Tivemos Cardoso e Clinton, que eram bastante similares, homens muito educados. Depois vieram Lula e Bush, e as pessoas se surpreenderam que os dois se deram tão bem. Os dois não são sofisticados intelectualmente e se davam bem. Já Obama, que é mais intelectualizado, tinha uma visão mais voltada ao Terceiro Mundo, o que ajudou a se conectar com Lula."[21] Ela ressaltou que Clinton e Obama são do Partido Democrata, e os democratas normalmente são mais similares a presidentes latino-americanos, que costumam estar mais à esquerda. "Quando os Estados Unidos têm um presidente democrata, ele parece pensar mais na América Latina do que os presidentes republicanos."

Segundo George Friedman, analista de geopolítica do Instituto Stratfor, não se deve exagerar na percepção de falta de atenção dada pelos Estados Unidos ao Brasil. Assim como Topik, ele acha que a América Latina precisa ser mais independente de Washington. "Os latino-americanos são obcecados com os Estados

---

21   Susan Purcell é diretora do Centro de Políticas Hemisféricas da Universidade de Miami, que patrocina programas de pesquisa em política e economia da América Latina. Foi ainda vice-presidente do Council of the Americas, organização de negócios dedicada à promoção da integração regional, livre-comércio e justiça na América Latina. Foi pesquisadora do Council on Foreign Relations e trabalhou como estrategista política do Departamento de Estado dos EUA. É autora e editora de onze livros, incluindo *Brazil under Cardoso*, de 1997. Entrevista ao autor em 5 de janeiro de 2010.

Brazil, um país do presente   125

Unidos", disse. "Ou eles reclamam de não serem levados a sério e de não receberem atenção, ou reclamam de serem levados a sério demais e controlados." Segundo Friedman, o Brasil pode se aproveitar do chamado multilateralismo, tendo vantagens internacionais no surgimento de potências que desafiem a preponderância global dos Estados Unidos. Assim, segundo ele, os americanos não vão se envolver nas questões internas dos brasileiros e ainda poderão oferecer vantagens pela parceria com o Brasil.

Dependência e parceria

A aproximação com outros países e o afastamento periódico em relação aos Estados Unidos é explicada pelo professor Topik. Segundo ele, o que acontece quando o Itamaraty abre espaço em sua agenda para os "inimigos" dos Estados Unidos, é um comportamento que se repete no país, como uma busca pela "diversificação da dependência". "O Brasil sempre tentou equilibrar os diferentes poderes do mundo." Segundo ele, isso é algo antigo, mas a situação se tornou mais relevante porque a posição brasileira ficou mais forte. "É a postura comum do Brasil, de parecer romper", disse, alegando, entretanto, que isso faz parte do jogo da política internacional, e que não ameaça a relação com os Estados Unidos. Ele disse ainda que, em 30 anos de estudo do Brasil, nunca encontrou exemplos práticos de uma "dependência real" do Brasil em relação aos Estados Unidos, sendo a relação muito mais equilibrada do que se pensa.

É a mesma opinião de O'Keefe. "A relação entre os dois países tem se tornado cada vez mais uma parceria. Não chamaria de relação de dependência, a não ser que seja uma dependência mútua, que em muitos casos o Brasil pode estar à frente por conta de sua hegemonia regional na América do Sul", disse.

Segundo Michael Kryzanek, professor do Departamento de Ciência Política da Bridgewater State College, em Massachusetts, o governo de Obama "claramente" entende e aprecia a influência e o poder econômico, assim como o crescente desenvolvimento do Brasil. "Ele reconhece o Brasil como líder da América do Sul e até da América Latina. Há um apreço e, como resultado, o desejo de ter uma relação mais forte possível", disse.[22]

Ele ressaltou que Obama indicou Lael Brainard, pesquisadora que havia publicado um livro sobre o Brasil como superpotência econômica, como assessora para a região, e que isso representa esta tentativa de reaproximação e apreço pelo país. "As pessoas no Departamento de Estado e no Conselho de Segurança Nacional estão convencidas de que o Brasil é um ator importante no mundo e que os Estados Unidos não podem nem ignorar, nem ter uma relação fraca. As pessoas que Obama escolheu para seu governo têm um bom entendimento da região e mais apreço pelo papel que o Brasil tem no mundo."

Antes de Obama, diz, Bush tratava o Brasil com uma "negligência benigna" – uma falta de interesse geral. "Bush viu esses países como 'seguidores garantidos' e fez o mínimo necessário para manter uma relação, mas assumindo uma postura um tanto 'paternalista'."

---

22 Kryzanek é professor do Departamento de Ciência Política da Bridgewater State College, em Massachusetts, especialista em política da América Latina e relações entre a região e os Estados Unidos. É autor de *US-Latin American Relations* (*Relações entre EUA e América Latina*). Entrevista ao autor em 16 de abril de 2010.

Brazil, um país do presente   127

O passado da amizade

A relação entre os dois países foi sempre boa ao longo da história, e os Estados Unidos já foram vistos como melhor alternativa anti-imperialista a ser seguida pelo Brasil, explica Steven C. Topik. Ele estudou uma rebelião naval ocorrida no Rio de Janeiro durante o governo de Floriano Peixoto e explica como isso serviu para moldar as relações entre os Estados Unidos e o Brasil.

Essa aproximação ficava evidente no fato de que o primeiro tratado de comércio firmado com os Estados Unidos, em 1891, foi o primeiro assinado pelo Brasil com outro país que não a Inglaterra. "Naquele ponto, na década de 1890, o governo republicano brasileiro via os Estados Unidos como a alternativa anti-imperialista a ser seguida", explica.[23]

"O Brasil acolheu bem a Doutrina Monroe, que, em 1823, dizia que nenhuma potência europeia poderia vir colonizar países americanos. Os Estados Unidos na prática não podiam fazer nada em 1823, mas só o fato de dizer isso parecia ajudar o Brasil, que desde cedo apoiava o pan-americanismo." Em 1889, conta, em um encontro em Washington, o representante do Brasil atuou de forma muito próxima do Secretário de Estado dos Estados Unidos, que foi o responsável pela Conferência Pan-americana. "Desde então, o Brasil deixava claro que não era lacaio americano. Ele sabia que precisava que sua república fosse reconhecida, e os Estados Unidos foram o primeiro país a reconhecer a república brasileira. Eles tinham essa troca."

---

23   Topik, Steven C. *Comércio e Canhoneiras: Brasil e Estados Unidos na Era dos Impérios (1889-97).* Trad. Ângela Pessoa. São Paulo: Companhia das Letras, 2009. 510 págs.

Naquele ponto, ele explica, o Brasil não tinha motivos para se sentir forçado a cooperar com os americanos. A balança comercial estava a favor do Brasil, que exportava café e não importava muito dos Estados Unidos. "Acho que desde então era uma relação de amizade, e muitos diplomatas brasileiros viam os Estados Unidos como um país similar, uma ex-colônia de tamanho continental, que tinha tido escravidão e que era industrializado, que era o que atraía o Brasil. O ponto principal, entretanto, é que os Estados Unidos se comprometeram em evitar uma nova colonização europeia."

No seu trabalho, Topik explica que a opinião comum é de que somente quando o barão do Rio Branco foi nomeado ministro das Relações Exteriores no governo do presidente Rodrigues Alves, em 1902, o Brasil desfrutou de uma política externa enérgica e coerente. Segundo ele, isso minimiza a contribuição do cônsul-geral do Brasil em Washington, Salvador de Mendonça, e a determinação ferrenha do presidente Floriano Peixoto em aproximar os dois países. "Estes dois tiveram papel fundamental ao forjar a 'aliança íntima' durante os primeiros anos da República, que foi crucial para a formação de uma 'aliança informal' com os Estados Unidos, muitas vezes citada como uma das mais importantes realizações de Rio Branco."

O Brasil da época, segundo ele, já tinha relevância internacional, "não era uma república das bananas. Era uma república do café, que era algo muito diferente." O Brasil lutava para erigir uma república e redefinir seu relacionamento com a economia mundial, ao passo que os Estados Unidos projetavam-se pela primeira vez no cenário internacional, esperando delimitar uma esfera de influência na América Latina. "Quando as trajetórias desses dois gigantes colidiram, sua interação revelou muitas questões políticas e econômicas internacionais da época, que guardam relação com a atual ordem mundial."

Ditadura

Além desse início de formação de parceria e amizade entre os dois países, um dos períodos mais marcantes da história recente nas relações entre Brasil e Estados Unidos se deu a partir de 1964, quando os militares brasileiros tomaram o poder político com o apoio do governo norte-americano. Desde então é que se consolidou a visão mais tradicional e superficial de que o Brasil é obediente e segue sempre os interesses de Washington – e que foi gerada uma visão de "esquerda" antiamericana em alguns setores da sociedade. O mais interessante é que, mesmo na época em que a influência norte-americana ficou mais evidente na política brasileira, havia conflitos de intenções entre os dois países e era possível perceber até mesmo a presença de oposição ao governo ditatorial brasileiro dentro da sociedade civil e da política dos Estados Unidos. E foi durante esse mesmo período de ditadura, no governo de Jimmy Carter, nos Estados Unidos, que os dois países tiveram um dos seus maiores afastamentos.

O norte-americano que melhor estudou e explica a variação na relação entre Brasil e Estados Unidos entre 1964 e 1985 é James N. Green, professor de História e Estudos Brasileiros na Brown University.[24] Ele explica que em 1962, dois anos an-

---

24 Green morou por oito anos no Brasil, onde foi um dos fundadores da primeira organização de defesa dos direitos dos homossexuais do país. Doutorou-se em História Latino-Americana na UCLA, em 1996, e atualmente preside o New England Council on Latin American Studies (Neclas).

tes do golpe no Brasil, o governo de John Fitzgerald Kennedy resolveu derrubar o governo João Goulart, preocupado com os rumos "esquerdistas e populistas" que o Brasil tomava em plena Guerra Fria. Os Estados Unidos haviam decidido apoiar qualquer medida militar que derrubasse o governo e, nas campanhas de 1962, financiaram com US$ 5 milhões campanhas da oposição. "Quando perceberam que precisavam fazer alguma coisa mais drástica, mandaram uma pessoa para fazer a articulação com os militares. A mensagem era: se vocês derrubarem o governo João Goulart, apoiaremos 100%."[25]

"É preciso deixar claro que o governo americano apoiou o golpe, fez intervenções antes e depois da tomada do poder, reconheceu o novo governo ilegal um dia depois do golpe e aumentou o apoio com ajuda financeira dramática para sustentar este novo governo. Não é que era impossível os militares tomarem o poder sem ajuda americana, mas os Estados Unidos deram luz verde para a tomada do poder", explicou.[26] Ele diz isso para não deixar dúvidas desta participação americana, pois a sua pesquisa vai além desse primeiro momento e tenta esclarecer que, ao longo dos 21 anos de governo militar, a postura americana em relação ao Brasil mudou, especialmente entre a sociedade civil.

Logo depois do golpe, diz, visto à distância, o regime militar brasileiro parecia ser diferente do de outros países da América Latina, onde os generais haviam tomado o Estado. "Castelo Branco não evocava a imagem do ditador personalista capaz de permanecer no poder durante décadas", diz, ressaltando que

---

25   Green, James N. *Apesar de vocês: oposição à ditadura brasileira nos Estados Unidos, 1964-1985*. Trad. S. Duarte. Pref. Carlos Fico. São Paulo: Companhia das Letras, 2009.

26   Entrevista ao autor em 16 de dezembro de 2009.

os generais que dirigiam o país e os civis que os apoiavam manipularam astutamente o sistema político a fim de conservar a sustentação por parte de setores da população. "Para a maioria dos observadores menos atinados, inclusive muitos jornalistas estrangeiros, o novo regime às vezes parecia ser apenas moderadamente autoritário." Porém, explica, surgiu uma disposição para se solidarizar com a oposição brasileira (dentro do movimento pelos direitos civis e contra a guerra no Vietnã), fazendo movimentações importantes, conseguindo levar seu ponto de vista a jornais e políticos.

Segundo Green, a ditadura serviu até mesmo para alterar a imagem internacional do Brasil, deixando de lado a ideia de "garota de Ipanema", substituída pela de repressão policial e tortura. "Ao longo dos 21 anos, substituiu-se a bossa-nova, a garota de Ipanema, pelo pau de arara e pela tortura. São imagens que vão sendo recriadas para fazer uma campanha eficaz [nos EUA] contra as medidas brutais que os militares estavam tomando no Brasil. Foram ativistas que trataram de influenciar esse imaginário sobre o Brasil no exterior."

O principal ponto defendido por Green ao longo do seu trabalho é que o povo americano não é o governo americano. "O povo americano podia ter sido indiferente ou contra a ditadura, ao mesmo tempo em que seu governo a apoiava", disse Green. A pesquisa dele desmonta "com elegância a leitura estereotipada segundo a qual 'os Estados Unidos' apoiaram a ditadura militar brasileira e ponto final."[27]

---

27 Fico, Carlos. Prefácio. green, James N. *Apesar de vocês: oposição à ditadura brasileira nos Estados Unidos, 1964-1985*. Trad. S. Duarte. São Paulo: Companhia das Letras, 2009.

Mesmo a atitude do governo norte-americano em relação à ditadura brasileira variou bastante, ele explica. Depois do apoio incondicional ao golpe, o alinhamento teve um ligeiro abalo com o Ato Institucional nº2, em 1965, e "um verdadeiro tranco" com o Ato Institucional nº5, em 1968. Quando Jimmy Carter assume a Presidência, em 1977, a situação da relação entre os dois países mudou. "As palavras 'prisão, tortura e repressão', que um público informado anteriormente ligara ao Brasil, tornaram-se sinônimos da caracterização dos regimes militares que tinham assumido o poder por toda a América Latina."

Contra os EUA

Se a ditadura serviu para mudar a imagem do Brasil nos Estados Unidos, ela também reforçou uma nova versão dos Estados Unidos no Brasil democrático. Um pesquisador que se debruça sobre uma visão antiamericana no Brasil é o americano Daniel Zirker, diretor da Faculdade de Artes e Ciências Sociais e professor de Ciência Política da Universidade de Waikato, na Nova Zelândia. Segundo ele, foi a ditadura que criou um clima de tensão entre brasileiros, especialmente os militares, que se sentem o tempo todo ameaçados por uma intervenção real dos Estados Unidos.

As Forças Armadas do Brasil, diz, costumam se sentir ameaçadas pelo unilateralismo dos militares americanos. Ele alega que é difícil identificar uma política externa consistente ao longo das três últimas décadas, pois tradicionalmente havia um laço fraternal e próximo entre as forças armadas dos dois países, criando uma ponte natural entre as duas instituições. Uma segunda faceta desta relação se consolidou na época em que os Estados Unidos apoiaram o golpe militar no país e em outros do continente.

Para Zirker, a consolidação de uma Diplomacia de Defesa em relação ao Brasil acabou fazendo com que os Estados Unidos se tornassem um obstáculo para as perspectivas do Brasil no cenário global. Isso pode ser visto, segundo ele, na dificuldade enfrentada pelo Brasil em se tornar membro permanente do Conselho de Segurança da ONU, enquanto a Argentina foi convidada, no final dos anos 1990, para ser aliado militar não relacionado à Otan. Isso tudo, junto a pressões norte-americanas para que o Brasil modificasse suas políticas nucleares, acabou esfriando a relação e enfraquecendo os acordos bilaterais.

Entre 1968 e 1999, "os termos de engajamento entre os Estados Unidos e os militares brasileiros mudou, como toda a relação entre os dois países". Esse afastamento "contribuiu diretamente para o crescimento na suspeita entre os militares brasileiros em relação aos interesses de longo prazo dos Estados Unidos no Brasil".

Desejado Conselho

A relação bilateral com os Estados Unidos tem forte influência sobre o principal foco da diplomacia brasileira no início do século XXI. Ao longo de toda a primeira década do novo século, o Brasil se envolveu em uma série de questões internacionais que antes poderiam ter se passado à distância, sem participação do Itamaraty. A presença do país em disputas políticas em Honduras, ou o convite a líderes do Oriente Médio para visitar o país, negociação com Estados Unidos, críticas à Colômbia, apoio à entrada da Venezuela no Mercosul, tudo fazia parte de uma tentativa declarada de se comportar como um importante ator

134   Daniel Buarque

global. O objetivo era endossar sua força, importância e popularidade internacionais para ajudar o país a se tornar um membro permanente no Conselho de Segurança, mais importante órgão da Organização das Nações Unidas.[28]

Pesquisadores divergem quanto às chances reais de o país conseguir isso. O próprio comportamento brasileiro nos casos em que se envolve em disputas internacionais pode ter efeitos dúbios, ajudando por um lado e gerando potencial para atrapalhar por outro, segundo a análise de David Bosco, pesquisador norte-americano especialista na história do importante conselho da ONU. Segundo ele, entretanto, o Brasil está agindo da maneira certa ao aproveitar o momento global perfeito para parecer uma nação sensata e equilibrada em meio às principais disputas.[29]

---

28   O Conselho de Segurança é o mais importante e mais forte órgão da ONU. Ele lida com as questões mundiais de paz e ordem – tem grande importância em casos de guerra entre dois países, por exemplo. Entre os poderes e funções do CS estão a manutenção da paz mundial, a investigação de temas que geram disputa internacional, recomendação de métodos para resolver disputas, formular planos para regular armamento global, determinar a existência de ameaças à paz, aplicação de sanções a fim de evitar agressões, ação militar contra agressores, recomendação do secretário-geral da ONU e eleição dos juízes da Corte Internacional de Justiça. O CS conta com 15 membros, sendo que cinco deles detêm uma cadeira permanente no grupo. Os demais são rotativos, com mandatos de dois anos (sem direito a reeleição imediata). Os membros permanentes são França, Estados Unidos, Reino Unido, Rússia e China. Cada membro do Conselho de Segurança tem direito a um voto. As decisões são tomadas quando há acordo de pelo menos nove votos. É preciso, entretanto, que haja um "Grande Poder de Unanimidade", ou seja, um acordo entre os cinco membros permanentes. Esta necessidade é normalmente chamada de poder de veto.

29   Autor de *Five to Rule Them All: The UN Security Council and the Making of the Modern World (Cinco para comandar todos os outros: o Conselho de*

Brazil, um país do presente   135

Um caso emblemático, segundo ele, foi o de Honduras, em que o Brasil interveio contra o golpe de Estado.[30] O episódio mostra como o país pode fazer amigos por um lado e criar desconfiança por outro. "Hospedar Zelaya fez com que o Brasil ganhasse a admiração da maior parte dos membros da ONU, pois golpes de Estado vêm se tornando muito pouco populares. A questão é saber se os Estados Unidos concordam com a ação", disse. Para o Departamento de Estados Americano, o abrigo a Zelaya dentro da embaixada pode não ter sido tão positivo, pois eles veem como um maior risco para violência. A crítica a golpe de Estado pode então aproximar mais membros da ONU como um todo, mas ser olhada com desconfiança pelos Estados Unidos.

No fim das contas, explica, vai ser preciso saber como cada questão será solucionada para poder avaliar o resultado da diplomacia brasileira.

Segundo Bosco, faz sentido para o Brasil a busca por uma cadeira permanente no Conselho, e as chances de conseguir isso são reais. "No começo das discussões sobre a criação da ONU, Franklin D. Roosevelt queria que o Brasil fosse um membro permanente e tentou convencer os outros países, mas os britânicos e soviéticos não concordaram. O Brasil foi considerado

---

Segurança da ONU e a formação do mundo moderno), livro que acaba de ser lançado nos Estados Unidos, Bosco é professor de Política Internacional na Universidade American, em Washington DC, e pesquisou a importância do Conselho de Segurança na estrutura internacional do planeta desde o fim da Segunda Guerra Mundial.

30   O presidente de Honduras, Manuel Zelaya, foi derrubado por um golpe militar em 28 de junho de 2009 e obrigado a deixar o país rumo à Costa Rica. O Brasil criticou o golpe e defendeu o presidente deposto, chegando a ajudá-lo a voltar ao país pela embaixada em Tegucigalpa. Os Estados Unidos criticaram a ação brasileira.

um membro importante desde o começo, e eles reconhecem o país como uma das economias mais relevantes do mundo. Os países do CS reconhecem o Brasil como uma potência, e ele vai estar no topo dos países candidatos a se tornar membros permanentes", disse.[31]

Segundo o pesquisador, além do Brasil, outros países que têm chances são a Índia e o Japão, mas este último com forte oposição da China, que pode fazer o país não conseguir. "Os outros membros permanentes vão se sentir confortáveis com o Brasil estando lá, o que faz com que a missão do país seja mais fácil."

Para Bosco, uma mudança no formato do Conselho de Segurança é esperada, mas não se sabe exatamente os termos em que isso vai acontecer. Em algum ponto no futuro, diz, haverá a incorporação de novos membros permanentes, mas sem permitir que mais países tenham poder de veto. "A única mudança é que esses membros farão parte permanentemente, o que é muito importante no sentido de ter uma influência maior, um conhecimento e uma familiaridade com os procedimentos do CS."

Enquanto o órgão das Nações Unidas não muda, os membros temporários figuram com importância estatística, mas sempre de forma coadjuvante. Por um lado, têm importância em algumas situações, pois são necessários nove votos para aprovar qualquer decisão no CS, e mesmo que os cinco membros permanentes queiram decidir alguma coisa, precisam de apoio de mais quatro votos entre os temporários, pois o poder deles é de veto, não de imposição. "Na prática, entretanto, o que importa

---

31 O processo de reforma precisa aprovar uma emenda ao artigo 23 da Carta das Nações Unidas, o que só pode ser feito com o apoio de dois terços das 192 nações e voto favorável dos cinco membros permanentes do CS. Um processo lento e de operação burocrática e delicada.

é o que os membros permanentes decidem. Se os cinco países concordam em algo, fica difícil para os outros membros bloquearem a decisão, pois são cinco países muito poderosos, e é difícil imaginar uma coalizão de outros países para fazer oposição", explicou. Se há uma divisão entre os membros permanentes, entretanto, os temporários podem se tornar mais importantes. "Isso foi percebido nos meses antes da guerra no Iraque, quando Estados Unidos e Inglaterra estavam disputando o apoio geral com França e Rússia."

Bosco nega que a invasão do Iraque contra a indicação da ONU e do CS tenha minado a importância das Nações Unidas. "É verdade que muita gente achou que a guerra no Iraque faria com que o CS se tornasse irrelevante, mas a realidade é que o governo Bush, após a invasão do Iraque, e o governo Obama estão buscando seus principais objetivos através do Conselho de Segurança."

George Friedman discorda de Bosco e acha que o foco do Brasil no CS é equivocado. Ele diz que a ONU se tornou um corpo decorativo nos últimos anos. "O CS é uma posição de prestígio, mas não tem tanta relevância, já que os Estados Unidos são a única grande potência e pode passar por cima da ONU quando achar importante. É um prestígio ilusório, que não vai fazer mal, mas que não vai fazer nenhuma diferença, sem dar nenhuma influência a mais do que a França, por exemplo, que não tem nenhuma força."

Disputas econômicas

Se a importância diplomática do Brasil nem sempre é reconhecida pelos Estados Unidos como o Itamaraty gostaria, na economia o Brasil vem chamando cada vez mais a atenção dos

138   Daniel Buarque

Estados Unidos, e isso acaba gerando algumas disputas bem mais relevantes do que a aproximação entre Brasil e Irã.

O principal impasse na relação bilateral em economia é a questão do etanol,[32] segundo o professor Topik. Ele explica que os fazendeiros têm força política nos Estados Unidos, nas regiões que produzem milho, e impõem uma política que acaba sendo ruim para o Brasil e, segundo alguns pesquisadores, nociva até mesmo para os americanos. "Por mais que falemos em livre-comércio protegemos nossa agricultura, o que é um problema." Mesmo assim, Topik disse confiar que a parceria vai crescer ainda mais no futuro. "E o Brasil tem que aproveitar."

A professora Susan Purcell alega que o fim da Guerra Fria permitiu uma maior aproximação econômica entre os americanos e a América Latina. "O colapso da União Soviética em 1989, portanto, removeu a causa básica da fricção nas relações entre os EUA e a América Latina, permitindo que Washington deixasse de dar ênfase a questões de segurança e passasse a focar, ao contrário, as questões econômicas." No início, ela explica, um acordo de livre-comércio com o Brasil não estava entre as prioridades de Washington. A estabilização, entretanto, fez com que "o governo americano começasse a ver o Brasil como uma nova âncora para o processo de reforma na América Latina e, consequentemente, começasse a dar mais ênfase à construção de uma relação mais próxima e cooperativa".

---

32   O governo dos Estados Unidos gasta US$ 7 bilhões por ano em subsídios aos biocombustíveis produzidos especialmente com milho, o que dificulta a entrada do etanol brasileiro e cana-de-açúcar no mercado americano. A pedido do Brasil, a Organização Mundial do Comércio (OMC) abriu investigação contra os subsídios dados pelos Estados Unidos à sua produção agrícola. Subsídios dos EUA ao etanol atingem US$ 7 bi por ano. G1, 3 de julho de 2007. Economia e Negócios.

Susan Purcell disse não achar que as discordâncias políticas entre Brasil e Estados pudessem afetar as relações comerciais entre os dois países. "O Brasil está apenas defendendo seus interesses como grande produtor agrícola que busca espaço no mercado norte-americano. Não acho que seja uma relação raivosa, mas apenas cada país refletindo seus interesses, que podem ou não ser comprometidos em cada negociação."

Esta disputa culminou com uma questão legal na Organização Mundial do Comércio, onde o Brasil protestou contra o protecionismo americano à produção de algodão, vencendo a disputa e ganhando o direito de impor uma retaliação à entrada de produtos americanos em seu território.[33] Segundo Jon E. Huenemann, "a única forma de evitar que isso se transforme em um desastre é oferecer algo significativo ao Brasil". "Do lado brasileiro, as autoridades estavam abertas a negociar, mas qualquer acordo teria de ser aplicado especificamente ao algodão.[34]

De acordo com Huenemann, é difícil saber exatamente como a vitória brasileira na OMC afeta as relações entre os dois países. "Brasil e Estados Unidos têm o que chamaria de relação de trabalho, que passa por várias áreas, e muitos acordos bilaterais

---

33   O Brasil foi autorizado pela Organização Mundial do Comércio (OMC) a aplicar sanções comerciais aos Estados Unidos em função dos subsídios que o governo americano destina aos produtores de algodão de seu país. O valor total da retaliação é de US$ 830 milhões. O Brasil chegou a divulgar uma lista de produtos a serem importados por maior preço, mas decidiu segurar a retaliação até 2012.

34   RETALIAÇÃO do Brasil aos EUA pode causar guerra comercial, diz 'Financial Times'. G1, 9 de março de 2010. Economia e Negócios. Disponível em: http://g1.globo.com/Noticias/Economia_Negocios/0,,MUL1521175-9356,00-RETALIACAO+DO+BRASIL+AOS+EUA+PODE+CAUSA R+GUERRA+COMERCIAL+DIZ+FINANCIAL+TIM.html

que vão além das negociações."[35] Para ele, houve uma troca de papéis entre os dois países. Nos anos 1980, os Estados Unidos se preocupavam com o acesso ao mercado brasileiro, achando que havia práticas no Brasil que levavam a confrontos de interesses, com o Brasil sendo adversário das leis de comércio internacional. "A relação agora é diferente, porque o Brasil demanda tanto na relação quanto os Estados Unidos, quando se trata de negócios internacionais, explicou. Os americanos demandam muito mercado em países em desenvolvimento, como o Brasil, e tem sido politicamente difícil entender isso. O Brasil, por outro lado, se tornou um ator mais importante no mercado global, especialmente de alimentos e energia. A natureza da discussão evoluiu de uma situação em que seus interesses comerciais internacionais se tornaram mais relevantes, e por mais que os Estados Unidos continuem sendo maiores internacionalmente, o Brasil se tornou um ator mais importante nesse critério."

Isso mudou a natureza da discussão entre dois parceiros comerciais, e o Brasil se tornou um fator mais forte no processo de tomada de decisões no nível multilateral e no nível regional. "O Brasil se tornou mais assertivo e por causa disso, no 'front' do comércio, fez com que as políticas americanas ligadas ao Brasil

---

35   Jon E. Huenemann é coordenador do grupo de políticas comerciais, OMC e acesso a mercados do Miller Chevalier, importante escritório de advogados de Washington DC. Tem tem quase três décadas de experiência na atuação política dos Estados Unidos na economia internacional, trabalhando dentro do governo e com empresas privadas. Ele representou a empresa Terphane, que opera nos EUA e no Brasil, e passou mais de vinte anos trabalhando com questões de comércio internacional no governo americano, atuando no Capitol Hill, para o U.S. Trade Representative, trabalhando e negociando com diferentes países – grande parte deste trabalho relacionado ao Brasil. Entrevista ao autor em 15 de março de 2010.

passassem por mudanças, gerando mais interesse para mais contato com o país em vários setores da economia, indo além de comida e agricultura e levando os Estados Unidos a se preocuparem cada vez mais com a concorrência brasileira com produtos americanos."

A questão do algodão, segundo ele, é um reflexo da mudança na relação entre os dois países e de como as duas economias interagem em circunstâncias em que os americanos não são mais os controladores. "O Brasil se situou bem internacionalmente e ganhou força nisso. Esta foi a primeira vez que o Brasil chegou a processar até o fim os subsídios na OMC, mas foi a primeira vez que pensou nos efeitos de uma retaliação, buscando uma nova negociação, e isso se dá por conta da força da economia e da indústria brasileiras", disse.

Por outro lado, explicou, o país entende que a retaliação tem consequências em como o Brasil vai ser visto pelos americanos, com implicações no *estabilishment* agricultural e político, nem sempre de forma favorável ao Brasil. Em compensação, isso vai levar algumas pessoas nos Estados Unidos a se esforçarem mais a negociar de forma respeitosa. "É um processo complicado e o Brasil terá que confrontar sabendo das consequências e dos riscos."

Huenemann não acreditava, entretanto, no risco de ampliação da disputa para o âmbito diplomático. "Há pessoas na área diplomática que vão a público, indicando que se trata de uma disputa comercial, que não vai alterar as relações diplomáticas, que vai continuar mantendo os dois países como parceiros. Acho que em grande grau isso vai acontecer, pois os Estados Unidos já entraram em outras disputas internacionais, e isso nunca alterou as questões diplomáticas."

Ao mesmo tempo, disse, o preocupante é que a retaliação vai ter uma implicação em alguns atores políticos americanos. Esses atores políticos podem estar relacionados em outras questões que podem trazer prejuízos ao Brasil, pois eles vão se sentir inclinados a tomar atitudes em relação ao país pensando na retaliação.

"Uma das coisas de que se fala é que isso pode abrir circunstâncias para o Brasil perder espaço no programa do sistema de preferências, que sempre levou em consideração os interesses e o acesso do Brasil a estas preferências." A questão real, segundo ele, vai ser se este se torna um exercício para gerar mais ceticismo nos dois países ou um exercício em que os dois países usam o cenário da retaliação como motivo para ampliar o esforço para achar uma solução para isso e ir além na relação que sempre operou abaixo do seu potencial.

O lado mais positivo para o Brasil nessa disputa era que ela poderia influenciar mudanças ainda maiores nas relações econômicas bilaterais, podendo alterar a forma como é negociado o etanol entre os dois países. "Como se os dois países negociassem de forma pragmática, chegando a uma solução no setor de algodão que apontasse a possibilidade de Brasil e EUA negociarem de forma efetiva para resolver outras questões antigas. Isso vai criar um cenário que pode acabar com o ceticismo dos dois países."

Segundo Huenemann, uma resolução negociada na questão do algodão pode dar esperança aos outros grupos, que verão que de forma pragmática também podem ter progresso. "Não acho que há uma linha reta entre as duas coisas, mas acho que, se houver negociação para resolver este problema, vai se criar um ambiente em que os céticos vão passar a se empenhar mais para que os dois países formem laços comerciais mais fortes."

No fim das contas, a maior parte dos especialistas americanos sentia que seria possível chegar a um acordo para uma situação mais confortável para as economias dos dois países. "Claro que há competição e acabamos batendo a cabeça, mas quando vamos negociar, temos interesses comuns, e fica fácil chegar a um acordo complementar que satisfaça aos interesses dos dois lados", disse Randy Schnepf, especialista em política agrícola da Seção de Agricultura e Alimentos do Serviço de Pesquisas do Congresso norte-americano.[36] Segundo ele, o fato de o Brasil ser um grande produtor de soja e carne faz com que tenha um papel importante no mercado global e uma forte influência sobre os preços no planeta. "Não acho que Brasil e Estados Unidos vão querer deixar o problema chegar à diplomacia, pois os dois têm muito a ganhar nessa relação mútua, e este problema é muito específico de comércio, não devendo ser algo maior de que isso."

Michael Kryzanek também não acha que a disputa possa atrapalhar a diplomacia. "A maior parte de disputas internacionais como esta são problemas da política interna relacionada à agricultura. Há pontos de tensão nessa área, é verdade, mas são assuntos marginais e não vão criar um problema real, já que podem ser resolvidos facilmente e dar espaço para uma relação até melhor entre os dois países." Segundo ele, não há dúvida de que Brasil está fazendo tudo certo para receber a atenção dos Estados Unidos, desenvolvendo-se internamente. "Por mais que o público em geral não tenha tanta noção, nem preste muita atenção no Brasil, o governo americano sabe perfeitamente a força econômica do Brasil e está atento ao país como potência regional e mundial."

---

36   Randy Schnepf coordena estudos sobre produção alimentar no mundo, avaliando políticas de proteção de mercado e o impacto sobre a situação dos Estados Unidos para fornecer informações ao Legislativo norte-americano. Entrevista ao autor em 18 de março de 2010.

Amazônia

A floresta é nossa

A professora americana estava a caminho do aeroporto de Nova York quando o motorista, interessado em puxar conversa, perguntou para onde ela ia viajar. "Para o Brasil", respondeu, curiosa para ver a reação do seu novo amigo. "Ah, a selva", emendou o motorista, mostrando que conhecia algo sobre o país. Barbara Weinstein não conteve o sorriso. Ela estava indo para São Paulo em uma de suas incontáveis visitas ao país cujas história e sociedade escolheu estudar na academia décadas atrás, e a fonte dos assuntos sobre os quais escreveu quase uma dezena de livros. "Estou indo para uma cidade com mais de 20 milhões de habitantes, mas tudo bem, a selva",[1] replicou, de forma simpática, para

---

[1] Barbara Weinstein é professora da New York University, pesquisa questões de história e ciências sociais no Brasil há três décadas. É autora de *For Social Peace in Brazil: Industrialists and the Remaking of the Working Class in Sao Paulo, 1920-1964.* (*Por paz social no Brasil: industrialistas e a reforma da classe social em São Paulo, 1920-1964,* University of North Carolina Press) e *The Amazon Rubber Boom, 1850-1920* (*O auge da borracha amazônica, 1850-1920,* Stanford University Press). Entrevista ao autor em 15 de fevereiro de 2010.

146   Daniel Buarque

dar a ideia de que o país na verdade é completamente urbanizado, com cidades tão grandes quanto Nova York, mesmo na chamada região de selva.

O exemplo da pesquisadora é evocado como uma associação clássica de imagens dos norte-americanos sobre o Brasil e a região amazônica. "A selva" se confunde com a própria ideia de "Brazil", gerando sentimentos de fascínio, de proteção ambiental e, em larga escala, de desconhecimento total. Genericamente, e com imagens cheias de estereótipos, os americanos sabem que a floresta existe, que é majoritariamente território brasileiro, e entendem a importância da selva para o ambiente, incluindo alguma noção a respeito da presença de índios e sobre desmatamento. As interpretações americanas no século XXI vão da desinformação geral à análise de detalhes da antropologia e arqueologia da região.

A Amazônia confunde muitas pessoas que não têm noção do tamanho do Brasil, e faz pensar que a floresta é predominante em todas as áreas, sem entender que ir de São Paulo a Manaus, por exemplo, é uma viagem quase tão longa quanto ir de Nova York a Los Angeles, de uma ponta à outra dos Estados Unidos. O jornalista baiano Carlos Borges, que vive na Flórida desde os anos 1980, contou que acha que essa impressão está melhorando, mas lembrou que, em 1982, durante um estágio que fez na rede ABC de televisão,[2] sentiu claramente este desconhecimento sobre a geografia brasileira. "As pessoas achavam que, do Rio de Janeiro, era só pegar um ônibus ali no Copacabana Palace e, meia hora depois, chegar à floresta amazônica. Eles achavam isso inocentemente, e não como preconceito."[3]

---

2   Uma das mais importantes redes nacionais dos Estados Unidos.

3   Borges é diretor da empresa de Consultoria de Marketing e Produção de Eventos, especializada há mais de 20 anos no mercado brasileiro e

Os dois casos, entretanto, não poderiam ser creditados somente à ignorância. Americanos que conhecem a Amazônia costumam alertar que não são só eles que desconhecem o norte do Brasil, e que os próprios brasileiros dificilmente vão além de clichês sobre a região da maior floresta tropical do mundo. Segundo Larry Rohter, o brasileiro médio que vive no "sul do país" não conhece de fato a Amazônia, pensa que a região é simplesmente uma fonte de riquezas, e prefere não se dar ao trabalho de ajudar no desenvolvimento dela.[4]

Interpretação parecida é a de Mark London, advogado que escreveu um dos trabalhos pioneiros de apresentação da Amazônia aos norte-americanos.[5] Ele contou que sempre encontrava brasileiros e muitos dos que viviam em São Paulo e no Rio de Janeiro nunca tinham ido à região Norte, e muito menos à floresta. "A Amazônia é tão estranha e distante para pessoas no Brasil quanto para norte-americanos. É uma relação parecida com a que quem mora nos Estados Unidos tem com o Alasca, pois são regiões remotas e com recursos naturais abundantes."[6] London diz, entretanto, que é normal americanos saberem ainda menos sobre a floresta, e a primeira imagem que muitos ameri-

---

de língua portuguesa nos Estados Unidos. Entrevista ao autor em 21 de abril de 2010

4 ROHTER, Larry. *Deu no New York Times: O Brasil segundo a ótica de um repórter do jornal mais influente do mundo.* Trad. Otacílio Nunes et al. Rio de Janeiro, Objetiva, 2008. 420 págs.

5 London foi um dos primeiros pesquisadores do país a escrever livros sobre a Amazônia. É autor de *The Last Forest* (*A última floresta*) e *Amazon* (*Amazônia*, de 1985), escritos com o jornalista Brian Kelly. Realiza projetos na Amazônia para empresas norte-americanas, buscando o desenvolvimento da região.

6 Entrevista ao autor em 25 de fevereiro de 2010

canos podem ter da Amazônia é de que fica em algum lugar da África, de tão perdida a noção. "Se souberem algo mais, vão pensar numa floresta proibida, onde há canibais e caçadores", disse. Por menos que o cidadão comum dos Estados Unidos saiba a respeito da realidade amazônica, neste início de século há pesquisas científicas de alto nível na academia do país sobre a floresta em desenvolvimento. Além disso, a região já alimentou o imaginário de economistas e investidores, e um dos principais nomes do cinema de Hollywood, Brad Pitt, trabalhava em 2010 na adaptação para filme de *Z, a Cidade Perdida*, um dos maiores best-sellers de não-ficção dos últimos tempos, um livro sobre as antigas expedições de exploradores da Amazônia desconhecida.[7]

O autor do livro que inspirou o filme, o jornalista americano David Grann, contou que, quando era criança, a Amazônia enchia sua imaginação. "É algo parte real e parte ficção na nossa imaginação. As cobras de lá são maiores, o clima é mais quente. Muitas coisas que pensava em relação aos índios tinham sido mostradas em filmes, ou em livros, e tudo reflete uma visão ultrapassada sobre as populações indígenas."[8]

---

7   Book Buzz: 'Lost City of Z' and Brad Pitt's beard. *USA Today*, 5 de fevereiro de 2010. Disponível em: http://www.usatoday.com/life/books/news/2010-02-04-buzz04_ST_N.htm

8   Grann é repórter da aclamada revista "The New Yorker" e passou anos pesquisando a vida e morte do britânico Percy Harrison Fawcett, um explorador de áreas isoladas do mundo que se tornou obcecado com sua própria teoria de que haveria uma cidade desconhecida no meio da Amazônia brasileira, e desapareceu na selva em 1925 enquanto buscava por este "El Dorado", a que chamou de Z. Grann narra a história de Fawcett, entrelaçando os fatos da história dele com a da obsessão que sua história causou em outras pessoas. Ele conta pelo menos uma centena de pessoas mortas e desaparecidas enquanto buscavam pela cidade e pelo paradeiro de Fawcett, e se envolve com o assunto de tal forma que acaba se tornando um desses obcecados,

Do paraíso intocado à floresta habitada

O trabalho de Grann mostra que, ao contrário do que se pensava, a Amazônia não é uma selva virgem e intocada, mas uma área de desenvolvimento humano histórico, onde civilizações já se formaram de maneira estruturada e que pode até ter tido os primeiros grupamentos humanos do continente americano. Segundo ele, a visão de ambientalistas que regularmente retratam a Amazônia como a "floresta virgem" está ultrapassada.[9] Essas teorias mais antigas se consolidavam na obra da pesquisadora Betty Meggers, do Instituto Smithsonian, talvez a arqueóloga moderna mais influente em relação à Amazônia. Em 1971, ela famosamente resumiu a região como "ilusão de paraíso" [*counterfeit paradise* - paraíso falsificado], um lugar que, por toda sua fauna e flora, em sua inimizade à vida humana, chuva e alagamento, além de forte sol, retira os nutrientes vitais no solo e torna a agricultura de grande escala impossível. "Em uma paisagem tão brutal, ela e outros cientistas defendiam, apenas pequenas tribos nômades podiam sobreviver. Como a terra oferece tão poucos nutrientes, Meggers escreveu, mesmo quando as tribos conseguem lidar com a dificuldade da fome e das doenças, elas ainda tinham que conseguir 'substitutos culturais' para controlar suas populações – incluindo matar seu próprio povo. Algumas tribos

---

mergulhando na Amazônia para encontrar sua própria versão da cidade, uma comunidade indígena vivendo sobre os escombros arqueológicos de seus antepassados. Entrevista ao autor em 8 de março de 2010.

9 GRANN, David. *The Lost City of Z: A Tale of Deadly Obsession in the Amazon.* New York: Doubleday, 2005. 140 págs.

cometiam infanticídio, abandonavam seus doentes nas matas ou se envolviam em vinganças sangrentas e guerras."[10]

As pesquisas mais recentes refutam as teses de Meggers. Mesmo que não tenha existido da forma pensada por Fawcett uma cidade rica e com estruturas permanentes em pedra, uma versão amazônica de Machu Pichu, indígenas que viviam na região em períodos muito anteriores à chegada de Colombo (ou Cabral, para tornar o caso mais brasileiro) já se organizavam em cidades planejadas, reunindo população a ser contada na casa dos milhares.

O assunto não é consenso. Ainda há pesquisadores, como a própria Meggers, que questionam o nível de estrutura da sociedade descrita por Grann, que é o trabalho mais recente de divulgação desse tipo de trabalho nos Estados Unidos. "O debate mudou de lugar desde que o livro saiu", disse Grann. "Ainda há grupos de pessoas que acham que a Amazônia nunca teve grandes sociedades, mas esses grupos são cada vez menores. A maior parte da comunidade arqueológica foi bastante receptiva. As novas descobertas arqueológicas não podem ser contestadas. Desde que publiquei meu livro, o debate mudou e ninguém questiona mais que havia sociedades, mas apenas sobre seu tamanho e nível de desenvolvimento."

Historicamente, a Amazônia já havia sido estudada e descrita nos Estados Unidos bem antes de Grann ou mesmo de Meggers. O ex-presidente Theodore Roosevelt foi um dos primeiros a visitar e descrever a região, em uma viagem que fez com o Marechal Rondon depois de ter sido derrotado nas

---

10 GRANN, David. *The Lost City of Z: A Tale of Deadly Obsession in the Amazon.* New York: Doubleday, 2005.

Brazil, um país do presente   151

eleições presidenciais de 1912.[11] Quase um século depois da viagem do ex-presidente, sua bisneta, Anna Roosevelt, arqueóloga da Universidade de Illinois, tem sido uma das principais lideranças entre os pesquisadores que acreditam que houve civilização na Amazônia. Foi ela quem escavou uma caverna próxima a Santarém (PA), encontrando uma assentamento de "dez mil anos de idade".

As pesquisas publicadas até então tratavam a região como um "castelo de areia", e a ideia de "paraíso contrabandeado" era uma constante.[12] Antes de Anna Roosevelt provar que havia gente na região desde a pré-história, questionando as teorias anteriores, Donald Lathrap, um antropólogo da Universidade de Illinois, já apontava que havia populações originais na região amazônica do Peru. Quando as evidências de Anna Roosevelt foram publicadas, Meggers debateu com ela de forma agressiva, e abriu-se um primeiro debate sobre povoamento da Amazônia na academia americana.[13]

---

11   Roosevelt percorreu a Amazônia e analisou o Rio da Dúvida. Em *Through the Brazilian Wilderness*, Roosevelt relata sua jornada, desde a saída da área mais urbana de São Paulo, onde visitou o Instituto Butantã, até os momentos mais difíceis, quando adoeceu na floresta. ROOSEVELT, Theodore. *Through the Brazilian Wilderness*. New York: Charles Scribner's Sons, 1914.

12   Esta teoria de "paraíso" e "virgindade" da floresta foi retomada quatro anos depois no livro de dois cientistas do Banco Mundial, Robert Goodland e Howard Irwin: *Amazon Jungle: Green Hell to Red Desert?*. Eles tentavam mostrar que muito pouco era conhecido daquela área imensa e frágil, o que torna impossível saber tudo sobre o que acontece e sobre os resultados do que é feito lá. Isso era uma crítica aos primeiros movimentos da época de colonização e exploração da floresta no Brasil.

13   LONDON, Mark; KELLY, Brian. *The Last Forest: The Amazon in the Age of Globalization*. New York: Random House, 2007

Faroeste Selvagem

Para além da ideia de selva e de paraíso intocado, outra imagem que se fortalece entre os americanos que têm alguma noção em relação à Amazônia é a de que se trata de uma terra sem lei. A maior contribuição recente para essa interpretação de que não há controle sobre o que acontece na selva e nas cidades brasileiras da região foi o assassinato da missionária norte-americana Dorothy Stang, que ganhou grande dimensão nos Estados Unidos, chamando a atenção da mídia nacional e gerando uma série de publicações de livros e vídeos. Desde a morte de Dorothy, em 2005, já foram publicados três livros sobre o assunto, além de dois filmes, um livro infantil e uma ópera.[14]

Em Dayton, cidade de Ohio onde a freira viveu, ela é vista como uma "heroína local", que "inspira as pessoas da sua cidade

---

14 Dorothy Stang era uma freira católica de Dayton, Ohio que se tornou ativista na floresta amazônica brasileira. Após duas décadas atuando contra a destruição da Amazônia, ela foi assassinada em 2005, aos 73 anos, supostamente por ter incomodado fazendeiros que queriam derrubar uma parte da floresta para transformar em pasto e vender a madeira. Nos Estados Unidos, esse episódio se tornou um símbolo da corrupção, da falta de controle do governo, da falta de leis e da impunidade no norte do Brasil. A morte de Stang foi acompanhada de perto pela imprensa norte-americana, e alguns dos principais jornais, como o *New York Times* e o *USA Today*, têm páginas especiais na internet para acompanhar o caso e o julgamento dos assassinos. O tom das publicações, em geral, é de que a freira que lutou para salvar a floresta foi assassinada por incomodar os corruptos da região, e a Justiça do país não consegue ser rápida e competente o suficiente para prender os culpados. Os jornais tentam explicar (e entender) o processo jurídico do país, que prendeu e soltou Vitalmiro Bastos de Moura e Rayfran das Neves Sales (que confessou ter atirado na freira) várias vezes. ROHTER, Larry. Brazil Promises Crackdown After Nun's Shooting Death. *New York Times*, 14 de fevereiro de 2005.

natal a agirem".[15] As autoras de duas das biografias de Dorothy Stang lançadas até 2010 nos Estados Unidos, Michele Murdock e Binka Le Breton, reiteram esta imagem de mulher corajosa e sem medo de enfrentar os poderosos, assassinada por se levantar contra injustiças na região.

Segundo Michele Murdock, a imagem deixada pelo assassinato de Stang é de que o Norte do Brasil é o equivalente amazônico do faroeste norte-americano. "A Amazônia é uma terra em que há comportamento sem lei, ou com leis indefinidas. As pessoas pobres não têm acesso às mesmas leis que as ricas."[16] A escritora é autora de *A Journey of Courage: the Amazing Story of Sister Dorothy Stang*, publicado após quase quatro anos de pesquisa, incluindo viagens a Ohio, onde Stang havia vivido, e ao Brasil, para acompanhar o julgamento de um dos suspeitos de ter matado a missionária.

Binka Le Breton, britânica que mora no Brasil desde 1989, é pesquisadora e dá palestras sobre trabalho escravo no Brasil. Seu livro sobre Stang trata do assassinato da missionária como um martírio, que pode trazer uma maior visibilidade para a região e, consequentemente, maior poder para as comunidades abandonadas da Amazônia. "Possivelmente estamos testemunhando

---

15 A descrição é parte da reportagem publicada no jornal *Dayton Daily News* em fevereiro de 2010, cinco anos após a morte de Stang, que diz haver uma celebração de um ano em homenagem a ela. "A pegada global de Stang cresceu muito desde o dia em que ela foi morta na floresta tropical amazônica, à qual ela devotou sua vida a proteger". MCCARTY, Mary. Sister Dorothy continues to inspire 5 years after her death. *Dayton Daily News*, 11 de fevereiro de 2010. Disponível em: http://www.daytondailynews.com/news/dayton-news/sister-dorothy-continues-to-inspire-5-years-after--her-death-542567.html?cxtype=rss_local-news

16 Entrevista ao autor em 26 de fevereiro de 2010

o começo do fim da impunidade na Amazônia. É algo lento e muito complicado, mas, com os julgamentos dos assassinos dela, acredito que se está mandando um recado muito claro aos poderosos de que estamos chegando ao fim da vida sem lei." Segundo ela, a comparação com o "velho oeste" norte-americano funciona por se tratar de regiões de fronteiras. "A fronteira é um lugar perigoso, apaixonante, com tantos atores, tráfegos e atraem migrantes de todo tipo."[17]

Internacionalização e paranoia

Os americanos negam, muitas vezes de forma veemente, a existência de planos para uma invasão ou internacionalização da Amazônia. A ideia de uma intervenção direta no território brasileiro, amplamente comentada e até temida no discurso brasileiro, é tratada como irreal pelo discurso oficial do governo dos Estados Unidos, ignorada pela grande mídia e vista como impossível, obra de ficção ou até paranoia de pessoas que acreditam em "teorias da conspiração", segundo pesquisadores tanto da região quanto das relações entre os dois países envolvidos na questão.

A região onde fica a maior floresta tropical do mundo é reconhecida como território brasileiro. Além disso, é o governo do Brasil que é cobrado pela forma como trata a Amazônia, seja por questões ambientais ou geopolíticas. O discurso mais comum nos Estados Unidos é de admiração pela vastidão da floresta, de mistério envolvendo sua imensidão, mas de distância, não de intervenção.

---

17   Binka Le Breton é autora de *The Greatest Gift: The Corageous Life and Martyrdom of Sister Dorothy Stang*, de 2007. Entrevista ao autor em 9 de março de 2010.

Quando visitou o Brasil em 2003, no início da invasão do Iraque, o advogado americano Mark London ficou chocado com faixas que viu penduradas pela capital do país. O pesquisador estudava a Amazônia brasileira havia décadas e se viu diante de frases que alegavam que, depois do Iraque, o alvo dos americanos seria o Brasil, por conta da floresta e das suas reservas de água, o que ele achou absurdo. A experiência de London é comum entre quase todos os estudiosos norte-americanos que se debruçaram sobre a importância da região amazônica para o Brasil e para o mundo. Mais de dez pesquisadores brasilianistas e de geopolítica que estudam a Amazônia sob a ótica americana ouvidos repetiram que, em algum momento, se viram diante do que consideram uma desconfiança excessiva e desnecessária, fruto do que acham ser "paranoia" dos brasileiros.

Na opinião de London, há uma desconexão entre o que os brasileiros acham que é a opinião americana sobre a Amazônia e a realidade do que os americanos pensam da região. "A paranoia é real. Isso é completamente sem sentido. Não há nenhuma sugestão de que vamos invadir, ocupar, intervir de nenhuma forma. Temos problemas suficientes intervindo em países inimigos, por que criaríamos um problema com nossos amigos? Não há razões para intervir na Amazônia, tanto quanto não há para intervir em Paris, na França."

É verdade, entretanto, que os "teóricos da conspiração" não tiram suas ideias do vazio. A história registra uma série de momentos em que houve algum comentário por parte de altos escalões em Washington, ou em que a mídia levantou a hipótese, ou que a internacionalização da floresta tropical em território brasileiro chegou a ser cogitada, mesmo que distante. Houve momentos até em que existiu de fato, com apoio do próprio governo brasileiro, uma pequena "intervenção civil" dos Estados Unidos na região, quando Henry Ford, empresário que revolucionou o processo industrial, comprou terras do tamanho de um estado para criar nelas a sua sociedade ideal, utópica, um misto de fazenda e cidade em Fordlândia.

No cerne da desconfiança mais recente com o risco de os "imperialistas" se apropriarem de parte do território brasileiro, está uma lenda urbana de mais de uma década, espalhada pela internet e reciclada periodicamente com popularidade impressionante. Trata-se do boato de que escolas americanas usam livros didáticos de geografia com um mapa da América do Sul adulterado, em que a região a amazônica aparece como "território internacional". Por mais que a história já tenha sido desmentida oficialmente uma dúzia de vezes, muitos brasileiros ainda mencionam este caso sem saber exatamente se é verdade ou não, e até políticos brasileiros volta e meia pedem explicações oficiais do Ministério das Relações Exteriores sobre o assunto.[18]

---

18 Primeiro foi a Câmara de Deputados, que em junho de 2000 fez um requerimento formal pedindo ao ministro das Relações Exteriores, Luiz Felipe Lampreia, informações a respeito da "matéria veiculada na internet, na qual o Brasil aparece em mapas dividido". Depois disso, em 2001, foi o Senado. A página na internet do Senado traz um pronunciamento do senador Mozarildo Cavalcanti, do PFL de Roraima, de 29 de novembro de 2001, em que chama a internacionalização da Amazônia de "processo inteligentemente armado para anestesiar as camadas formadoras de opinião e evitar reação". Depois de ler todo o texto da denúncia que circulava pela internet, o senador apelou ao ministro das Relações Exteriores para que investigasse a fundo o assunto, o "atentado à soberania do país". Requerimento de informações nº 2.301, de 2000 (Da comissão de Relações Exteriores e de Defesa Nacional). Diário da Câmara dos Deputados, sábado, 24 de junho de 2000.

A lenda urbana traz a imagem do suposto mapa, em que aparece um pedaço da Amazônia como sendo um território sob "responsabilidade dos Estados Unidos e das Nações Unidas".

Esta área, que inclui partes do Brasil e de outros países da região, teria sido renomeada, ainda nos anos 1980, para Finraf (Former International Reserve of Amazon Forest), traduzida, na mensagem de alerta que dizia se tratar de uma história real, para Prinfa (Primeira Reserva Internacional da Floresta Amazônica).[19]

Desde as primeiras menções ao caso, ainda no ano 2000, representantes diplomáticos brasileiros nos Estados Unidos começaram a investigar as origens do que aparecia como mais um boato. O diplomata Paulo Roberto de Almeida, que então trabalhava como ministro conselheiro na Embaixada do Brasil em

---

19 A mensagem, que circulou por e-mails e blogs, é sempre a mesma. Um "alerta", algo "para ficar indignado", incluindo uma página escaneada do suposto livro *An Introduction to Geography*, onde aparece o referido mapa do Brasil "amputado" e um texto sobre a "reserva internacional". O texto do livro é preconceituoso e ofensivo, e foi traduzido para um português cheio de erros de grafia e gramática: "Desde meados dos anos 80 a mais importante floresta do mundo passou a ser responsabilidade dos Estados Unidos e das Nações Unidas. (...) Sua fundação [da reserva] se deu pelo fato de a Amazônia estar localizada na América do Sul, uma das regiões mais pobres do mundo e cercada por países irresponsáveis, cruéis e autoritários. Fazia parte de oito países diferentes e estranhos, os quais, em sua maioria, são reinos da violência, do tráfego de drogas [sic], da ignorância, e de um povo sem inteligência e primitivo. A criação da Prinfa foi apoiada por todas as nações do G-23 e foi realmente uma missão especial para nosso país e um presente para o mundo todo visto que a posse destas terras tão valiosas nas mãos de povos e países tão primitivos condenariam os pulmões do mundo ao desaparecimento e à total destruição em poucos anos". Não há um registro oficial desta lenda urbana, que circulava por e-mails, mas versões integrais dela podem ser encontradas em blogs como este: http://luizmartins.blogspot.com/2007/09/livro-geogrfico-de-escolas-nos-eua.html

Washington, averiguou rapidamente que a história circulava em listas universitárias de discussão, mas que suas bases factuais eram frágeis, praticamente inexistentes. Logo em seguida, ao pesquisar em bases de dados e examinar os materiais disponíveis, concluiu que se tratava de uma montagem feita no próprio Brasil. "Esta 'notícia' aparentemente tão alarmante não tem base", diz em um longo dossiê que publicou sobre os boatos. "Posso, sem hesitar, afirmar que os Estados Unidos não querem amputar um pedaço da nossa geografia nas escolas do país e que os supostos mapas simplesmente não existem."[20]

Mesmo sem ter fundamento, a história se espalhou pelo Brasil e ganhou atenção até nos próprios Estados Unidos, onde foi rechaçada repetidas vezes, como em 2002, quando foi ironizada pelo *New York Times* como "claro, pura imaginação. A imaginação brasileira".[21] A reportagem dizia que o Brasil vive uma paranoia nacional, "a convicção de que estrangeiros invejam a posse brasileira da maior floresta tropical do mundo".

20 Almeida é doutor em Ciências Sociais, mestre em Planejamento Econômico e diplomata, autor de mais de uma dúzia de livros sobre o Brasil e relações internacionais, como *Os primeiros anos do século XXI: o Brasil e as relações internacionais contemporâneas*. Em sua página pessoal na internet, ele reproduz seu dossiê sobre o caso, trazendo inclusive trechos da comunicação formal do então embaixador Rubens Antonio Barbosa negando a existência do mapa, que havia sido publicada no boletim da *Ciência Hoje* em maio do mesmo ano. A carta do embaixador, de junho de 2000, acusa um site brasileiro de criar a história. "Tudo parece ter originado não de uma suposta 'conspiração americana' de desmembrar a floresta tropical amazônica, mas de desinformação 'made in Brazil' por setores ainda não identificados". Entrevista ao autor em 10 de agosto de 2010.

21 ROHTER, Larry. Deep in Brazil, a Flight of Paranoid Fancy. *New York Times*, 23 de junho de 2002.

Logo que a história do mapa surgiu, Anthony Harrington, então novo embaixador dos Estados Unidos no Brasil, tentou dar uma resposta oficial e final ao assunto. "Existem aqueles no Brasil que acreditam que os Estados Unidos querem dominar o mundo. Eles veem o Tio Sam como o grande abusador. Típico desta forma de pensar é a crença de que os Estados Unidos têm um plano secreto de invadir a Amazônia em nome de salvar a Floresta Tropical. A ideia é tão hilária que me sinto bobo de falar sobre ela. Mas em nome de seguir adiante, de permitir que americanos e brasileiros possam passar aos assuntos sérios que enfrentamos juntos, deixe-me deixar isso claro: a Amazônia pertence ao Brasil. Sempre vai pertencer. E o mito de que os Estados Unidos invadiriam é simplesmente ridículo. Ponto final."[22]

Segundo o embaixador, os americanos são fascinados pela floresta tanto quanto a maioria das pessoas em todo o mundo, mas o interesse do país é apenas em colaboração com o Brasil, ajudando a desenvolver a região de uma maneira que seja inócua para o meio ambiente e faça justiça aos "formidáveis recursos naturais" que os brasileiros possuem. "A ideia de que tropas americanas possam intervir na Amazônia é ridícula. Sinceramente, não merece comentários."[23]

Mesmo assim foi preciso voltar a tocar oficialmente no assunto, e a própria Embaixada Americana no Brasil manteve

---

22 FARID, Jacqueline; NETO, Epaminondas. Mito de invasão da Amazônia "é ridículo", diz embaixador dos EUA. *Folha Online*, 15 de junho de 2000. Disponível em: http://www1.folha.uol.com.br/folha/brasil/ult96u1842.shtml

23 ALCÂNTARA, Eurípedes. Só mitos nos separam: embaixador dos EUA no Brasil diz que mal-entendidos de lado a lado ainda afetam as relações entre os dois países. *Revista Veja*. Edição 1.671, 18 de outubro de 2000. http://veja.abril.com.br/181000/entrevista.html

por algum tempo uma página desmentindo a história do mapa.[24] "Não há indicação de que tal livro exista. A Biblioteca do Congresso dos EUA, com mais de 29 milhões de livros e outros materiais impressos, não tem registro dele. O banco de dados *online* do centro de estudo WorldCat, o maior banco de dados de informação bibliográfica, com mais de 47 milhões de livros, não tem registro da obra. Tal livro também não é encontrado em buscas na internet na Amazon e no Google."[25]

O primeiro argumento usado para refutar a veracidade do livro era gramatical: "Muitos erros de grafia, gramática, tom inapropriado e linguagem" que são evidentes para um falante nativo de inglês. A resposta oficial do governo americano, apesar de ter demorado quase meia década, parte na mesma direção do embaixador brasileiro Rubens Antonio Barbosa, indicando que o trabalho aparenta ser uma invenção "made in Brazil" para criar "desinformação".[26]

Apesar de tudo isso, no Brasil a suspeita persiste, e a crença na denúncia do mapa também. Desde 2006, quando o portal G1,

---

24 A página não existe mais no mesmo endereço. Entretanto, o *site* America. gov, que traz informações sobre política externa dos Estados Unidos e é produzido pelo Departamento de Estado, mantém no ar o texto do desmentido e os argumentos. A data da divulgação é de 2005, cinco anos depois do início da propagação do mito e três após a reportagem no principal jornal dos Estados Unidos.

25 U.S. Department of State's Bureau of International Information Programs. The "U.S. Takeover of the Amazon Forest" Myth: Forged textbook page helps to spread false story. America.gov. Pesquisado em 23 de fevereiro de 2010. Disponível em: http://www.america.gov/st/pubs-english/2005/July/20050707124835atlahtnevelo.1665003.html#ixzz0gOoGQyNt

26 O Birô Internacional de Programas de Informação continua seu texto apontando que "alguns dos erros de grafia nesta falsificação indicam que o falsificador era um falante nativo de português", diz, citando como exemplo a palavra "vegetal", que aparecia na mensagem original no lugar de "vegetable".

da Rede Globo, entrou no ar, várias mensagens de leitores enviadas por e-mails faziam denúncias com a mesma mensagem, sempre cobrando que o mapa fosse investigado. A ideia geral de intervenção na Amazônia fez com que um quadro do programa *Fantástico*, da mesma Rede Globo, fosse voltado a tentar acabar com o mito sobre ingerência internacional na região. No programa apresentado em janeiro de 2009, o quadro "Detetive Virtual" comprovou que os rumores sobre a internacionalização da Amazônia são falsos. "Pesquisamos e o livro, de fato, não existe. O tal mapa não existe. Parece que, de vez em quando, é mais interessante acreditar nos boatos do que na verdade", disse Eric Stoner, representante da Embaixada dos Estados Unidos no Brasil.[27]

Ainda no início de 2010, o Google tem cerca de 1.500 retornos para a busca internacional pela sigla Finraf. Traduzindo a sigla para Prinfa, são mais de 3.000 páginas registrando alguma informação a respeito dessa história. São dezenas de blogs pessoais, páginas de jornais de diferentes lugares do Brasil, perguntas em fóruns. Muitos já tratam o assunto como mito, lenda urbana, e dizem que o mapa se tornou apenas uma curiosidade na internet. Não faltam, entretanto, as páginas que ainda reproduzem o assunto (algumas com datas tão recentes quanto 2009) com tom indignado e alegando se tratar de uma denúncia real.

A lenda urbana serve para demonstrar o que pesquisadores apontam em relação à visão da Amazônia até mesmo dentro do Brasil. A ideia é de que, fechada em área de controle internacional, a Amazônia se tornaria um "parque internacional", como se a região pudesse se transformar, nas palavras da professora da

---

27 Textos na internet sobre a Amazônia são falsos. *Fantástico*, 11 de janeiro de 2009. Disponível em: http://fantastico.globo.com/Jornalismo/ FANT/o,,MUL951425-15607-227,00.html

NYU, Barbara Weinstein, em um "Jardim Botânico" isolado. O olhar desinformado esquece que dentro da região da Amazônia não há apenas "mato e índio". Sete Estados com grandes cidades altamente urbanizadas, com mais de 14 milhões de habitantes, todos brasileiros, ligados à economia, à cultura e à sociedade brasileiras, passariam a este "controle externo", segundo o mito. Ao contrário da imagem geral externa, a região Norte não é "um vazio", e mais de 9 milhões de pessoas vivem somente em cidades nessa parte do Brasil.[28]

Razões da paranoia

Mesmo com a negativa veemente de pesquisadores em relação ao risco de intervenção internacional no território brasileiro, há outros fatores, históricos e contemporâneos, que geram preocupação nos brasileiros.

Em 2008, por exemplo, o *New York Times* mencionou a preocupação brasileira com a posse da Amazônia quando discutia a saída de Marina Silva do Ministério do Meio Ambiente. O título da reportagem, "De quem é esta floresta tropical, afinal?",[29] foi

---

28 IBGE, Contagem da População 2007. População recenseada e estimada, segundo as Grandes Regiões e as Unidades da Federação - 2007. Disponível em: http://www1.ibge.gov.br/home/estatistica/populacao/contagem2007/contagem_final/tabela1_1.pdf

29 "Whose Rain Forest is this, Anyway?". O início da reportagem lembra o texto de Rohter em 2000, alegando que o Brasil passou sua história "olhando nervosamente" para os mapas do território pouco habitado da Amazônia, e que por isso a colonização desse espaço foi uma prioridade dos anos 1960 e 1970, como questão de segurança nacional. Barrionuevo passa então a comentar casos em que a propriedade da Amazônia supostamente haviam sido questionados publicamente, que "reacendem

Brazil, um país do presente 163

visto como tendo uma carga de "ameaça", por mais que a reportagem fosse respeitosa e correta.[30] O governo brasileiro divulgou uma resposta oficial ao texto do *New York Times* uma semana depois da sua publicação, e em discurso oficial do presidente Lula. "O mundo precisa entender que a Amazônia brasileira tem dono, e o dono é o povo brasileiro. São seringueiros, pescadores e nós que somos brasileiros", disse Lula na abertura do 20º Fórum Nacional, na sede do BNDES, no Rio de Janeiro.[31] Além do discurso público, o governo respondeu em forma de carta formal ao editor do jornal de Nova York.[32]

---

velhas atitudes de protecionismo territorial e vigilância contra invasores externos", diz. O foco atual, ressalta, são os "so-called", chamados biopiratas, sobre os quais há apenas "casos esparsos documentados", mas que geram "extrema sensibilidade" em relação a estrangeiros trabalhando na Amazônia. BARRIONUEVO, Alexei. Whose Rain Forest Is This, Anyway?. *New York Times*, 18 de maio de 2008. Disponível em: http://www.nytimes.com/2008/05/18/weekinreview/18barrionuevo.html

30 Tentei entrevistar o correspondente do jornal no Brasil para entender os motivos dessa abordagem, mas ele me respondeu que não poderia dar a opinião por não ter autorização do *Times* para ceder entrevistas deste tipo. O jornal se negou a comentar os motivos da edição da reportagem ou a fornecer qualquer outra explicação a respeito da visão editorial que tem do Brasil. Troca de e-mail em 10 de janeiro de 2010.

31 GAIER, Rodrigo Viga. "Amazônia tem dono e é o povo brasileiro", afirma Lula. *Reuters*, 26 de maio de 2008. Disponível em: http://br.reuters.com/article/idBRN2634078320080526

32 No texto assinado pelo embaixador Antonio de Aguiar Patriota, um dia depois do discurso de Lula, este tipo de reportagem aumenta a "disseminação de informações equivocadas", que se torna o maior obstáculo para o debate produtivo em relação ao futuro da Amazônia A carta diz não haver pensamento "paranoico" por parte do governo em relação à Amazônia e alega que o repórter encarou de forma negativa uma legislação de controle

164   Daniel Buarque

A preocupação do Brasil, por mais exagerada que possa parecer aos americanos, tem motivos históricos. A região Norte do país, que já viveu uma época de grande avanço econômico e cultural na virada do século XX, caiu em uma profunda crise por conta de um procedimento que tirou dela um recurso natural até então exclusivo. A borracha brasileira, ouro branco do passado, perdeu sua força econômica e falhou na busca pelo desenvolvimento da região. Originárias do Norte do Brasil, as seringueiras foram alvo de um dos mais relevantes casos de biopirataria, quando ingleses levaram a planta para a Ásia, onde ela podia ser cultivada de forma quase industrial sem sofrer com a ação dos parasitas naturais que evitam o cultivo planejado em seu território natural (mal das folhas). Foi assim que o Brasil deixou o posto de grande exportador, com cidades desenvolvidas na região Norte, para a situação de pobreza e precariedade em Manaus e Belém.[33]

---

que vai enfrentar os "verdadeiros inimigos da floresta, que incluem os invasores e madeireiros desautorizados, biopiratas inescrupulosos e traficantes de drogas". Segundo o embaixador, "não há debate internacional 'sobre o direito à soberania contra o patrimônio mundial'", como alegava a reportagem. PATRIOTA, Antonio de Aguiar. Letter from the Brazilian Ambassador to the New York Times, 21 de maio de 2008. Site da embaixada brasileira em Washington. Disponível em: http://www.brasilemb.org/index.php?option=com_content&task=view&id=348&Itemid=124

33   Em seu livro sobre a empreitada do magnata do automobilismo americano Henry Ford na Amazônia brasileira, o historiador americano Greg Grandin, professor da NYU, relata em detalhes o caso da biopirataria de borracha brasileira. A bacia amazônica, diz, era a origem da "*Have brasiliensis*, a espécie de seringueira que oferece o látex mais elástico e puro. Desde o início do século XVIII até o fim do XIX, a Amazônia brasileira forneceu quase toda a borracha do mundo, com a demanda crescendo quando a revolução industrial nos Estados Unidos e na Europa decolou. No ápice do *boom* da borracha,

Em 1876, após viajar pela região amazônica, o britânico Henry Wickham coletou "70 mil sementes" e as usou para desenvolver a concorrência asiática na produção de látex. "Em 1912, propriedades na Malásia e em Sumatra produziam 8,5 mil toneladas de látex, comparadas com as 38 mil toneladas da Amazônia. Dois anos depois, a Ásia estava exportando mais de 71 mil toneladas. Menos de nove anos depois, o número subiu para 370 mil toneladas." O pesquisador Greg Grandin detalha o caso e explica que ele pode ser apontado como virada negativa da região, culminando com a falta de desenvolvimento e virtual isolamento das cidades que ficam ali em relação ao resto do país.

Segundo Larry Rohter, entretanto, por mais que a população não saiba, "Wickham tinha obtido permissão legal para exportar as sementes", diz, citando o livro *História Econômica da Amazônia*, um estudo do pesquisador brasileiro Roberto Santos. Em uma de suas reportagens no jornal mais influente dos Estados Unidos, Rohter explica que empresas britânicas e americanas buscaram levar a borracha para a Ásia porque o sistema de produção do Brasil era ineficiente e havia gerado ira nos movimentos contrários ao trabalho escravo.[34]

---

na segunda metade do século XIX, látex amazônico formava 40% do total de exportações do Brasil". E isso desenvolvia a região Norte do país, apesar da péssima situação dos coletores seringueiros, já que o método de colheita explorava os trabalhadores. "Entre 1800 e 1900, a população da Amazônia foi multiplicada por dez", especialmente com pessoas pobres. GRANDIN, Greg. *Fordlandia: Rise and fall of Henry Ford's forgotten jungle city*. New York: Metropolitan Books, 2009. 420 págs.

34 ROHTER, Larry. Deep in Brazil, a Flight of Paranoid Fancy. New York Times, 23 de junho de 2002. Disponível em: http://www.nytimes.com/2002/06/23/weekinreview/23ROHT.html?ex=1025828724&ei

166   Daniel Buarque

Talvez a maior "intervenção direta" dos Estados Unidos dentro do território amazônico, entretanto, tenha sido um projeto pessoal do industrial Henry Ford, que comprou terras do tamanho de um Estado para construir sua utopia pessoal, fugindo do que o desapontava no desenvolvimento da sociedade americana e buscando um novo começo para o sonho americano e o "american way of life".

Apesar de a criação da Fordlândia poder ser vista como a maior intervenção internacional já registrada na região brasileira, Grandin alega que a iniciativa partiu, em grande parte, de brasileiros, interessados nos ganhos diretos e indiretos que os investimentos de Ford trariam para o país.[35] Os emissários de Ford conseguiram até "mais de que imaginaram" – o arrendamento de 14,5 mil km², equivalente a dois terços do território do estado de Sergipe –, além de isenções de impostos e o direito de ser quase um Estado próprio, com legislação quase independente. Tudo por US$ 125 mil da época.

Mesmo com algum sucesso na empreitada, Fordlândia era financiada pelo grande industrial norte-americano e não se sustentava. Com o início da Segunda Guerra Mundial, o governo norte-americano acabou fazendo acordos com o Brasil que

---

35   "O inspetor consular do Brasil baseado em Nova York, José Custódio Alves de Lima (...) vinha cortejando Ford há dois anos, desde que leu sobre seu interesse em plantar seringueiras nos Everglades, na Flórida e havia enviado a ele amostras da borracha amazônica (...) querendo atrair sua atenção para o Brasil." Ele tinha autorização do governo do Pará para oferecer "permissões especiais, concessões de impostos e de terras, na esperança de que o industrial ajudasse a reviver a economia regional". Além do esforço diplomático, empresários brasileiros atuaram para atrair Ford, buscando lucros pessoais. Eles ajudaram a iludir (ou convencer com propina) um enviado especial de Ford à região, que criou um retrato desesperador da população pobre da região.

Brazil, um país do presente 167

incentivaram a busca por mais borracha para a indústria bélica, quase tomando posse do enorme território da Fordlândia. Depois do conflito, com a diminuição da atuação de Ford e até sua morte, seu neto, que assumiu seu legado, vendeu as terras de volta ao Brasil por um preço quase tão baixo quanto o pago originalmente, servindo apenas para cobrir as dívidas da empresa na região. Ford nunca visitou a cidade que levava seu nome, mas moradores locais, segundo o autor, até o final da primeira década do século XXI sentiam saudades da época em que a Fordlândia existia como tal.[36]

"Invasão"

A atuação de Henry Ford e, antes dele, a biopirataria de seringueiras podem ter sido os dois casos mais exemplares de intervenções internacionais na região da floresta tropical brasileira. Além deles, entretanto, a história registra uma série de projetos e discursos em que a Amazônia foi mencionada de forma a levantar suspeitas sobre alguma forma de "invasão".

Um dos primeiros casos em que se cogitou passar a Amazônia para outra "jurisdição", que não a do Brasil, foi registrado em 1850, quando o chefe do Observatório Naval dos EUA, Matthew Fontaine Maury, sugeriu que os Estados Unidos evitassem a Guerra Civil e continuassem expandindo sua produção de algodão levando toda a estrutura, incluindo os escravos, para a Amazônia. Maury costuma ser citado como tendo sugerido que os políticos americanos deveriam forçar o Brasil a permitir a livre navegação de barcos americanos na Amazônia, porque o rio Amazonas era "uma extensão" do rio Mississípi.

---

36 GRANDIN, Greg. *Fordlandia: Rise and fall of Henry Ford's forgotten jungle city*. New York: Metropolitan Books, 2009. 420 págs.

168 Daniel Buarque

Segundo o pesquisador de escravidão nas Américas Gerald Horne, professor da Universidade de Houston, Maury era interessado em deportar escravos norte-americanos para desenvolver a região com um plano de "tomar a Amazônia do Brasil".[37] Horne explica o contexto em que as declarações de Maury ocorreram, alegando que as relações entre Brasil e Estados Unidos até a Guerra Civil americana foram muito intensas por conta da escravidão nos dois países. Segundo ele, os escravistas mais radicais do Sul norte-americano defendiam fortemente a separação do país e "colocavam o Brasil próximo ao centro do seu sonho de um império transcontinental de escravidão, particularmente nos anos 1850, quando parecia que a escravidão encontrava um bloqueio em sua expansão para o Oeste". Para eles, o futuro estava em um império "unido com o Brasil". Maury via a Amazônia como "válvula de segurança da União" e planejava deportar os negros dos Estados Unidos junto com seus proprietários para a região ainda não desenvolvida. "'É mais fácil e mais rápido', argumentou Maury, 'para navios da Amazônia fazerem a viagem a Nova York do que ao Rio'."

A proposta de Maury, diz Horne, foi vista como provocativa e foi discutida no Brasil, o que fez com que o então secretário de Estado dos Estados Unidos, William Marcy, respondesse de forma superficial, garantindo ao Brasil que não precisava levar a sério os argumentos de Maury. O pesquisador da Universidade de Houston, entretanto, diz que Maury gerou um forte interesse dos Estados Unidos em dominar a região amazônica, fazendo com que milhares de norte-americanos viajassem ao Brasil investigando o país e analisando a possibilidade de se apropriar

---

37 HORNE, Gerald. *The Deepest South: The United States, Brazil, and the African Slave Trade.* Nova York: New York University Press, 2007.

do território da floresta. O projeto de incorporar a floresta, disse, ganhou força especialmente no Estado da Virgínia, que era o centro do poder dos Estados Unidos na época e onde Maury continua a ser visto como um herói até hoje.[38]

Ele comentou que, por mais que o país continue se envolvendo em guerras pelo mundo, a situação mudou e nenhuma ação do tipo é sequer cogitada pelos americanos. "Não há possibilidade disso, especialmente por conta da ascensão do Brasil como potência internacional",[39] disse.

Em outras ocasiões no final dos anos 1850 e mesmo durante a Guerra Civil, em 1862, um comitê da Câmara de Deputados dos Estados Unidos chegou a considerar a possibilidade de deportar os negros para a Amazônia, o que foi ponderado pelo governo brasileiro e negado pelo fato de a lei brasileira "não admitir negros livres em seu território".[40]

Mais tarde, passado o século XIX, a integridade da Amazônia brasileira voltou a ser tema de debate nos Estados Unidos. Durante a Segunda Guerra Mundial, Nelson Rockefeller recomendou a construção de uma série de canais conectando o vale do Orinoco, na Venezuela, à Amazônia e até o rio da Prata na Argentina, para escapar do cerco de submarinos alemães na costa brasileira. Como coordenador de

---

38 Este plano de invadir a Amazônia, explicou, surgiu no contexto da consolidação dos Estados Unidos como uma potência violenta, que fazia da conquista territorial seu manifesto destino, então, "não é uma surpresa" que cobiçassem também a Amazônia.

39 Entrevista ao autor em 25 de maio de 2010

40 O Brasil, diz Horne, teve um papel importante na mente de líderes do Sul escravista dos Estados Unidos, que foi apoiado pelo governo brasileiro, servindo até mesmo como refúgio quando a Guerra Civil terminou com vitória do Norte do país.

assuntos interamericanos do governo de Franklin D. Roosevelt, Rockefeller "queria abrir acesso direto aos mercados e aos recursos do interior da América do Sul".[41]

Em 1965, em outro caso, Herbert Kahn, fundador do Hudson Institute, recomendou que os Estados Unidos, como parte da sua ação anticomunista, criassem cinco grandes lagos na Amazônia para produzir eletricidade e desenvolver a região.

Entre os discursos recentes que foram interpretados como ameaça à integridade da região Norte pelo Brasil está uma declaração frequentemente creditada ao ex-vice-presidente dos Estados Unidos Al Gore. Várias publicações repetiram a informação de que o ganhador do Prêmio Nobel da Paz por sua mobilização contra o aquecimento global teria dito, quando senador, que "ao contrário do que pensam os brasileiros, a Amazônia não é propriedade deles, ela pertence a todos nós".[42] Não existe nenhum registro oficial de que Gore teria dado tal declaração. Rohter diz até mesmo que não foi o ex-vice-presidente que disse esta frase, mas "o autor da frase injuriosa parece ter sido outro senador muito menos conhecido, um republicano de Wisconsin chamado Robert Kasten",[43] e Gore, pelo contrário,

---

41 GRANDIN, Greg. Green Acres: Lost in the Amazon. *The Nation*, 26 de março de 2009. Disponível em: http://www.thenation.com/article/green-acres-lost-amazon?page=0,1

42 ROHTER, Larry. *Deu no New York Times: o Brasil segundo a ótica de um repórter do jornal mais influente do mundo*. Trad. Otacílio Nunes et al. Reio de Janeiro: Objetiva, 2008. 420 págs.

43 Kasten foi senador até 1993, quando se afastou da política. Não há um registro de que nem mesmo ele tenha feito tal afirmação.

teria reagido desde então, preocupado com a reação que a declaração poderia ter entre os brasileiros.[44]

A informação é negada por uma de suas principais fontes de informações a respeito da Amazônia, o ambientelista Thomas Lovejoy, um dos mais respeitados cientistas a estudar conservacionismo, biodiversidade e florestas tropicais. "Gore nunca fez o discurso sobre a internacionalização da Amazônia",[45] disse.

Em visita ao Brasil em 2009, Gore reiterou que respeita a autoridade brasileira sobre a Amazônia e disse que a decisão sobre a questão da conservação da Amazônia "é do Brasil". "Se fosse brasileiro e tivesse o direito de falar de políticas nacionais do Brasil, defenderia a importância da biodiversidade." Segundo ele, é um desperdício vender a Amazônia apenas pelo preço de sua madeira, pois seu valor é muito maior. "Se fosse brasileiro, eu falaria, mas não vou falar."[46]

O outro grande exemplo de "ameaça" internacional à Amazônia surgiu em 1998, com a publicação de supostas declarações de um general norte-americano, diretor do Departamento de Informações e Inteligência do Exército, alegando que, se as

---

44   Tentei conversar com o ex-vice-presidente americano sobre a Amazônia, mas sua assessoria alegou que ele estaria indisponível para dar entrevistas.

45   Lovejoy é doutor pela Universidade de Yale e ensina biodiversidade do Centro Heinz para Ciências, Economia e Ambiente. Ele estuda a Amazônia desde 1965 e foi pioneiro em alertar para o aumento da extinção de espécies devido à degradação do meio ambiente e maior ocupação humana do planeta. Entrevista ao autor em 5 de abril de 2010.

46   BARBOSA, Dennis. Em SP, Al Gore diz que cabe ao Brasil decidir sobre a Amazônia. *Globo Amazônia*, 13 de outubro de 2009. Disponível em: http://www.globoamazonia.com/Amazonia/0,,MUL1339608-16052,00-EM+SP +AL+GORE+DIZ+QUE+CABE+AO+BRASIL+DECIDIR+SOBRE +A+AMAZONIA.html

atividades brasileiras na Amazônia representassem risco para os Estados Unidos, uma ação militar seria tomada contra isso. O caso repercutiu por mais de uma década, também levantou declarações públicas do governo, então sob o presidente Fernando Henrique Cardoso, e aparentemente passou a ser negado em seguida, sem que fosse comprovada sua veracidade.

O tenente-general Patrick M. Hughes[47] participou de palestras em universidades como Massachusetts Institute of Technology e Harvard no final dos anos 1990. Segundo publicações da época, Hughes teria dito: "Caso o Brasil resolva fazer um uso da Amazônia que ponha em risco o meio ambiente dos Estados Unidos, temos de estar prontos para interromper este processo imediatamente". A declaração foi vista como o primeiro posicionamento formal de um oficial americano sobre o assunto, o que levantou discussões na imprensa brasileira e chegou até o governo.[48]

FHC reagiu em público menos de uma semana depois. De forma sutil, sem mencionar diretamente o caso, ele reafirmou, em solenidade de apresentação dos novos oficiais-generais do Exército, Marinha e Aeronáutica, no Palácio do Planalto, sua confiança na capacidade das Forças Armadas brasileiras de responder a todos os desafios que envolvam a

---

47 Então diretor da Agência de Inteligência de Defesa dos EUA (DIA), Hughes era o principal oficial de inteligência do Departamento de Defesa do país e apresentou uma previsão das principais ameaças que seriam encontradas pelos Estados Unidos no início do século XXI.

48 O caso é relatado em blogs e sites apócrifos, e ganhou repercussão em pesquisas como em: HAAG, Carlos. A floresta verde-oliva: estudos analisam pensamento militar sobre a Amazônia. *Revista Fapesp*, nº 144, fev. 2008. Disponível em: http://revistapesquisa.fapesp. br/?art=3461&bd=1&pg=1&lg=

soberania nacional. Além do Planalto, o Congresso também voltou a reagir pedindo explicações ao embaixador brasileiro.[49]

A Embaixada americana distribuiu, no mesmo dia da declaração presidencial, uma nota oficial desmentindo "categórica e terminantemente as palavras e insinuações" de Hughes. "Em momento algum, o general Hughes defendeu ações militares americanas ou de terceiros na região amazônica, e nenhum dos comentários feitos por ele infringe a soberania de qualquer nação", dizia o comunicado, sem negar, entretanto, as palavras divulgadas.[50]

Mesmo com o desmentido imediato, a história cresceu, e as declarações de Hughes continuaram sendo usadas para demonstrar o interesse americano em uma invasão à Amazônia. Mesmo em 2008, dez anos depois da suposta declaração, sites politicamente engajados continuavam dando eco ao caso, e até mesmo a revista *Carta Capital* incluiu a fala de Hughes em uma reunião de declaração de líderes internacionais que questionam a soberania brasileira da Amazônia.[51]

---

49 Agência O Globo: FHC destaca soberania nacional. *Jornal do Commercio*, Recife, 16 de abril de 1998. Disponível em: http://www2. uol.com.br/JC/_1998/1604/br1604d.htm

50 ZIRKER, Daniel. Estratégia de Segurança Nacional dos EUA e pensamento brasileiro militar: imaginando o futuro próximo. *Ten. Mund.*, Fortaleza, v. 3, n. 4, jan/jun. 2007. Trabalho apresentado na Associação Brasileira de Estudos de Defesa, em 21 e 22/09/2007, São Carlos, Brasil. Disponível em: http://www.tensoesmundiais.ufc.br/artigos/Revista%20 No%204/danielzirker_portugues.pdf

51 DIAS, Maurício. Decálogo da Cobiça. *Carta Capital*, 9 de junho de 2008. Disponível em: http://www.cartacapital.com.br/app/coluna. jsp?a=2&a2=5&i=1098

Protecionismo

A mentalidade nacionalista brasileira, segundo Mark London e Brian Kelly, ganhou força quando o governo militar do Brasil deu início à ocupação nacionalista da região Norte, a fim de proteger as fronteiras do Brasil, o que ocorreu "mais com espírito patriótico de que com planejamento científico real".[52] As incursões dos militares ignoravam o impacto ambiental da ocupação, e os historiadores americanos denunciavam que o formato da "colonização" da Amazônia deu espaço a uma equivocada distribuição de terras, levando a desmatamento, pobreza rural e conflito social. Com o fim da ditadura, em 1985, a política nacional se tornou menos preocupada com a "ocupação apenas pela ocupação" e mais preocupada com como responder às reclamações do resto do mundo em relação ao abuso ambiental do próprio Brasil.

No final dos anos 1980 e início dos 1990, a Amazônia capturou a atenção do mundo por conta da mudança nas prioridades internacionais após a Guerra Fria. Os Estados Unidos passaram a dar atenção especial ao ambiente da floresta, analisando incêndios na região como parte importante do discurso ambiental, que ganhava espaço crescente na mídia. "Mas a Amazônia pertencia ao Brasil (e, em menor extensão, a Colômbia, Peru, Equador e vários outros países), e o Brasil não ia abrir mão da soberania de 60% do seu território para o Senado norte-americano ou ao editorial do *New York Times*". Para o bem e para o mal, dizem, o Brasil há muito resistiu a qualquer tipo de intervenção

---

52 O lamento era de Charles Wagley, pioneiro no programa de pesquisa da Amazônia na Universidade da Flórida. In:LONDON, Mark; KELLY, Brian. *The Last Forest: The Amazon in the Age of Globalization*. New York: Random House, 2007

estrangeira em seus assuntos, e o livro de Artur César Ferreira Reis, *A Amazônia e a cobiça internacional* (de 1957) ainda serve como referência para este nacionalismo. Periodicamente, dizem, esta marca de nacionalismo patriota entra em erupção, fazendo com que "dez em dez oficiais brasileiros acreditem que os gringos querem se apropriar da Amazônia".[53]

A postura do Brasil, para proteger seu nacionalismo, segundo eles, deveria ser o de abraçar o internacionalismo. "Para o Brasil impor sua soberania na Amazônia, para mantê-la segura e criar sua própria política de desenvolvimento, seria preciso convencer o resto do mundo do seu compromisso com a agenda ambiental internacional, mostrar que estava preparado para ter um papel de liderança."[54]

Por mais que haja a visão norte-americana de que os brasileiros são paranoicos, nem todos os pesquisadores acham exagerada a preocupação do país com a proteção do seu território na Amazônia. Colin MacLachlan, especialista no Brasil, formado na Universidade da Califórnia em Los Angeles, alega que a preocupação brasileira em ter respeito internacional não é exagerada por conta da gigantesca proporção do território e do enorme trabalho para garantir a soberania sobre ele.

O combate ao tráfico de drogas na Colômbia com ajuda norte-americana, diz, coloca em risco o território brasileiro, para onde poderiam fugir os produtores que ficam na fronteira norte do país. Isso levaria a guerrilha para o território brasileiro e deixaria ainda mais clara a noção de fraqueza no controle da região. "A fronteira por terra do Brasil tem 16.503 km e passa por todos

---

53   LONDON, Mark; KELLY, Brian. *The Last Forest: The Amazon in the Age of Globalization*. New York: Random House, 2007.

54   Idem.

os países sul-americanos exceto Chile e Equador. A fronteira amazônica (11 mil km) parece a mais vulnerável. Pouco populosa e fracamente ligada ao sul, a região historicamente se definiu de forma diferente do resto do Brasil pela comunidade internacional. Seu impacto exótico nos primeiros exploradores europeus nunca desapareceu. O mito de uma Jardim do Éden fantástico cheio de criaturas, tão verde e tão rico, triunfou sobre os retratos da Amazônia como inferno verde. Em tempos recentes, a pressão internacional se intensificou. A noção de que o desenvolvimento drástico vai afetar as mudanças climáticas muito além das fronteiras do Brasil se tornou uma grande preocupação." Segundo MacLachlan, mudanças nas definições do que constitui motivo para guerra ou intervenção na era pós-Guerra Fria tornou difícil medir a reação internacional. Ações e situação que anteriormente poderiam ser consideradas questões internas agora têm potencial de se transformar em problemas transnacionais.[55]

A interpretação de que qualquer motivo relacionado ao ambiente, como a Amazônia, pode provocar guerras durante o século XXI é exagerada, segundo o especialista em geopolítica George Friedman. Ele alega que, por mais que o Brasil esteja melhorando sua posição global, e que a Amazônia chame atenção internacional, o país vai ser coadjuvante ao longo deste século. "Não há possibilidade de uma intervenção americana no Brasil, mas a América Latina adora a fantasia da ação direta dos Estados Unidos, pois isso sempre serviu para explicar os fracassos do continente. Os Estados Unidos sempre foram os vilões. Em muitos casos, o país nem foi tão influente, mas acabou sendo visto desta forma. A ideia de que o governo dos

---

55 MACLACHLAN, Colin: *A History of Modern Brazil: The Past Against the Future*. Willmington: Scholarly Resources, 2003.

Brazil, um país do presente 177

Estados Unidos está pensando em intervir no Brasil é irracional. Os brasileiros pensam nisso, não os americanos", disse.[56] A justificativa de Friedman é de que a Amazônia é uma responsabilidade do Brasil. "Os Estados Unidos não vão compensar o Brasil para que o país não desenvolva a Amazônia e mantenha a floresta. A visão americana, se é que há alguma, é de que o Brasil não deve desenvolver a Amazônia, mas a Europa e os EUA não estão dispostos a diminuir a sua poluição."

Um pesquisador americano que defende o direto brasileiro de se preparar para evitar qualquer tipo de problema em relação à soberania da Amazônia é Daniel Zirker, diretor da Faculdade de Artes e Ciências Sociais e professor de Ciência Política da Universidade de Waikato, na Nova Zelândia. Segundo ele, não é possível prever uma ação americana no Brasil, não há motivos para isso, mas os brasileiros, especialmente entre os militares, têm razões para se sentirem ameaçados. "Nas circunstâncias atuais, concordo que é impossível uma intervenção na Amazônia. Mas não podemos prever o futuro e não sabemos como o mundo vai reagir em caso de um problema mais sério na região no futuro. Hoje não vejo nenhuma razão para os Estados Unidos invadirem uma área da Amazônia. Ao mesmo tempo, muitos europeus e americanos declararam sua preocupação de que a Amazônia seja cuidada".[57] Ele levanta os casos históricos, entretanto, para defender que os militares brasileiros têm motivos para ficar em alerta.

---

56 Entrevista ao autor em 5 de março de 2010.

57 Após atuar como diretor de Estudos Ambientais da Universidade Estadual de Montana, entre 2002 e 2003, e como presidente do Comitê de Pesquisas sobre as Forças Armadas da Associação de Ciência Política Internacional, Zirker se consolidou como um dos mais importantes pesquisadores das relações político-militares entre Brasil e

Segundo Zirker, o Exército brasileiro teve papel integral – enquadrado no contexto do nacionalismo – desde o início do século XX, na segurança interna, política de fronteira e indígena na região. "Sempre houve expressão de hostilidade contra os 'internacionalistas' na região amazônica", diz.

Além da mentalidade contrária a qualquer atividade norte-americana na região, os militares difundem também um sentimento particularmente hostil aos ambientalistas, segundo ele. A ação de organizações não governamentais, relata o pesquisador, atrapalharia os projetos militares na calha norte, onde seria construída uma "trincheira de proteção" do território nacional, além de se colocarem contra projetos de desenvolvimento de estradas e de hidrelétricas na região.

O exemplo de embate entre os militares e os ambientalistas vai moldar uma das principais facetas da importância da Amazônia no contexto do Brasil, a questão ambiental, que, explica, se a Amazônia pertence exclusivamente ao Brasil, o país acaba tendo de arcar também com a responsabilidade pela sua proteção.

Estados Unidos, levando em consideração especialmente a questão da soberania brasileira da Amazônia e os riscos de uma intervenção internacional na floresta. Entrevista ao autor em 22 de fevereiro de 2010.

Ambiente

Em busca da sustentabilidade

Queimadas iniciadas por fazendeiros de Roraima no começo de 1998 destruíram, em poucas semanas, uma área de floresta brasileira equivalente à de toda a Bélgica. O desastre ambiental voltou os olhos de todo o mundo para o Brasil, fazendo com que vários países oferecessem ajuda para combater as chamas. O governo brasileiro, na época sob o presidente Fernando Henrique Cardoso, preocupado com a exposição do que poderia ser visto como incapacidade de lidar com o problema e por medo de intervenção estrangeira, negou qualquer participação internacional.[1] Por mais que este incêndio não tenha sido o único a atingir a Amazônia brasileira ao longo das últimas décadas, a exposição de notícias sobre ele ajudou a dar o tom da imagem internacional do Brasil no início do século XXI, quase sempre ligada à floresta e, consequentemente, ao ambiente.

Os americanos não veem a atuação do Brasil para proteger a Amazônia e o ambiente global de forma muito positiva. O país fica

---

[1]   *Veja*. 1º de abril de 1998. Disponível em: http://veja.abril.com.br/010498/p_024.html

somente em 30º lugar em um *ranking* dos 50 países que mais contribuem para o melhorar ambiente, segundo a ótica da população do país. A classificação é bem negativa para o país, que é o 14º colocado da mesma lista em termos de beleza natural e que, no geral, tem a 20ª melhor imagem internacional nos Estados Unidos.[2]

Amazônia brasileira perdeu cerca de 700 km^2 de sua cobertura original de floresta desde os anos 1970. Muitos relatos americanos comparam a área destruída ao tamanho da França. "Apesar dos esforços do governo para reduzir o desmatamento, em apenas cinco meses em 2007, sete mil quilômetros quadrados foram destruídos, uma região maior que o estado de Delaware", escreveu o jornalista David Grann, da revista *The New Yorker*. O desmatamento, diz, destrói animais e plantas, muitos com potencial medicinal. Além disso, é preciso pensar no ciclo hidrológico do ambiente, para o qual a Amazônia é essencial. Como a floresta gera metade das suas chuvas através da umidade que lança na atmosfera, a devastação começou a mudar a ecologia da região, contribuindo para secas que destroem a capacidade de a selva se sustentar. O Brasil é o quarto país do mundo no *ranking* de emissões de carbono e a maior parte delas vem do desmatamento.[3]

Uma das pessoas que mais conhece a Amazônia e suas questões ambientais, o ecólogo americano Philip Fearnside disse achar

---

2   Dado do Nation Brands Index relacionado apenas aos Estados Unidos. A pesquisa ouviu 20.939 pessoas adultas, sendo aproximadamente 1.050 em cada um dos 20 países usados como referência. Cada entrevistado responde a uma série de questões sobre os 50 países, avaliando seis pontos: Exportações, Governabilidade, Cultura, Povo, Turismo e um duplo, Imigração e Investimento. Cada uma dessas categorias também se torna um *ranking* isolado.

3   GRANN, David. *The Lost City of Z: A Tale of Deadly Obsession in the Amazon.* New York: Doubleday, 2005. 140 págs.

Brazil, um país do presente   181

que há muita confusão e desinformação em relação à Amazônia e que existe uma grande diferença entre quem estuda o assunto e a opinião popular. "É muito comum nos Estados Unidos pensarem que todo o Brasil é Amazônia, até o Rio Grande do Sul, as cataratas do Iguaçu, assim como o entendimento das consequências do desmatamento."[4] Segundo ele, não existe uma generalização de culpar o Brasil pelo desmatamento, entretanto, até porque os Estados Unidos são um lugar com menos conhecimento sobre os problemas do clima. "Há uma grande parcela da população que nem acredita no efeito estufa. Isso é uma coisa que tem de mudar e que ainda não avançou o suficiente."

Segundo Fearnside, até os anos 1980 eram raros os registros de incêndios generalizados na floresta por causa de queimadas para limpar terreno para a agricultura. Desde então, os incêndios foram favorecidos pela maior frequência desse fenômeno econômico e pelo aumento na presença de fontes de ignição de fogo junto com o crescimento da agricultura e do pasto nas áreas. O problema, segundo ele, é o ciclo de destruição que se cria com o aumento da temperatura global, que causa seca e aumenta as queimadas, intensificando o aquecimento global. Fearnside explica que, além de diminuir a emissão de gases do efeito estufa, evitar o desmatamento gera benefícios climáticos ao manter a evapotranspiração

---

4   Fearnside é pesquisador do Instituto Nacional de Pesquisas da Amazônia, estuda problemas ambientais na Amazônia brasileira desde 1974, inclusive morando dois anos na rodovia Transamazônica. Realiza pesquisas ecológicas e promove a captação do valor dos serviços ambientais da floresta amazônica como forma de desenvolvimento sustentável para as populações rurais na região. Ganhador, em 2004, do Prêmio da Fundação Conrado Wessel na área de Ciência Aplicada ao Meio Ambiente e em 2006 do Prêmio Chico Mendes. É o segundo mais citado cientista no mundo na área de aquecimento global. Entrevista ao autor em 4 de março de 2010.

182 Daniel Buarque

e o ciclo hidrológico, além do papel fundamental na manutenção da biodiversidade. Segundo ele, a taxa de desmatamento da Amazônia entre 1990 e 2004 praticamente duplicou.

Prioridade ambiental

No lugar do interesse político na região, que preocupa os brasileiros, o que mais atrai os olhares norte-americanos para a Amazônia é o desmatamento. Mark London, advogado que ajudou a apresentar a Amazônia ao público americano com dois livros sobre a região, explica que o interesse surgiu nos anos 1980, quando os norte-americanos sofreram com um dos verões mais quentes da história, enquanto a Amazônia sofria com queimadas que destruíam a floresta. Foi quando o aquecimento global passou das páginas de Ciência para a capa dos jornais, diz, e a preocupação com a Amazônia cresceu. "O planeta estava aquecendo-se, e perder a Amazônia seria perder nossa capacidade pulmonar. Um sufocamento global, continuava a teoria. (...) O destino de uma árvore na Amazônia determinaria o destino de uma vaca. Uma teoria distante tinha se transformado em evangelho."[5]

Segundo London, a imagem que os americanos podem ter da floresta amazônica, especialmente as pessoas educadas, é de que se trata de um recurso frágil, cujo futuro impacta o resto do mundo em termos de biodiversidade e mudança climática. O futuro da Amazônia afeta o resto do mundo, e por ser parte integral do Brasil, o futuro do Brasil está ligado ao do resto do mundo. "O governo americano entende que a Amazônia é importante em termos de mudança climática e geralmente respeita

---

5   LONDON, Mark; KELLY, Brian. *The Last Forest: The Amazon in the Age of Globalization*. New York: Random House, 2007.

Brazil, um país do presente 183

a administração brasileira da Amazônia. Ninguém vai interferir na administração da Amazônia, até mesmo porque essa administração tem melhorado ao longo dos tempos", disse London.[6] Uma voz que já fez parte desse governo reforça a tese dele. Em um livro sobre o ambiente global, o ex-vice-presidente Al Gore ressalta o grande desconhecimento que ainda há no país em relação à importância da Amazônia. "Para muitos de nós, a Amazônia é um lugar distante, e notamos vagamente o desaparecimento dessas e de outras espécies vulneráveis. Ignoramos essas perdas a nosso perigo, entretanto."[7]

Os ambientalistas ressaltam que o Brasil tem que se responsabilizar pela forma como trata a floresta. Esta foi a conclusão a que chegou Nathanael Greene, coordenador do trabalho em energias renováveis e políticas relacionadas a elas do National Resources Defense Council. Não é que ninguém seja dono das florestas brasileiras além do Brasil, disse, mas o Brasil é responsável perante o resto do mundo pelo que faz com suas florestas. "Nenhum país aceitaria poluição estrangeira em seu suprimento de água, por exemplo, e precisamos pensar globalmente em relação ao que estamos fazendo com nossa atmosfera."[8]

---

6   London é advogado norte-americano, foi um dos primeiros pesquisadores do país a escrever livros sobre a Amazônia. É autor de *The Last Forest* (*A última floresta*, ed. Random House) e *Amazon* (*Amazônia*), escritos com o jornalista Brian Kelly. Realiza projetos na Amazônia para empresas norte-americanas, buscando o desenvolvimento da região. Entrevista ao autor em 25 de fevereiro de 2010.

7   GORE, Al. Earth in the Balance: Ecology and the Human Spirit. New York: Rodale, 1992.

8   O NRDC é um grupo norte-americano que estuda a defesa do ambiente no mundo. A organização tem cerca de 400 pessoas, um orçamento de U$ 900 milhões por ano e escritórios em Nova York, Washington DC, Chicago, Los

Segundo Greene, no mundo atual, com globalização, todos os países estão ligados, e seus ambientes também. "Acho que estamos entrando em um momento mais grave do aquecimento global, em que nossa população é globalmente tão vasta que todos os países têm impacto em todo o mundo. Nossa atmosfera, onde estamos jogando nossa poluição, é comum. Não é que as florestas de nenhum país pertençam a todos, mas que todos pertençam a todos e somos responsáveis até certo grau sobre o que fazemos para todos os outros países."

Mudança na paisagem

As principais mudanças na paisagem da floresta brasileira podem ser percebidas na comparação entre o que foi descrito pelo explorador britânico que desapareceu na selva em 1925 e a busca por seu paradeiro desempenhada pelo jornalista David Grann. Quase um século separa duas expedições. E nas duas descrições, a mata, outrora chamada de "paraíso falsificado" ou "inferno verde", recuou por quilômetros, dando lugar a pastos e plantações e reduzindo o impacto ambiental positivo das folhas verdes.

Grann começou a seguir os passos de Fawcett para entrar na floresta a partir do Mato Grosso. Ele chegou a Cuiabá

Angeles, San Francisco e Pequim. Greene coordena o trabalho em eletricidade renovável e combustíveis renováveis, reunindo toda a parte de energias renováveis. São 80 pessoas que passam bastante tempo estudando isso, pois é uma grande parte da atenção, da solução para o problema do aquecimento global, mas também para a questão da poluição local, poluição da água, preservação do hábitat de espécies selvagens, tudo o que está relacionado ao consumo de energia. Formado em Políticas Públicas na Universidade Brown, ele tem mestrado em energia e recursos pela Universidade da Califórnia, em Berkeley. Entrevista ao autor em 15 de março de 2010.

e ficou impressionado com o desenvolvimento da capital que Fawcett havia chamado de "cidade fantasma". "Os lugares em que ele ficou no meio da selva atualmente são campos abertos. Não sou especialista na política ambiental brasileira, mas me preocupei quando vi áreas indígenas ameaçadas por projetos de represas, no Xingu, coisas visíveis com que lidei diretamente."[9] Enquanto passava por uma região que era destacada nos relatos de Fawcett como floresta fechada, Grann ficou olhando pela janela, esperando ver os primeiros sinais da "selva assustadora". O que viu, entretanto, foram planícies sem fim até o horizonte. "Quando perguntei a Taukane [seu guia na expedição] onde estava a floresta, ele disse, simplesmente, 'foi embora'. Um momento depois, ele apontou uma frota de caminhões a diesel na direção oposta, carregando troncos de 20 metros."[10]

Grann lembra que os brasileiros uma vez entraram na Amazônia em busca de ouro e borracha, e que agora a principal tentação era o alto preço das *commodities*, da criação de gado e das fazendas, tudo o que ajudava o Brasil a se desenvolver economicamente e ganhar destaque internacional. Mato Grosso, ele continua, estava sendo transformado em uma fazenda domesticada, com grande parte sendo dedicada à soja.

---

9   Grann é repórter da revista *New Yorker* e autor do *best seller Z: a cidade perdida* (Cia das Letras), livro em que investiga a história do desaparecimento do coronel britânico Percy Fawcett, que sumiu na floresta amazônica no início do século XX quando buscava uma suposta civilização perdida. Entrevista ao autor em 8 de março de 2010.

10   GRANN, David. *The Lost City of Z: A Tale of Deadly Obsession in the Amazon.* New York: Doubleday, 2005. 140 págs.

Conservação e exploração

O relato do jornalista coincide com os dezenas de outros americanos sobre a forma como a Amazônia tem sido tratada pelo Brasil. O tom costuma ser de crítica, e a maior parte dos ambientalistas entende que o Brasil não pode ser cobrado por conservar a floresta em detrimento do seu desenvolvimento econômico, mas sabem que é preciso uma mobilização global para que as florestas sejam conservadas. Muitos chegam até a mencionar e elogiar os esforços do Brasil para impedir a destruição da floresta.

Por conta da noção de que a Amazônia é uma região muito especial do mundo, é como se toda a humanidade tivesse responsabilidade sobre a sobrevivência da Amazônia, explicou a pesquisadora americana Barbara Weinstein, da Universidade de Nova York (NYU). O problema da atenção recebida pela Amazônia, disse, é que a visão dos norte-americanos costuma ser simplista. "Eles acham que a Amazônia é um parque imenso, que pode ser fechado, sem permitir entrada de humanos. Eles acham que a região não é habitada, a não ser por índios. É preciso explicar que é necessário pensar na coexistência das pessoas com a floresta, pois não é apenas um jardim botânico."[11]

---

11   Weinstein é uma das pesquisadoras mais prolíficas da história do Brasil nos Estados Unidos. Ligada desde 2007 à NYU, ela já passou períodos em Yale e Princeton, e escreveu livros que tratam da questão ambiental da Amazônia, da história da exploração de borracha no Norte do país, da formação da classe trabalhadora no Brasil, e atualmente pesquisa as questões de regionalismo, com a predominância de São Paulo sobre o resto do país. É autora, entre outras obras e artigos, de *(Re)formação da classe trabalhadora no Brasil, 1920-1964* (Cortez Editora) e *A borracha na Amazônia: expansão e decadência, 1850-1920* (Edusp). Entrevista ao autor em 15 de fevereiro de 2010.

Brazil, um país do presente   187

Essa visão era predominante até mesmo na academia norte-americana. Segundo London, o desenvolvimento de pesquisas arqueológicas na Amazônia mudou toda a abordagem a respeito do tratamento que a floresta deve receber. A descoberta de que havia moradores na região há milhares de anos fez com que fosse deixada de lado a ideia de que a selva é e deve continuar sendo um lugar isolado e inabitado. "É um local em que sempre vai haver habitantes humanos. E o desafio é como sustentar a vida humana de forma harmoniosa com o ambiente", diz.

Há 25 anos, o pensamento predominante sobre a Amazônia era o da arqueóloga americana Betty Meggers, para quem a região deveria permanecer intocada, pois qualquer atividade econômica a destruiria. Estudos mais recentes, como os da também americana Anna Roosevelt, demonstraram que a Amazônia sempre sustentou civilizações produtivas, o que mudou a forma de pensar o desenvolvimento da região. Esse tipo de mudança levou instituições de pesquisa no Brasil a desenvolver um pensamento que mostra que é possível usar a Amazônia de forma produtiva, na agricultura e mesmo na pecuária, mediante um zoneamento adequado.[12]

A outra mudança recente na forma de pensar a região foi a "brasilianização da Amazônia", que passou a ter pesquisadores brasileiros em suas áreas, no lugar de estrangeiros, que dominavam antes. Quando os ativistas brasileiros pararam de lutar contra a ditadura, diz London, eles passaram a lutar por coisas como a Amazônia e pelo conhecimento brasileiro em relação a ela. Hoje há uma menor necessidade de pensadores e pesquisadores

---

12   SOTERO, Paulo. A Amazônia, de Ludwig a Maggi. *O Estado de S. Paulo*, 14 de janeiro de 2007. Disponível em: http://www.thelastforest.net/MarkinterviewandTheLastForest.pdf

estrangeiros na região. O Brasil se adaptou e é completamente capaz de dar conta da Amazônia sem apoio internacional.

Historicamente, esse desenvolvimento ganhou muita força após a Rio 92, conferência internacional do clima realizada no Brasil. Enquanto a cúpula do estava sendo planejada, os países desenvolvidos propuseram um programa para supervisionar o desenvolvimento da Amazônia.[13] O governo brasileiro, entretanto, ainda preocupado com riscos de intervenção, recusou-se a abrir mão da soberania sobre a política ambiental. O Brasil insistiu em ser um importante ator nesse programa, e isso levou ao nascimento no Brasil de uma ordem de jovens que formaram organizações nacionais e internacionais e criaram uma identidade brasileira na observação ambiental da Amazônia. ONGs brasileiras rapidamente desenvolveram conhecimento substancial e habilidade política que fizeram do Brasil uma presença importante em qualquer discussão sobre o futuro da Amazônia.[14]

O avanço brasileiro para dentro da floresta também foi impulsionado depois que o bilionário da indústria automobilística dos Estados Unidos criou uma cidade com seu nome no meio da Amazônia. Henry Ford tentou criar dentro da selva um modelo de sociedade perfeita, a Fordlândia, e por mais que seu projeto não tenha ido muito longe, ele serviu de exemplo para boa parte do trabalho governamental para desenvolver toda a região.[15] O professor

---

13 O Programa Piloto para Conservar as Florestas Tropicais Brasileiras, ou PPG-7.

14 LONDON, Mark; KELLY, Brian. *The Last Forest: The Amazon in the Age of Globalization*. New York: Random House, 2007.

15 A atuação de Ford, segundo o professor Greg Grandin, incentivou o investimento brasileiro na Amazônia. Foi depois de Getúlio Vargas visitar Fordlândia e Belterra que ele anunciou a "marcha para o oeste" brasileira, uma

Brazil, um país do presente   189

Greg Grandin é bem pessimista quanto ao que ocorreu desde então na região. Segundo ele, uma ação governamental após a outra tentou dar continuidade a projetos como o de Ford, mas nada nunca foi alcançado para desenvolver a região Norte do Brasil. "O futuro pode ser visto de forma clara do outro lado da BR-163. Empurrando as estradas está o que os ambientalistas chamam de fronteira da soja, terra aberta para pasto e plantações. Ford gastou milhões de dólares tentando achar novos usos para a soja. Soja é uma das principais causas do desmatamento da Amazônia."

A maior parte das pessoas que acompanham a questão do desmatamento brasileiro nos Estados Unidos tem uma visão ao mesmo tempo assustadora mas otimista, de que ainda há tempo de reverter o quadro e "salvar" o planeta, explicou Kathryn Hochstetler. Segundo ela, o Brasil é um país que teve problemas como desmatamento, mas ainda tem muitas florestas conservadas. Kathryn contou que fica impressionada especialmente pelo fato de a queda nos índices de desmatamento ser registrada junto com o crescimento econômico do país, "o que quebra uma ligação tradicional de que a economia avançava junto com o desmatamento".[16]

---

campanha para povoar e industrializar a região Norte, ecoando os projetos de Ford de levar civilização à floresta. Foi o primeiro projeto deste tipo no Brasil, diz Grandin, seguido por outros de governos como JK e da ditadura iniciada em 1964. GRANDIN, Greg. *Fordlandia: Rise and Fall of Henry Ford's Forgotten Jungle City*. New York: Metropolitan Books, 2009. 420 págs.

16   Kathryn Hochstetler é doutora em Ciência Política, diretora de pesquisa de governança nas Américas da Balsillie School de Relações Internacionais. Pesquisadora de política comparada na América Latina, escreveu *Greening Brazil: Environmental Activism in State and Society* (*Brasil esverdeado: ativismo ambiental no Estado e na sociedade*) e *Palgrave Guide to International*

Ambiente, economia e sustentabilidade

Neste início de século XXI, o discurso sobre ambiente acaba sendo fortemente ligado ao crescimento na visibilidade do Brasil por conta de questões econômicas. Enquanto o Brasil se consolida como promessa de potência econômica do futuro e deixa os norte-americanos eufóricos ao sobreviver de pé à crise financeira global do final da década de 2000, os ambientalistas mais críticos veem neste desenvolvimento um risco ainda maior para a floresta, que vem sendo uma das principais origens de *commodities* que impulsionam o crescimento do Produto Interno Bruto do Brasil.

Uma das análises mais completas da ligação entre ambiente e economia no Brasil foi feita pelo pesquisador norte-americano Lester Brown, fundador do Earth Policy Institute. Ele propõe um "Plano B" no Brasil, um "plano de ação" que busque a redução das emissões de carbono no país até 2020. "O Brasil deveria ser o líder mundial no esforço de cortar as emissões de carbono em 80% até 2020."[17] O panorama dele vai além de questões isoladas e mostra o quanto a Amazônia e todo o ambiente estão ligados à economia, à alimentação da população mundial, às questões de

---

Environmental Politics (*Guia Palgrave de política ambiental internacional*). Entrevista ao autor em 10 de fevereiro de 2010.

17 Chamado pelo jornal *Washington Post* de "um dos pensadores mais influentes do mundo", Brown é presidente e fundador do Earth Policy Institute, instituição criada em 2001 para desenvolver projetos globais de economia sustentável. Estudou Ciências Agrícolas na Universidade Rutgers e trabalhou no Departamento de Agricultura dos Estados Unidos como analista internacional. É autor de 50 livros, traduzidos em 40 idiomas. Um dos principais trabalhos de Brown é o livro *Plano B*, que já foi publicado em quatro edições atualizadas e traduzido para 23 idiomas. Entrevista ao autor em 12 de março de 2010.

geração de energia e ao desenvolvimento tecnológico.[18] "Uma das maiores preocupações é o desmatamento na bacia amazônica, que traz consigo três riscos: a liberação de carbono das árvores, a interrupção do ciclo hidrológico e o enfraquecimento da floresta pela continuidade da abertura de suas terras", disse.

O grande risco para o Brasil com o desmatamento é interromper o ciclo hidrológico por todo o país, atrapalhando toda a agricultura, segundo ele. A questão do desmatamento não só aumenta a liberação de carbono no ar pela queimada em si, mas destrói as árvores que guardariam e transformariam este carbono. O desmatamento ainda diminui a importância da floresta na reciclagem da água no ambiente. "Olhando num mapa, é possível ver que a floresta gera a umidade que forma chuvas em lugares distantes dela. O que sabemos desde os anos 1980 é que, quando a umidade do ar chega a uma região florestada, ela reforça o ciclo desde o Atlântico, mas, se a chuva cai em região desmatada, 80% dela se perde, deixando de evaporar e diminuindo o ciclo."

A outra questão é a continuidade da abertura de terras na floresta amazônica, que enfraquece a própria floresta, fazendo-a secar. "O risco é atingir um ponto em que a floresta fique vulnerável a incêndios naturais. Se ela atingir este ponto, não poderá mais ser salva, e vai mudar todo o padrão de chuvas e umidade no Brasil e na América Latina, além de liberar porções enormes quantidades de carbono."

---

18 Dentro desse pensamento, o Brasil está emergindo como uma economia importante no nível internacional, como fonte de matérias-primas importantes, mas a agricultura brasileira também tem um papel importante como fonte de cana-de-açúcar, fonte de energia. O país disputa com os Estados Unidos em exportações de carne e aves, além da soja, que tem se tornado uma importante *commodity*, com o Brasil em segundo em quantidade de produção e exportação.

Segundo o ex-vice-presidente americano Al Gore, pode-se ver alguns avanços no Brasil para evitar cenários mais trágicos, e um dos mais importantes sinais de progresso desde 1992 é a "tremenda resposta" do setor privado aos sinais do mercado enviados por várias iniciativas políticas. A relação entre ambiente e economia é abordada pelo Nobel da Paz, que usa as teorias da economia para entender a destruição da floresta e pensa em formas de proteger a Amazônia sem criar ônus financeiro para o Brasil ou outras nações. Ele explica que a destruição do ambiente funciona como juros compostos, acumulando o problema, que vai se tornando cada vez maior, como uma dívida que fica a cada dia mais difícil de ser sanada. As queimadas afetam os níveis de chuva em toda a região amazônica e até mesmo mais distante dela, e isso cria um ciclo mais prolongado de secas, que por sua vez aumenta o nível de destruição em toda a floresta, que precisa de chuvas. A destruição das florestas aumenta até mesmo a quantidade de cupins, uma vez que geram "enormes quantidades de metano". "Assim, a destruição da floresta aumenta a tendência de aquecimento global de várias formas diferentes." Os problemas começam de forma regional, mas acabam se tornando ameaças globais.[19]

---

19   Gore compara a superfície terrestre, em sua importância, à pele no corpo humano. "Essas porções da Terra que são cobertas com florestas têm um papel crítico em manter a capacidade de absorver o dióxido de carbono da atmosfera e assim são essenciais na estabilização do equilíbrio climático global. A forma mais perigosa de desmatamento é a destruição das florestas tropicais, especialmente as que ficam em torno do Equador. Essas são as mais importantes fontes de diversidade biológica na Terra e um dos ecossistemas mais vulneráveis agora sofrendo os efeitos da nossa ação." GORE, Al. *Earth in the Balance: Ecology and the Human Spirit*. New York: Rodale, 1992.

Reação pela economia

Se a origem do problema está no crescimento da população e da economia, ambientalistas americanos como Thomas Lovejoy, Philip Fearnside e o próprio Al Gore estão à frente de um movimento para que a economia seja usada como forma de salvar o ambiente global.

Desde de 1992, Gore defendia que a forma de diminuir as taxas de desmatamento era corrigir o que ele via como falhas no sistema capitalista, "vencedor da Guerra Fria, que tem uma filosofia problemática na sua relação com a ecologia". Ele diz que tudo começa com a própria forma de se calcular o Produto Interno Bruto (PIB), a soma das riquezas produzidas pelos países, que deveria levar em consideração aspectos ecológicos. A economia assume "que tudo na natureza é grátis e sem limite. Uma nação em desenvolvimento que derruba sua floresta tropical pode adicionar o dinheiro da venda da madeira a sua renda, mas não calcula o valor da depreciação dos seus recursos naturais de forma que isso se reflita no PIB, mostrando que no próximo ano não poderá mais vender sua floresta, porque ela se foi". A proposta dele é reformular o cálculo do PIB para refletir esse aspecto, "calcular o valor do ambiente", e fazer a transição para uma nova economia de sustentabilidade. Para isso é preciso quantificar os efeitos das decisões humanas para as gerações futuras, que vão viver com essas decisões.

Além disso, há a ideia já em fase de testes de troca de dívidas pelo ambiente, ou de usar mecanismos de mercado para ajudar o mundo a lidar com a crise ambiental global, estabelecendo um mercado de créditos de emissão de dióxido de carbono não apenas internamente nos países, mas internacionalmente.

194 Daniel Buarque

Desde o início dos anos 1990, Gore defendia um tratado internacional limitando as quantidades de dióxido de carbono que cada país podia produzir por ano. "Uma das melhores ideias de desenvolvimento dos últimos dez anos foi uma proposta do biólogo Thomas Lovejoy, a chamada troca de dívida pela natureza (*debt for nature*). Sob este plano, uma versão que finalmente foi aceita pelo Brasil em 1991, dívidas dos países em desenvolvimento a nações industriais são perdoadas em troca de acordos mais fortes para proteger partes vulneráveis do ambiente da nação devedora. Como a maior parte das dívidas provavelmente não vão ser pagas de qualquer forma, e como a proteção do ambiente é do interesse do país credor, como do resto do mundo, todo mundo ganha."

O debate evoluiu bastante desde então. No fim da primeira década do século XXI, a compensação financeira pela proteção da Amazônia já tem se consolidado como uma das melhores alternativas para evitar o desmatamento da Amazônia. O processo foi oficializado internacionalmente sob a sigla Redd, do inglês, que significa Reducing Emissions from Deforestation and Forest Degradation in Developing Countries.[20] Trata-se de um mecanismo de compensação financeira para os países em desenvolvimento ou para comunidades desses países, pela preservação de suas florestas. Seria pago pelas nações mais ricas, combatendo o argumento de que o desmatamento é necessário para a economia dos países em que ficam as florestas, como o Brasil.[21]

---

20   Reduzindo as Emissões Geradas com Desmatamento e Degradação Florestal nos Países em Desenvolvimento.

21   O Banco Mundial está, em 2010, implementando projetos de Redd em 35 países, incluindo o Brasil, onde há vários em andamento, incluindo o projeto da Reserva Juma no Estado do Amazonas, cujas famílias recebem um

A mídia americana tem tratado da questão do pagamento pelo ambiente com regularidade. "As pessoas cortam árvores porque há uma racionalidade econômica para isso, e é preciso provê-los de uma alternativa financeira", disse recentemente Yvo de Boer, secretário executivo da ONU para mudança climática. A grande dificuldade em combater o desmatamento no Brasil está no fato de que ele trouxe desenvolvimento para a região e tem ajudado a alimentar a crescente população mundial e satisfazer o seu crescente apetite por carne. Muito da soja brasileira é comprada por companhias americanas, como Cargill e Archer Daniels Midland, e é usada para alimentar gado em locais distantes como a Europa e a China.[22]

Outro obstáculo foi a resistência de setores mais conservadores do Brasil, procupados com o que poderiam supor como intervenção de fora. Os diplomatas têm medo de pressão da ONU e de outros países, segundo Fearnside. O Ministério de Relações Exteriores do Brasil, diz, chegou a se opor ao crédito para evitar o desmatamanto baseado na crença de que a soberania brasileira sobre a Amazônia está sob ameaça permanente, e que grandes interesses econômicos representados pelo crédito de carbono poderiam levar a pressões internacionais que colocariam em risco o controle do país sobre a região.

---

cartão de débito com US$ 30 por mês, caso as inspeções feitas regularmente confirmem que as árvores da região permanecem intocadas. *BBC Brasil*. Entenda o que é Redução das Emissões por Desmatamento e Degradação (Redd), 2 de dezembro de 2009.

22 ROSENTHAL, Elisabeth. In Brazil, Paying Farmers to Let the Trees Stand. *New York Times*, 21 de agosto de 2009. Disponível em: http://www.nytimes.com/2009/08/22/science/earth/22degrees.html?pagewanted=1&_r=1

A ideia de compensar economicamente o Brasil pela proteção da Amazônia tem o apoio de Mark London, que diz se considerar um "nacionalista brasileiro" na questão da Amazônia e defende a instituição de um imposto internacional de preservação da floresta. "Os Estados Unidos e outras potências já ofereceram US$ 5 bilhões em ajuda e vários outros incentivos para a Coreia do Norte, para que o país desista de ter armas nucleares, porque acham que isso seria uma catástrofe. A comunidade internacional também concorda que a destruição da Amazônia seria uma catástrofe para o mundo. Se é assim, então ela tem obrigação de dar ao Brasil os recursos necessários para administrar a região, que é um recurso natural brasileiro cuja preservação beneficia não apenas o Brasil, mas o planeta inteiro." Não se trata de internacionalizar a Amazônia, diz, pois o Brasil teria todo o direito de usá-la de forma produtiva para benefício do resto do mundo. "E isso inclui preservar a floresta. Acredito que o mundo deve pagar ao Brasil por esse serviço."

London defende que atividades econômicas na região podem fazer sentido em áreas já degradadas. Trata-se de usar de forma inteligente esse pedaço devastado e proteger o resto da floresta. A criação de gado e plantação de soja são atividades lucrativas, diz, e é preciso pensar em como mantê-las sem destruir mais a Amazônia e sem piorar o aquecimento global. "Não há alternativa. Acredito que os 40 milhões de hectares que já foram degradados devem ser explorados de forma intensa, evitando uma destruição ainda maior da área de floresta que continua de pé."

A ideia é rejeitada, entretanto, por Lovejoy, que alegou que a floresta está muito próxima do seu limite de desmatamento, e que por conta da relação dele sobre o aquecimento global, a região pode chegar rapidamente a um ponto de onde não se conseguiria

Brazil, um país do presente   197

mais recuperar o ambiente. "O ponto de ruptura para o ambiente na região pode ser 20% de desmatamento da floresta. O número atual é 18%. Está claro que é preciso ter uma política agressiva de reflorestamento, que poderia reconstruir uma margem de segurança." É preciso fazer mais de que evitar o aumento do desmatamento, diz. É importante ter uma nova visão da Amazônia, entendendo que danificar ela afeta todo o sistema. Assim, seria preciso transformar ranchos em florestas novamente. "É bom que isso aconteça logo, pois todos os interesses agriculturais no Mato Grosso dependem do ciclo hidrológico, então há uma importância econômica para a proteção da Amazônia. Proteger o ambiente não é uma questão de bondade, mas de garantir que a região possa se desenvolver mais."²³

Apesar de fazer alertas, Lovejoy elogiou as iniciativas de criar reservas na Amazônia, o que considerava impossível no passado. "É extraordinário. É algo de que não se poderia sonhar quando coloquei os pés pela primeira vez na Amazônia, em 1965", disse. "A

---

23   Lovejoy é um dos mais respeitados cientistas a estudar conservacionismo, biodiversidade e florestas tropicais, responsável pela introdução do termo biodiversidade no meio científico. É doutor pela Universidade de Yale e ensina biodiversidade do Centro Heinz para Ciências, Economia e Ambiente. Estuda a Amazônia desde 1965 e foi pioneiro em alertar para o aumento da extinção de espécies devido à degradação do meio ambiente e maior ocupação humana do planeta. Defensor de propostas de crédito de carbono, como Redd, Lovejoy foi um dos primeiros a lançar a ideia de permitir que países em desenvolvimento desenvolvessem atividades de conservação em troca da redução de suas dívidas externas. Colunista do Globo Amazônia, ele já foi assessor do Banco Mundial, das Nações Unidas e do governo americano, além de ter sido vice-presidente da organização WWF nos EUA. Em 2001, ganhou o Prêmio Tyler, o mais prestigioso no campo da ciência ambiental nos EUA. No Brasil, o cientista recebeu a Ordem de Rio Branco e a Ordem Nacional do Mérito Científico.

porção de florestas em reservas aumentou consideravelmente desde então, quando praticamente não havia unidades de conservação." Nathanael Greene alega que o programa Redd é uma das melhores alternativas para proteger a Amazônia. Ele admite que há críticas e que alguns países veem este tipo de coisa como "*guilt money*", como se os países desenvolvidos pudessem pagar aos países em desenvolvimento para não precisarem mudar seus próprios estilos de vida. "Discordamos disso, e achamos que tudo depende da forma como os Redd vão ser aplicados. Se o projeto for aplicado de forma que restrinja o desenvolvimento econômico, isso vai ser um problema. Não acho, entretanto, que desenvolvimento econômico tenha que vir a preço da exploração de todos os recursos naturais e há pesquisas que mostram que é possível melhorar o padrão de vida das pessoas sem sugar todas as energias. Este vai ser o principal debate político. Saber se os países devem receber para trabalhar o desenvolvimento sem sacrificar o ambiente."

Segundo Nikolas Kozloff, a culpa do desmatamento não está toda com os países onde ficam as florestas destruídas, pois há toda uma rede econômica que aproxima o consumidor americano das empresas que desmatam. Ele admite que isso é algo de que os americanos não têm noção, não sabem que o desmatamento tem causas que deixa um pouco de culpa para eles. "Praticamente nenhum norte-americano está ciente de que eles podem consumir produtos tropicais ligados ao desmatamento na Amazônia, como o gado, por exemplo, que tem muitos usos do couro à carne bovina."[24]

---

24   Nikolas kozloff é doutor em História da América Latina pela Universidade de Oxford, foi pesquisador do Council on Hemispheric Affairs e escreve sobre política e ambiente. Além de um livro sobre a Amazônia, Kozloof é autor de *Revolution! South America and the Rise of the New Left* (*Revolução!*

Ele mostra que empresas americanas estão intimamente envolvidas na indústria de soja e biocombustíveis, que são importantes fatores de desmatamento. Grandes instituições financeiras como o Banco Mundial e o BID, que são fortemente influenciados pelos Estados Unidos, financiam confusões ambientais, como a construção de barragens. Historicamente no hemisfério Norte tem havido um grande mercado para a madeira tropical preciosa como o mogno.[25]

Kozloff dá indícios de que a responsabilidade real pelo desmatamento está no que chama de "norte global", os países ricos, que consomem as *commodities* e produtos cuja exploração levam ao desmatamento. "Historicamente, o norte global comprou *commodities* tropicais ligadas ao desmatamento, e as companhias dos Estados Unidos lucraram com a bonança do agronegócio brasileiro que aumentou a destruição da floresta tropical."

Ações do governo

A parcela de responsabilidade dos países desenvolvidos não quer dizer, entretanto, que o Brasil não tenha culpa também, completa Kozloff. Cada ambientalista percebe uma melhora na atuação do governo em relação ao que havia anteriormente, mas criticando um avanço ainda limitado e, acima de tudo, erros de avaliação nas prioridades.

Para Kathryn Hochstetler, o tratamento do ambiente no Brasil melhorou como um reflexo da enorme pressão internacional

---

América do Sul e o surgimento da nova esquerda) e de obras sobre a Venezuela. Entrevista ao autor em 14 de fevereiro de 2010.

25 KOZLOFF, Nikolas. *No Rain in the Amazon: How South America's Climate Change Affects the Entire Planet*. Hampshire: Palgrave Macmillan, 2010.

que o país tem recebido. "O equilíbrio agora parece ser melhor de que poderia ser. Poderia estar bem pior, mas ainda não há um uso sustentável", disse. Este aparente sucesso não é automático, mas é construído diariamente e requer muito trabalho todos os dias para que aconteça. Não daria uma boa nota ao governo Luiz Inácio Lula da Silva em questões ambientais. Claro que há um embate entre diferentes ministérios quando se discutem questões ambientais. Além disso há níveis nacionais, estaduais e municipais. Como um todo, o governo não foi nem de longe simpático ao ambiente como se esperava. Os ambientalistas tinham grandes expectativas, mas o PT não parece ter uma postura consolidada em termos de ambiente."

A perspectiva é semelhante à de Fearnside. Depois de mais de três décadas acompanhando a situação da Amazônia, o pesquisador alega que houve melhora, mas não suficiente para evitar um futuro problemático para o planeta. "Agora existe uma legislação ambiental que não existia, centenas de ONGs que não existiam, regulamentações, um Ministério do Meio Ambiente. Ao mesmo tempo, os acontecimentos mais básicos continuam da mesma forma que há 30 anos, como o lançamento desses projetos de desenvolvimento que são decididos politicamente e que não levam em conta os avanços ambientais."

Fearnside diz que o projeto de redução de emissões de gases trouxe "boas notícias" de objetivos para reduzir o desmatamento da Amazônia.[26] O avanço se dá porque anteriormente o governo

---

26 Política Nacional sobre Mudança do Clima, projeto que define em lei a meta de redução de gases do efeito estufa estabelecida pelo governo federal entre 36,1% e 38,9%. Foi aprovado pelo Senado em novembro de 2009, com o compromisso firmado pelo governo federal de redução de gases até 2020, sendo apresentado na Conferência do Clima, que ocorreu

não aceitava nenhum tipo de perspectiva e objetivo, mas ainda é preciso uma ação muito mais forte para diminuir de fato o desmatamento. Segundo ele, entretanto, existe um descompasso entre o discurso e o que é feito para diminuir o desmatamento, pois os programas de governo não estão fazendo o que seria preciso para diminuir de fato o desmatamento. O governo continua com prioridades no crescimento econômico para abrir rodovias na Amazônia. São coisas inconsistentes que não penetraram no planejamento de governo.

"É verdade que há áreas em que o governo não tem controle, mas isso não significa que o governo não pode controlar o desmatamento geral, se quiser fazer isso." A própria mentalidade brasileira mudou, segundo ele. Antes, qualquer estudo internacional sobre a ligação entre a floresta e o efeito estufa era atacado pelo Itamaraty. Hoje, o governo admite que existe este papel e quer algum tipo de retorno por diminuir o desmatamento, mas ainda rejeita assumir qualquer tipo de compromisso.

Segundo Fearnside, a burocracia do governo brasileiro cria uma briga entre diferentes poderes e partes do Executivo sobre a autoridade em várias áreas de pesquisa. E diz que há um forte sentimento protecionista, que leva os cientistas internacionais a serem chamados de conspiradores pelo governo quando publicam trabalhos mostrando a destruição da Amazônia ou alegando que a ação humana está destruindo a floresta. "As políticas climáticas do

---

em dezembro, em Copenhague. Bonin, Robson. Senado aprova projeto que torna lei meta de redução de gases do efeito estufa. *G1*, Política. 25 de novembro de 2009. Disponível em: http://g1.globo.com/Noticias/ Politica/0,,MUL1392558-5601,00-SENADO+APROVA+PROJETO+Q UE+TORNA+LEI+META+DE+REDUCAO+DE+GASES+DO+EF EITO+ESTU.html

Brasil são determinadas por um pequeno grupo de diplomatas que são amplamente guiados pelo medo do que veem como ameaça à soberania brasileira sobre a Amazônia. Apesar de o MRE ser o epicentro desta visão, seu alcance vai além desse ministério."

No contexto internacional, comparado com outros países, o Brasil está bem, e a política brasileira parece ser mais equilibrada e coerente, segundo Ruth Noguerón, pesquisadora do World Resources Institute, responsável por projetos de mapeamento da Amazônia e de promoção de desenvolvimento sustentável na região. "Acho que o trabalho do governo brasileiro é muito bom em comparação com outros países. Há leis para combater o corte ilegal de madeira, por mais que a repressão seja limitada."[27]

"Mesmo que a Política Nacional sobre Mudança do Clima, de 2009, não trate especificamente de todos os assuntos importantes, a lei preenche muitos espaços vazios", diz. Ao rejeitar o pedido para "abandono gradual" do uso de combustíveis fósseis, que constava originalmente da lei, Lula evitou uma contradição entre a preocupação climática do governo do Brasil e os planos

---

27 Ruth Noguerón é diretora da iniciativa florestal do World Resources Institute, organização de proteção ambiental com sede nos Estados Unidos. Ela é responsável por projetos de mapeamento florestal na América do Sul e dirigiu um estudo sobre mecanismos de redistribuição de renda da floresta na América Latina. Nascida no México, ela tem mestrado em Ciência Ambiental pela Universidade Johns Hopkins. Entrevista ao autor em 12 de março de 2010. O World Resources Institute comenta a assinatura da Política Nacional sobre Mudança do Clima, de 2009, que chama de "ambiciosa e de grande alcance", mas alega que muitas das atividades propostas ainda estão em fase de desenvolvimento inicial, e são recomendações em vez de obrigações. O mais importante, diz o WRI, é que o Brasil adota uma meta nacional voluntária de redução na emissão de gases entre 36,1% e 38,9% até 2020. A lei também permite que estudiosos de outros países analisem e confirmem a redução nas emissões brasileiras.

de explorar as reservas de petróleo no pré-sal. O relatório alega que o Brasil pode usar o dinheiro do petróleo para financiar o desenvolvimento sustentável do país.

Tecnologia energética

Entre os temas mais importantes da relação entre economia e ambiente no Brasil aos olhos mundiais está a questão dos combustíveis alternativos. Biocombustíveis se tornaram moda nos Estados Unidos no início do século XXI, vistos como vanguarda da "revolução verde".[28] Em poucos anos, o país quintuplicou sua produção de etanol, passando a ver com admiração o exemplo brasileiro no setor. O problema é que a produção americana de energia renovável é acusada de fazer exatamente o oposto do que pretendia: acelerar o aquecimento global, pois o uso da terra para cultivar combustível leva à destruição de florestas, pântanos e pastos.

Uma das preocupações mais fortes relacionadas à produção de biocombustíveis no mundo é o uso indireto da terra. O que acontece é que quando os Estados Unidos passam a usar a área em que a soja era produzida em seu território para produzir combustíveis com ela, ele precisa importar a soja produzida no Brasil, incentivando a derrubada de florestas para a expansão da produção brasileira de grãos. A devastação resulta de uma vasta reação em cadeia. Os fazendeiros americanos estão vendendo um quinto do seu milho para a produção de etanol, então os produtores americanos de soja estão passando

---

28   O investimento mundial em biocombustíveis cresceu de US$ 5 bilhões de 1995 para US$ 38 bilhões em 2005 e deve chegar a US$ 100 bilhões em 2010. GRUNWALD, Michael. The Clean Energy Scam. *Time Magazine*, 27 de março de 2008.

a produzir milho. Com isso, os produtores brasileiros de soja estão expandindo sua produção em áreas de criação de gado, então os criadores de gado brasileiros estão se mudando para a Amazônia – aumentando o desmatamento.

Ambientalistas defendem a produção brasileira de biocombustíveis a partir de cana-de-açúcar, alegando que o problema está na produção de etanol de milho nos Estados Unidos. Segundo um estudo sobre os biocombustíveis, quando o efeito do desmatamento é levado em consideração, o etanol de milho e o biodiesel de soja produzem cerca do dobro de emissões de carbono da gasolina.[29]

Debbie Hammel é pesquisadora do Natural Resources Defense Council, grupo que estuda a defesa do ambiente no mundo. Segundo ela, os biocombustíveis podem ser parte da resposta para proteger o ambiente, mas só se forem produzidos da forma correta, o que nem sempre acontece.

O Brasil está à frente no debate, diz, mas ainda tem dificuldades em se consolidar por conta das questões relativas à sustentabilidade. "Ainda estamos trabalhando com outros grupos e tentando definir qual é a forma correta de trabalhar com biocombustíveis. É preciso identificar o que é sustentabilidade." Hammel defende que o Brasil tem muita experiência na produção de etanol com cana-de-açúcar, "mas esta conversa acerca de sustentabilidade é muito nova, mesmo para o Brasil. A conversa acerca de sustentabilidade é nova, e é preciso entender que

---

29 GRUNWALD, Michael. The Clean Energy Scam. *Time Magazine*, 27 de março de 2008.

Brazil, um país do presente   205

práticas são sustentáveis. Não apenas a cana-de-açúcar, mas outras plantações estão sendo pesquisadas."[30] Greene, diretor do mesmo grupo de Hammel, diz que no contexto histórico há uma longa história no setor de energia em que a empolgação com diferentes tecnologias vem em ondas. Energia eólica já teve muita atenção, e está voltando agora; energia solar já teve destaque; nos anos 1990 se falava muito em "células de energia", o que depois sumiu. "Os biocombustíveis começaram a empolgar todos nos Estados Unidos em 2005, quando as pessoas falavam que isso iria salvar o mundo. Mas acontece que funciona como um pêndulo: quanto maior a empolgação, maior a crítica no retorno. O entusiasmo exagerado em 2005 e 2006 veio no sentido contrário em 2008, com os biocombustíveis sendo vistos como a fonte de todos os males, causando o desmatamento das florestas e fome no mundo."

A realidade, claro, é muito mais sutil e difícil de prever e guiar, explica. "Acho que há uma complexidade de biocombustíveis renováveis que começa ficar mais clara, e o desafio é entender melhor isso." Segundo Greene, a primeira coisa que é preciso entender é que esta não pode ser a única solução. "Precisamos de veículos mais eficientes em relação à energia, além de mudar nosso estilo de transporte, deixando carros de lado por trens e ônibus. Não há uma única solução para toda a demanda. Não vai ser tudo biocombustível, nem tudo energia elétrica, até porque a demanda continua crescendo em todo o mundo."

---

30   Debbie Hammel é pesquisadora do Natural Resources Defense Council, grupo que estuda a defesa do ambiente no mundo. Atua em análises de proteção de florestas e em estudos de sustentabilidade na produção global de biocombustíveis com diferentes fontes e países. Entrevista ao autor em 9 de março de 2010.

Para Brown, autor do *Plano B* para o Brasil, a questão dos bio-combustíveis pode gerar problemas não apenas por conta do uso indireto que causa destruição das florestas, mas porque a geração de energia com grãos faz com que falte comida para populações mais pobres. A capacidade de converter grãos em petróleo integra as economias de alimento e de energia, diz, e o preço da energia passa a determinar o preço da comida, fazendo com que as 9 milhões de pessoas que têm carros disputem o suprimento de grãos com bilhões de pessoas que precisam de comida e não têm dinheiro para isso – é difícil saber quem ganha nessa disputa, pois a fome de grãos da indústria automobilística parece mais forte.

"Estamos colocando mais pressão no ambiente do que é possível sustentar. A economia alimentar do mundo pode não aguentar a pressão, pois 15% da população da Índia já se alimenta de grãos produzidos forçando a barra, o que vai levar a uma situação insustentável no longo prazo. Vamos enfrentar uma falta de comida no mundo, o que já começa a acontecer. Desde 2007, trigo, soja e arroz tiveram os preços triplicados. A pressão está crescendo nos mercados globais, inclusive por conta da produção de grãos para produzir biocombustíveis."[31]

---

31 O Plano B é a alternativa para o Business as usual. Seu objetivo é levar o mundo do atual declínio e no caminho do colapso para uma nova rota em que a segurança alimentar possa ser restaurada e a civilização possa se sustentar. É algo mais ambicioso de que qualquer coisa já feita no mundo, diz, com quatro componentes: corte do saldo de emissões de carbono em 80% até 2020; estabilização da população em 8 bilhões ou menos; erradicação da pobreza; e restauração dos sistemas naturais da terra, incluindo o solo, aquíferos, florestas. BROWN, Lester Russel. *Plan B 2.0: rescuing a planet under stress and a civilization in trouble*. W. W. Norton & Co., 2006.

Brown ressalta que a produção de etanol de cana-de-açúcar é altamente eficiente, em comparação com o etanol de grãos.[32] Mesmo assim, Brown defende que a produção de energia por fontes biológicas não deve ser vista como a grande salvação do ambiente e sugere que o grande nicho a ser aproveitado é o da energia eólica. "Um motor elétrico é três vezes mais eficiente que um de combustão. Se se quer ser realmente eficiente em energia para transporte, deveria usar eletricidade produzida com vento e hidrelétricas, ou com energia solar, alguma fonte realmente renovável."

"O Brasil deveria se perguntar em que deveria investir. E acho que mergulhar no pré-sal, com as dificuldades de chegar a ele, não vale a pena em comparação com o que se poderia fazer com energia solar e de vento, que poderiam gerar eletricidade para sempre, o que não é o mesmo em relação a poços de petróleo, que não duram mais que algumas décadas." Ele defende ainda a produção de energia do Sol e alega que a energia solar absorvida para produzir energia com grãos vai de 0,5% do milho a 3% da cana-de-açúcar, e chega a 15% se forem painéis de energia solar direta.

Segundo Nathanael Greene, parte da razão pela qual se continua trabalhando com biocombustíveis é que há uma série de veículos, como avião, trem, navio, que "nunca vão poder ser movidos a eletricidade", pois precisam de combustível líquido. "Acho que haverá um papel para biocombustíveis no futuro. Em certa escala. É muito provável que os biocombustíveis possam ser uma fonte de energia que emite pouco carbono e que é amigável para

---

32 Um dos motivos é que a cana é cultivada em regiões tropicais ao longo do ano todo, enquanto os grãos de milho, por exemplo, seguem fluxos do clima, produzindo menos energia por hectare. A outra questão é que a cana, por conta da natureza da produção, leva a um aproveitamento maior de energia e combustível nas destilarias, por conta do uso até do bagaço.

o ambiente. A questão é saber o quão grande vai ser esta fonte, se 1%, 10% ou 15%, e se vai ser suficiente para satisfazer nossas necessidades sem destruir mais o ambiente, e se vai ser suficiente para evitar a mudança climática."

Apesar do debate entre o combustível criado com cana-de--açúcar no Brasil e milho nos Estados Unidos, conceitualmente, os dois são exatamente iguais e as questões em debate são parecidas, diz Greene. "Politicamente, nos Estados Unidos, o etanol brasileiro é tratado como uma batata quente, jogada de um lado para o outro enquanto se fala do risco de perdermos todo o nosso desenvolvimento econômico, que vai ser dominado pelo Brasil, e os fazendeiros americanos vão ficar sem emprego. No extremo contrário, fala-se em dar fim aos subsídios à produção americana para poder comprar biocombustíveis mais baratos do Brasil. Os dois extremos se apresentam como soluções simples. A realidade é mais complexa. É preciso pensar como o mercado pode lidar com isso de forma equilibrada, pensando como manter o ambiente, manter a produção de alimentos e ter uma energia que polua menos."

Avatar da vida real

O principal projeto criticado pelos ambientalistas no Brasil na virada de década é o da hidrelétrica de Belo Monte.[33] Quando um apagão elétrico atingiu grande parte do território brasileiro no final de 2009, Kozloff publicou um artigo em que antecipava parte

---

33 O projeto de U$ 11 bilhões vai criar a terceira maior hidrelétrica do mundo e foi liberado pelo Ministério o Meio Ambiente do Brasil. O governo Lula argumenta que a represa vai fornecer energia limpa para o país e é necessário para suprir a necessidade presente e futura da nação.

do seu livro sobre a Amazônia e o aquecimento global, criticando a produção hidrelétrica de energia, especialmente no Brasil. Ele parte do princípio de que o governo brasileiro usou politicamente o blecaute para empurrar adiante projetos gigantescos de construção de usinas que, na verdade, contribuem ainda mais com o aquecimento global e podem tornar-se, elas mesmas, incapazes de produzir mais energia, caso a mudança climática gere grandes secas na região, formando um ciclo vicioso nocivo ao ambiente.

"Usinas hidrelétricas geram emissões de metano, que se formam quando a vegetação se decompõe no fundo de reservatórios onde não há mais oxigênio. O metano pode ser liberado lentamente, em forma de bolhas no reservatório, ou de forma rápida, quando a água passa pelas turbinas." Uma única represa brasileira, diz, a Balbina, inundou cerca de 2.400 quilômetros quadrados de floresta tropical quando foi finalizada, e durante seus primeiros três anos de existência, o reservatório em si emitiu 23 milhões de toneladas de dióxido de carbono e 140 mil toneladas de metano.[34]

Philip Fearnside alega que a emissão de gases do efeito estufa por Balbina foi quatro vezes maior que aquela que uma usina movida a carvão emitiria para produzir a mesma quantidade de energia. "A notícia é particularmente preocupante, porque o metano é 20 vezes mais poderoso como gás do efeito estufa do que o carbono. Ambientalistas dizem que o metano produzido por florestas inundadas por hidrelétricas são responsáveis por um quinto da contribuição brasileira em gases para o aquecimento

---

34 KOZLOFF, Nikolas. *The problems with Hydropower*, 19 de novembro de 2009. Counterpunch. Disponível em: http://www.counterpunch.org/kozloff11192009.html

global", diz Kozloff. Os reservatórios liberam 20% do total de metano de todas as fontes ligadas à atividade humana.

Kozloff ataca o governo brasileiro, que diz ser envolvido pelo forte *lobby* de empresas ligadas às usinas hidrelétricas, por investir dinheiro em excesso nesse tipo de produção de energia, que chega a 80% da eletricidade no país. Ele fala ainda dos projetos de construir uma nova usina em Belo Monte, que o governo argumenta ser necessária para manter o crescimento econômico do Brasil em níveis em torno de 5% ao ano. "O fato de o Brasil ser afetado por problemas crônicos de energia não significa que Lula precise sacrificar a floresta tropical para gerar energia hidrelétrica e assim intensificar as pressões climáticas", diz. Segundo Kozloff, a decisão do governo visa satisfazer grandes negociantes de *commodities* que exportam sua produção para países como os EUA. "Se Lula adotasse tecnologia de energia limpa, o Brasil alcançaria sua meta energética em 2020 e ainda economizaria US$ 15 bilhões no processo."

Segundo Philip Fearnside, não é só o Brasil que defende que a energia hidrelétrica é limpa, e vários governos dizem isso. Ele responde, entretanto, que ela não é limpa porque há emissão de gases, especialmente metano, que se forma no fundo do reservatório, onde não há oxigênio. "A água no reservatório se divide em duas camadas. Uma fica na superfície, mais morna, com oxigênio dentro dela, mas há uma divisão em que a água não se mistura com a que fica no fundo do lago, que é fria e sem oxigênio. Esta água abaixo da divisão é o que é sugado pelas turbinas. É muito diferente da situação de um lago natural, em que a água sai da superfície de um riacho. Então, essa água está saindo cheia de metano, pois as plantas da região alagada apodrecem no fundo do lago e se transforma em metano, que tem um impacto muito

Brazil, um país do presente   211

mais forte sobre o aquecimento global. Esse metano é liberado para o ar e causa efeito estufa, com uma grande contribuição sobre o aquecimento global."[35] Antigamente, os governos podiam defender essa energia por ignorância, diz, "mas já faz 15 anos que se sabe a respeito dessas emissões. Seria inocente dizer que é só ignorância, pois há um motivo econômico muito forte, pois trata-se de investimentos de milhões".

Se o projeto de construir a represa de Belo Monte, no Pará, tem uma recepção tão negativa entre os ambientalistas, é entre as celebridades americanas que a oposição ganha força e voz. Quando os jornais não dão tanta atenção quando Philip Fearnside ou mesmo Al Gore comentam o que consideram erros do projeto, o mesmo não acontece quando o diretor do filme de maior bilheteria de todos os tempos resolve se envolver na questão.

Em abril de 2010, menos de um mês após ganhar três Oscar por *Avatar*, filme de tom ambientalista sobre a exploração de recursos naturais de um planeta distante por humanos insensíveis, o cineasta James Cameron esteve no Brasil com da atriz Sigourne Weaver, de *Alien* e também de *Avatar*, para liderar um protesto pedindo a interrupção do plano do governo brasileiro. A notícia foi publicada com destaque no principal jornal americano, o *USA Today*.[36] O tom era de que a disputa estava se transformando em um "Avatar da vida real", em que grupos indígenas tentam interromper a construção de uma hidrelétrica, a exemplo do que

---

35   FEARNSIDE, Phillip M. Science and carbon sinks in Brazil. *Journal of Climatic Change.* Springer Netherlands, v. 97, n. 3-4, December, 2009. Disponível em: http://www.springerlink.com/content/q77857t061642h05/

36   SIBAJA, Marco; BROOKS, Bradley. James Cameron: Brazilian dam dispute a real-life 'Avatar'. *USA Today*, 13 de abril de 2010. Disponível em: http://www. usatoday.com/life/people/2010-04-12-cameron-brazil-avatar_N.htm

os alienígenas nativos do planeta Pandora tentavam fazer com o projeto terráqueo de exploração do seu planeta. Cameron esteve em Brasília por conta própria, segundo ele, para apoiar esses indígenas e os ambientalistas contrários ao plano.

Não é a primeira vez que Cameron se envolve em questões ambientais brasileiras após a divulgação mundial do seu filme. Semanas antes ele estivera em Manaus com Al Gore para discutir a sustentabilidade do desenvolvimento da Amazônia, e depois em São Paulo, para aproveitar e promover o lançamento do seu filme em DVD. "Sou atraído para uma situação em que um confronto real igual ao de *Avatar* está em progresso", disse. "O que acontece em *Avatar* está acontecendo no Brasil e em lugares como Índia e China, onde cidades tradicionais são deslocadas por grandes projetos de infraestrutura", disse.

Cameron chegou a escrever uma carta ao presidente Lula, em que dizia: "Esta é uma oportunidade para você ser um herói, um líder visionário do século XXI, e modificar o caminho do Brasil de forma que o país tenha crescimento econômico sustentável em vez de crescimento econômico que terá sérias consequências para determinados setores da população."[37]

Cameron admite, entretanto, que o preço para evitar projetos que sejam maléficos ao ambiente devem ser custeados por países ricos. "Se a América do Norte e a Europa foram responsáveis pela poluição de carbono que começou este nosso caminho de aquecimento global, então eles devem ter a responsabilidade financeira pelos serviços que a natureza oferece naturalmente."

---

37   Srange, Hannah. Avatar director James Cameron speaks out against Belo Monte dam. The Sunday Times, 14 de abril de 2010. Disponível em: http://www.timesonline.co.uk/tol/news/environment/article7096678.ece

Academia
Formação e evolução do brasilianismo

Um congresso realizado em Brasília em julho de 2010 discutiu a realidade brasileira, a história e a cultura do país e os rumos mais recentes tomados por sua política e economia. O tom deixado pelos participantes, quase todos acadêmicos dos Estados Unidos, era de que estava tudo muito bem com o país, mas que era preciso tomar cuidado e agir para garantir que o sucesso recente do Brasil na economia e na política internacionais não fosse uma euforia temporária. O interesse dos brasilianistas, observadores externos que estudam o país, era que o Brasil mantivesse sua ascensão e se consolidasse cada vez mais como um ator importante no mundo, o que a maioria deles acha que na verdade já está acontecendo.[1]

Um dos mais importantes centros acadêmicos do mundo, o Massachusetts Institute of Technology (MIT), nos Estados Unidos, inaugurou no final de 2009 seu primeiro centro de estudos

---

[1]   O encontro foi o X Congresso Internacional da Brazilian Studies Association (Brasa), que aconteceu em julho de 2010. MAINENTI, Mariana. Para brasilianistas, a consolidação do bom desempenho atual só virá com mais investimento. *Correio Braziliense*. Economia. 27 de julho de 2010.

voltado para o Brasil.[2] O Brasil foi o primeiro país da América do Sul a ganhar um programa de estudos do MIT, tradicional universidade que fica em Cambridge, Massachusetts, a poucos minutos do centro de Boston, uma das regiões em que mais há imigrantes brasileiros nos Estados Unidos. O interesse em criar o centro veio dos próprios estudantes e da administração geral da instituição, seguindo o que se chama de "perfil mais avançado" com que o Brasil já aparecia na universidade. A criação desse grupo foi a mais forte evidência da mudança na tendência geral para as análises e pesquisas relacionadas ao país nas maiores universidades dos Estados Unidos. Em vez de formar os tradicionais brasilianistas, estudiosos que se debruçavam sobre a realidade histórica, social e cultural do país como um lugar exótico e distante, a academia norte-americana passou a encarar o Brasil como um importante ator global, referência em diferentes assuntos científicos e passando por quase todas as áreas de conhecimento.

Esta nova forma de encarar o Brasil se dissemina pelos Estados Unidos e pode ser percebida nos campi das universidades

---

2   Parte da iniciativa científica internacional chamada de MISTI, o Programa de Estudos do Brasil é responsável pelo intercâmbio de 400 pesquisadores por ano, e o objetivo do centro brasileiro é criar grupos de solução de problemas específicos em tecnologia e ciência apoiando pesquisas colaborativas entre cientistas do MIT e do Brasil com financiamento e base de estudos complementares entre os dois países. Em seu primeiro ano, o principal foco do grupo de estudos do Brasil é pesquisar usos sustentáveis dos recursos naturais encontrados na Amazônia e no resto do país. São incentivadas as iniciativas para trabalhos inovadores com biocombustíveis, hidrelétricas e tecnologias de energia solar e eólica; além de contribuir para o fortalecimento de uma sociedade acadêmica e colaborar com projetos de política social para melhorar a vida no Brasil. Informações do site oficial do MISTI Brazil, do MIT, consultado em junho de 2010. Disponível em: http://web.mit.edu/misti/mit-brazil/

mais importantes do mundo, como Harvard, MIT, Columbia e UCLA, e no discurso desses brasilianistas novos e históricos, que confirmam por unanimidade a mudança de perfil. Em vez de estudos aprofundados considerando o país de forma isolada, há mais cruzamento de áreas de estudos, interdisciplinaridade e colaboração entre pesquisas que levam o Brasil em consideração ao estudar as realidades de forma comparativa.[3] Este "novo brasilianismo" está no centro da própria existência da Brazilian Studies Association, "voz diplomática dos estudos brasileiros nos Estados Unidos", grupo que se encontrou em Brasília em 2010.[4]

É verdade, entretanto, que não há dados que comprovem objetivamente um grande aumento numérico no interesse acadêmico pelo Brasil, mas há uma clara mudança na abordagem, uma inclusão do país em áreas que antes ignoravam o que acontecia por aqui. "De fato, houve uma mudança", explicou Harley Shaiken, diretor do Center for Latin American Studies em Berkeley.[5] Esta é a mais importante nova tendência em estudos brasileiros, e os centros de pesquisa incentivam essa forma de incluir o Brasil em outros estudos mais gerais, disse. Se há uma

---

3   A tendência foi confirmada por diretores de centros de estudos sobre o país e a América Latina em Harvard, Stanford, Universidade da Califórnia em Berkeley e em Los Angeles, MIT, Tulane, Vanderbilt, Brown, New York University, Columbia, todas as universidades que aparecem no topo dos principais *rankings* de melhores instituições de ensino superior do mundo.

4   BROWN UNIVERSITY. *Conference on the future of brazilian studies in the US. Draft Report.* September 30 – October 1, 2005. Providence Rhode Island. 6 de fevereiro de 2006

5   Shaiken é professor de Letras e Ciências, Estudos Culturais e Sociais, no Departamento de Geografia. É autor de pesquisas e livros sobre tecnologia e forças de trabalho na América Latina. Entrevista ao autor em 20 de outubro de 2009.

pessoa trabalhando com energias renováveis, por exemplo, ela pode não ser especialista em Brasil, mas precisa incluir em seus estudos o caso brasileiro na área. "E nós tentamos incentivar estes contatos", disse. Esta nova realidade envolve especialmente assuntos relacionados a energia renovável, ambiente, desenvolvimento, sustentabilidade, negócios. Segundo o pesquisador paulista Márcio Siwi, de Harvard, que vive nos Estados Unidos desde o final dos anos 1990, esses são os temas em que o Brasil virou referência e que atraem muito o interesse de alunos e professores. "O mesmo acontece nos estudos sobre desigualdade."[6]

"O Brasil deixou de ser exótico", alegou Randal Johnson, um dos mais antigos brasilianistas em atividade no início da segunda década do século XXI. Uma mudança é que há um foco em universidades dos Estados Unidos para colaborar com pesquisas relacionadas com o mesmo assunto e que são realizadas no Brasil, formando parcerias binacionais. Deixou de ser um olhar completamente externo e sociológico para ser um tipo de pesquisa mais prática e em parceria, seja em tecnologia, planejamento urbano

---

6   Siwi é pesquisador do Centro David Rockefeller para Estudos da América Latina, na Universidade Harvard. Paulista, vive há dez anos nos EUA, trabalhando desde 2007 em Harvard após mestrado no Texas sobre as relações culturais entre Brasil e Estados Unidos durante a Guerra Fria. Harvard costuma ser mencionada como a principal instituição de ensino superior dos Estados Unidos. A universidade fica a poucos quilômetros do campus do MIT, também em Cambridge, na região metropolitana de Boston. Toda essa parte do estado de Massachusetts, além de uma das maiores comunidades brasileiras no exterior, tem mais de 90 universidades e respira mentalidade acadêmica. Entrevista ao autor em 19 de outubro de 2009.

ou qualquer outra área. "É como se ele deixasse de trabalhar sobre o Brasil para trabalhar com o Brasil."[7]

"O caso é justamente de o Brasil deixar de ser visto como exótico, mas como ponto de contato em uma rede de relações que é e sempre foi global e precisa ser tomada sob essa perspectiva", explicou o diretor do Center for Brazilian Studies, na mesma UCLA, o pernambucano José Luiz Passos.[8] A missão do centro na UCLA é tornar visível a presença do Brasil e da pesquisa que a universidade realiza relacionada ao Brasil, com colaboração de professores da faculdade de medicina que atuam com parceiros e instituições brasileiras, por exemplos.

Johnson e Passos confirmaram que havia um crescente interesse no Brasil advindo de outras áreas de estudo. Na UCLA, disciplinas de outras faculdades têm se ligado ao Instituto de Estudos Latino-Americanos, e pesquisas que vão além de ciências sociais e humanidades têm começado a se relacionar com o

---

7　Johnson foi o principal incentivador da criação de um Centro de Estudos Brasileiros na Universidade da Califórnia em Los Angeles. O que aconteceu no final dos anos 2000. O centro é parte de um projeto mais antigo de avanço de um programa preexistente que foi ampliado quando Johnson se tornou o diretor do Centro de Estudos Latino-Americanos, em 2005, e quis melhorar os programas sobre Brasil, México e Argentina, com mais estabilidade e visibilidade. Então o centro original virou um instituto, e os três programas viraram centros independentes. Entrevista ao autor em 4 de maio de 2010.

8　Nascido no Recife, josé Luiz Passos estudou Sociologia na UFPE e começou mestrado na Universidade Estadual de Campinas, quando, em 1995, conheceu Johnson e foi convidado para fazer o doutorado direto na UCLA, o que concluiu em 1998. Foi então para Berkeley, onde ficou nove anos como professor de Literatura e Cultura Brasileira dentro do Centro de Estudos Brasileiros. Com a abertura de uma vaga para dinamizar os estudos brasileiros e criar o novo centro de estudos na UCLA, foi convidado e se mudou para Los Angeles. Entrevista ao autor em 30 de março de 2010.

Brasil. Saúde pública, medicina, até mesmo um grupo no departamento de arquitetura, que desenvolve projetos em parceria com o Brasil, pesquisando a arquitetura de favelas. "Há muitas coisas que nem chegamos a saber no Centro de Estudos Brasileiros. São trabalhos colaborativos na escola de medicina, de administração, engenharia, computação", disse Johnson.

O novo brasilianista

O fim da primeira década do século XXI consolidou o momento em que os pesquisadores repensavam o que significava ser brasilianista. Estes estudiosos existem, vão continuar existindo e são importantes nessas áreas de humanidades, explicou Márcio Siwi, de Harvard. O que se podia ver em 2010, entretanto, eram cientistas, cujo tema de pesquisa é ciência e que incluem o Brasil em seus trabalhos. "Há um professor, por exemplo, que analisa os desafios globais relacionados com a água, e que inclui o Brasil em sua pesquisa, por ser um país muito importante na área. O Brasil está ganhando espaço em áreas que antes não davam atenção ao país." O perfil tradicional do brasilianista não vai desaparecer, não perde espaço, diz. Mas criaram-se espaços novos que antes não existiam.

A nova tendência de mudança no perfil e atração de outras áreas de estudos é recente. Um levantamento informal realizado em 2005 indicava que a ditadura militar se consolidava como um dos principais focos de pesquisadores brasilianistas, que ainda tinham um olhar externo sobre o país de forma isolada, em termos de sociedade e história, com pequenas referências comparativas com o que acontecia em outros países.

A redefinição dos conceitos de brasilianismo foi um dos focos de um encontro dos brasilianistas no ano 2000. Desde então,

Brazil, um país do presente 219

o saldo do encontro já era de que o futuro dos estudos brasileiros seriam de multiculturalismo. A conferência marcou as diferenças de perspectivas entre brasileiros e brasilianistas. Os pesquisadores americanos alegavam que o termo havia sido inventado no Brasil, "nós mesmos sempre nos definimos apenas como historiadores, ou sociólogos, ou cientistas sociais", alegou John Wirth.[9] Segundo o antropólogo Roberto DaMatta, o termo foi necessário durante o regime militar, como expressão da separação entre os estudiosos dos dois países. Segundo ele, o termo era usado para burlar a repressão, já que a reunião de dois acadêmicos brasileiros era considerada subversiva, mas a reunião de dois brasilianistas com 50 brasileiros era permitida. "A verdade é que sempre houve um embasbacamento, para não dizer um 'babacamento', do brasileiro em relação ao americano", disse. "O brasilianismo é uma invenção dos brasileiros", afirmava o historiador Robert M. Levine, que foi diretor de Estudos Latino-Americanos da Universidade de Miami e faleceu em 2003. "Poucas vezes vi um norte-americano usar a palavra. Os brasileiros pensam que nos dedicamos só ao Brasil, mas somos treinados para ser historiadores, antropólogos, não brasilianistas."[10]

Antes de se notar esta recente mudança no perfil dos brasilianistas, uma transformação natural podia ser percebida por

---

9   Foi quando um grupo com mais de 80 estudiosos discutiram o livro *Guide to the Study of Brazil in the United States – 1945-2000* (*Guia dos estudos do Brasil nos Estados Unidos – 1945-2000*) lançado pela embaixada brasileira em Washington. DÁVILA, Sérgio. Brasilianistas se reúnem em Washington, sem consenso. *Folha de S. Paulo*, 4 de dezembro de 2000, Brasil. Disponível em: http://www1.folha.uol.com.br/fsp/brasil/fc0412200002.htm

10   MAISONNAVE, Fabiano. O Brasil da geração afirmativa. Caderno Mais!, *Folha de S. Paulo*, 6 de junho de 1999. Disponível em: http://www1.folha. uol.com.br/fsp/mais/fs2003200508.htm

conta da entrada de novos pesquisadores nesta área de pesquisa. Programas de ação afirmativa para minorias desenvolvidos nas universidades americanas redefiniram o estudo e o perfil dos brasilianistas nos Estados Unidos. Somente em 1999 podiam-se contar mais de 40 livros sobre o Brasil publicados no mercado editorial norte-americano, a maior parte produzidos por jovens pesquisadores. Esta nova geração de brasilianistas surgiu como reflexo de reorientações da academia do país desde as décadas de 1960 e 1970, com os movimentos pelos direitos civis e de negros. Ela trouxe novas abordagens para velhos temas, como a questão das relações raciais, além de acrescentar estudos sobre pentecostalismo e homossexualidade, antes mais raros. Um levantamento informal realizado à época mostrava que os brasilianistas haviam se tornado um grupo mais multicultural, com mais mulheres, negros, gays e latinos fazendo parte dele.

O próprio mercado de trabalho na academia americana teria começado a empurrar os brasilianistas para a interdisciplinaridade e fazer com que o estudo relacionado ao país fosse tratado "como um exemplo", segundo José Carlos Sebe Bom Meihy, que estudou profundamente a história do brasilianismo. Ele explicava, ainda em 1999, que a globalização fez os "estudos de área", que tratam dos países de forma isolada, ficarem menos importantes. "O pesquisador agora tem de estudar o Brasil como um caso de feminismo ou racismo."[11]

Esta mudança no perfil, portanto, não aconteceu de forma simplesmente natural. Por mais que houvesse uma tendência de

---

[11]   Meihy é autor de livros como *A Colônia Brasilianista*. MAISONNAVE, Fabiano. O Brasil da geração afirmativa. Caderno Mais!, *Folha de S. Paulo*, 6 de junho de 1999. Disponível em: http://www1.folha.uol.com.br/fsp/mais/fs2003200508.htm

os estudos brasileiros se expandirem para outras áreas e deixassem de tratar o país em termos genéricos, como exótico e distante, ela foi reforçada como parte da política da Brasa para dar impulso ao brasilianismo, que parecia enfraquecido na virada do século. A principal referência de estudos brasileiros nos Estados Unidos, o historiador Thomas Skidmore, havia decretado no ano 2000 que o desenvolvimento da academia brasileira havia transformado os brasilianistas em supérfluos. "Os brasilianistas deram uma contribuição externa que ajuda, mas, do ponto de vista da identidade nacional, é marginal. A capacidade intelectual do Brasil cresceu muito desde 1960. Não é mais aquele país que espera vir o pensador dos EUA para ser explicado. O Brasil não precisa mais de brasilianista", declarou o então diretor do Centro de Estudos Latino-Americanos do Watson Institute e professor da Universidade Brown.[12] O mesmo começou a acontecer em relação aos estudos feitos na Amazônia, que antes eram realizados mais por pesquisadores estrangeiros, incluindo americanos, do que por brasileiros. "Hoje há uma menor necessidade de pensadores e pesquisadores estrangeiros na região. O Brasil se adaptou e é completamente capaz de dar conta de estudos da Amazônia sem apoio internacional."[13]

12 DÁVILA, Sérgio. Brasil não precisa mais deles, afirma Skidmore. *Folha de S. Paulo*, 4 dez. 2000, Brasil. Disponível em: http://www1.folha.uol.com.br/fsp/brasil/fc0412200003.htm

13 Advogado, Mark London escreveu dois dos principais livros destinados ao público norte-americano em geral sobre a Amazônia. Ele chama este processo de "brasilianização da Amazônia". Segundo ele, até as últimas décadas do século XX, pesquisadores internacionais eram os únicos a desenvolver trabalhos relevantes na Amazônia, mas quando os ativistas brasileiros pararam de lutar contra a ditadura, diz, eles passaram a lutar

222   Daniel Buarque

A consolidação da voz diplomática

Os pesquisadores ligados à Brasa se reuniram entre setembro e outubro de 2006 para discutir o futuro dos estudos brasileiros nos Estados Unidos.[14] O relatório final do encontro foi redigido por Marshall Eakin, líder histórico da associação. Segundo o pesquisador, havia ainda uma forte pressão externa para que os estudos brasileiros se tornassem mais comparativos. "O grupo sempre é dominado por pessoas na área de humanidades, língua, literatura e estudos culturais, junto com historiadores, cientistas políticos e antropólogos. A pressão é que sejam estudos comparativos e não mais de um único país. Os brasilianistas sofrem pressão para comparar o Brasil com outras regiões."[15]

por coisas como a Amazônia e pelo conhecimento brasileiro em relação à região. Entrevista ao autor em 25 de fevereiro de 2010.

14   A conferência era a conclusão de dois anos de discussão sobre o tema e culminou na publicação dos objetivos da associação. A Brasa havia se reunido em outubro de 2004 para determinar a formação de um grupo de estudos para preparar esta conferência. Durante o encontro, 150 participantes de mais de 75 organizações diferentes discutiram ideias para fortalecer os estudos brasileiros na academia americana.

15   Eakin é um dos nomes mais importantes da recente onda de estudos brasileiros nos EUA. Professor da Universidade Vanderbilt, no Tennessee, ele idealizou a criação da Brasa, a Associação de Estudos Brasileiros nos EUA, grupo que reúne mais de 700 pesquisadores e de qual é diretor-executivo desde 2004. Eakin estava no Brasil entre 2009 e 2010, pesquisando para um livro que se chamaria *Becoming Brazilians: Making a Nation and a People, 1930-1992* (*Tornando-se Brasileiros: a formação de uma nação e de um povo*). Ele é autor ainda de vários outros livros sobre o Brasil, como *Brazil: the once and future country, Envisioning Brazil: a guide to brazilian studies in the United States, The history of Latin America* e *Tropical Capitalism*. Os principais estudos de Eakin, que completou seu doutorado em 1981, pela UCLA, são relacionados à história econômica e de negócios no Brasil, tentando

Em 2006, os brasilianistas já defendiam a necessidade de os estudos brasileiros deixarem de lado a ênfase puramente nacional para colocar o Brasil em contextos mais amplos e internacionais. "Por mais que o Estado brasileiro continue tendo um papel central nos estudos brasileiros, o futuro dos estudos brasileiros vai ser profundamente marcado pela intersecção de contextos locais, regionais, transnacionais e globais", dizia o relatório da conferência. Preocupados com o futuro dos estudos brasileiros, os pesquisadores da Brasa definiram no encontro uma estratégia para valorizar suas áreas de conhecimento, definindo a redação de um texto de apresentação da área geral e mostrando que os estudos brasileiros eram "indispensáveis". A conferência da Brasa definia ainda como foco de trabalho as comunidades brasileiras que vivem nos Estados Unidos. Os pesquisadores alegavam que o crescimento das comunidades brasileiras geravam uma nova audiência para seus trabalhos, além de novas oportunidades de pesquisas.[16]

Segundo a presidente da Brasa entre 2008 e 2010, Peggy Sharpe, essa interdisciplinaridade entre as diferentes áreas dos estudos brasileiros começou a acontecer desde a criação da associação, nos anos 1990, quando ficou mais fácil a correspondência entre os pesquisadores de diferentes instituições. "Nossos ensinamentos são interdisciplinares, e isso é muito bom em

---

entender a industrialização e o processo de construção do nacionalismo e da própria ideia de nação ao longo do século XX. Seu nome era lembrado pelos pesquisadores que fazem parte da Brasa como uma das principais referências a serem ouvidas a respeito da presente situação do brasilianismo. Entrevista ao autor em 27 de março de 2010.

16 BROWN UNIVERSITY. *Conference on the future of brazilian studies in the US. Draft Report.* September 30 – October 1, 2005. Providence Rhode Island. 6 de fevereiro de 2006.

224 Daniel Buarque

uma organização." Segundo ela, mesmo no ensino das disciplinas relacionadas ao Brasil na universidade havia uma mistura de áreas para tornar as aulas mais completas. "Estamos fazendo varias coisas em vez de apenas ler textos literários – entramos em história, antropologia. Mergulhamos e incorporamos diferentes disciplinas, o que no passado não acontecia. Os alunos não querem mais cursos unicamente literários, precisam usar música, cinema, é algo completamente diferente, mais livre, mais divertido. Há mais publicações sobre o Brasil aqui, e está mais fácil incorporar outros materiais."[17]

A partir da conferência de 2006, a Brasa se consolidava como a "voz diplomática" dos estudos brasileiros nos Estados Unidos, função que já vinha desempenhando informalmente desde sua criação em 1992, quando um grupo com cerca de 40 pesquisadores de Brasil que faziam parte da Lasa se reuniram em uma sala separada e debateram a hipótese de criar uma associação de estudos brasileiros. Mais de uma década após a criação, o grupo encerrava sua sétima conferência internacional com 600 membros e mais de 1.500 pessoas ligadas a ele.[18]

---

17   Peggy Sharpe é professora da Universidade do Estado da Flórida, foi presidente da Brasa entre 2008 e 2010. Estuda a História e a Cultura do Brasil desde que viveu no país como intercambista nos anos 1960. Entrevista ao autor em 5 de abril de 2010.

18   A ideia de criação da Brasa surgiu durante uma reunião do grupo maior de que os brasilianistas faziam parte, a Lasa (Latin American Studies Association – Associação de Estudos da América Latina). A Lasa tinha se consolidado desde os anos 1970 e possuía mais de 5 mil sócios nos anos 1990, e os brasilianistas sentiam que o congresso era grande demais, fazendo com que o Brasil quase desaparecesse. Além disso, os estudiosos do Brasil sentiam que a Lasa não tinha interesse no país, nem no idioma português. A sede da associação na época ficava na Universidade Vanderbilt, no Tennessee, que havia sido a primeira universidade do país a ter um centro de estudos

Brazil, um país do presente   225

Segundo Eakin, que participou da negociação para criar a
Brasa e foi o nome mais importante dos primeiros anos do grupo, a ideia gerou controvérsia, pois os brasilianistas antes haviam
passado anos brigando por atenção dentro do grupo de estudos
da América Latina, tentando provar que o Brasil era parte dela,
e de repente mudou de foco e passou a se apresentar de forma
completamente separada, com outra associação exclusiva para o
país. "Aqui nos Estados Unidos, somos ao mesmo tempo brasilianistas e latino-americanistas, pois ensinamos também América
Latina na graduação. Então, somos sempre vistos primeiro
como pesquisadores de América Latina e depois de Brasil", explicou. Mesmo sem um consenso, foi proclamada ali a criação
da Associação de Estudos Brasileiros, com o professor Jon M.
Tolman, da Universidade do Novo México, como o primeiro presidente do grupo, a partir de 1994. "Cansamos de ser o reboque
da Lasa, eles nunca deram atenção ao Brasil", dizia o professor de
Literatura Brasileira da Universidade do Novo México.[19]

De 1992 a 2004, período em que a Brasa foi transferida para
o Tennessee, a principal atividade da associação era a montagem

---

brasileiros, ainda em 1947, financiada por verbas da Carnegie Corporation,
que incentivava pesquisas de países do continente americano. Na época,
a Universidade do Texas escolheu dar atenção ao México, a de Tulane, na
Louisiana, enfocou a América Central, e o diretor de Vanderbilt preferiu
trabalhar com o Brasil: contratou cinco professores que começaram a dar
aula em 1947. Por mais que o centro depois tenha perdido em relevância para
estudos de outras regiões, o Centro de Estudos Brasileiros no Tennessee
surgiu antes mesmo do Centro de Estudos Latino-Americanos, que acabou
ofuscando o Brasil em todas as universidades dos Estados Unidos.

19   MAISONNAVE, Fabiano. O Brasil da geração afirmativa. Caderno Mais!,
Folha de S. Paulo, 6 de junho de 1999. Disponível em: http://www1.folha.
uol.com.br/fsp/mais/fs2003200508.htm

226 Daniel Buarque

de congressos e encontros de pesquisadores. Foi então que se consolidou como "voz diplomática" do grupo, Eakin assumiu como diretor-executivo da associação e começou o trabalho para tornar o Brasil ainda mais visível na academia americana, montando uma infraestrutura para que o grupo se tornasse mais forte. Em 2010, a associação havia crescido ainda mais, e contava com 795 membros em sua lista de brasilianistas.[20] A Brasa já contava com mais de 1.500 pessoas ligadas a ela nos dois países e começava a vislumbrar um futuro otimista para os estudos do Brasil nos Estados Unidos.

Interesse em ascensão

O crescimento da Brasa é só uma das evidências do quanto há mais interesse no Brasil, segundo a professora Jan Hoffman French, antropóloga da Universidade de Richmond, na Virgínia, que assumiu a presidência da associação em 2010. O momento específico da virada da década era visto por ela como o ápice da atenção recebida pelo Brasil, especialmente por causa de questões econômicas. "As pessoas veem o Brasil como um país economicamente inteligente, que está se consolidando como uma potência mundial. Há mais pessoas sabendo mais coisas sobre o Brasil hoje do que havia antes, e as universidades, uma a uma, estão criando programas de estudos brasileiros, ensinando

---

20   A própria Lasa mantém uma seção de estudos destinada a enfocar o Brasil em estudos comparativos multidisciplinares e interdisciplinares, envolvendo o país e suas relações com outras regiões do continente, buscando abreviar brechas nos estudos latino-americanos. Em 2010, a seção contava com 283 associados, entre brasileiros, latinos e norte-americanos – Seção Brasil da página oficial da Lasa – http://lasa.international.pitt.edu/por/sections/brazil.asp

português, contratando brasilianistas e promovendo programas de intercâmbio."[21] Márcio Siwi, de Harvard, diz que percebe um aumento no interesse dos estudantes de Harvard pelo Brasil. A quantidade de alunos que buscam estudar português na instituição em que trabalha, por exemplo, cresceu muito nos últimos anos, o que gera uma diferença enorme no entendimento do que é o Brasil e quais as diferenças do país em relação ao resto da América Latina. O mesmo acontece na Califórnia, segundo Harley Shaiken. Em Berkeley, diz, há claramente um aumento no interesse e no número de pesquisas envolvendo o Brasil. "Não é apenas um crescimento contínuo, mas um momento de empolgação com uma gama de ideias e possibilidades que envolvem o Brasil." Há muitos assuntos que aproximam pesquisas em diferentes áreas do Brasil, mas, ressalta, não se pode dizer que o número de alunos da universidade que estudam o Brasil triplicou, pois não há dados sobre isso. "O crescimento, entretanto, é real."

Shaiken credita a mudança que se percebe a uma maior familiaridade dos norte-americanos com temas relacionados ao Brasil, que está se tornando mais presente no país. "Há muita

---

21   French teve seu primeiro contato com o Brasil em 1980, quando se mudou para o país por um ano e meio acompanhando o marido, o também brasilianista John French, que fazia uma pesquisa com os trabalhadores da região do ABC Paulista. "O Brasil era muito diferente na época, porque a democratização havia acabado de começar. Era a época das greves no ABC, então era animador, mas ao mesmo tempo um tanto assustador, pois havia militares nas ruas e sabíamos que eles estavam no poder." Então trabalhando como advogada, ela escreveu um artigo sobre uma lei de remessas de lucros do Brasil e acabou voltando à universidade para estudar a realidade do país, que virou tema do livro *Legalizing Identities*, em que trata da questão de identidade brasileira. Entrevista ao autor em 26 de março de 2010.

admiração por coisas que estão acontecendo no país, pois o Brasil realmente é uma força global em muitos sentidos, e essa emergência faz com que o país seja visto com muito interesse." É o mesmo que vê José Luiz Passos, diretor de pesquisas da UCLA. "Há uma trajetória ascendente". Particularmente durante os oito anos do governo Lula, diz, a presença do Brasil na mídia mundial e da cultura brasileira nos Estados Unidos cresceu, e passou a ser consumida em escala global, o que gera uma demanda maior por parte dos estudantes por cursos e diplomas relacionados a estudos brasileiros. Isso faz com que os departamentos fortaleçessem essas áreas.

A mudança de perfil, diz Johnson, começou com o governo de Fernando Henrique Cardoso e a consolidação do Plano Real. "Seu governo era visto como o de uma pessoa séria, ética, um estadista internacional. Ele era respeitado internacionalmente por ter levado estabilidade econômica ao Brasil, e isso foi a raiz da transformação." Este perfil foi aumentado durante o governo Lula pelas conquistas em termos de estabilidade, a continuidade do controle da inflação, a diminuição das disparidades de renda no país, o pagamento das dívidas externas, além do programa de biocombustíveis.

Para Hebert S. Klein, que dirige o Centro de Estudos Latino-Americanos da Universidade Stanford, o que para algumas pessoas aparenta ser um crescimento no interesse é, na verdade, uma demonstração da mudança do perfil dos pesquisadores, e de uma mudança de geração. Os estudos do país começaram a passar dos brasilianistas, que iniciaram trabalho nos anos 1960, para novos acadêmicos, que ainda se debruçam sobre a realidade do país. "Na prática, temos uma mudança geracional, mas não há uma mudança relevante no volume de pesquisas sobre o Brasil. Trata-se de um tema sólido na academia norte-americana, bem

Brazil, um país do presente   229

estabelecido, mas que não tem um crescimento acentuado. Não há um *boom*, mas uma produção sólida, e a geração mais velha vem sendo substituída, mantendo uma regularidade nas publicações sobre o Brasil".[22] Segundo ele, no lugar do que querem chamar de *boom*, há um "não declínio" do tema na academia, apesar da mudança de gerações. É aquele novo grupo, formado depois dos programas de ação afirmativa implementados nos Estados Unidos e que ajudou a aumentar a presença de negros, mulheres e latinos nas universidades.

'Agentes do Imperialismo'

O termo "brasilianista" foi usado pela primeira vez no Brasil por Francisco de Assis Barbosa na apresentação do livro *Brasil: de Getúlio Vargas a Castelo Branco*, escrito por Thomas Skidmore em 1969. O termo era a forma de identificar um estudioso de outra nacionalidade que se interessou pelo Brasil. Desde aquele momento, o termo se consolidou como uma denominação bem específica dos acadêmicos norte-americanos que estudavam o Brasil.[23] O conceito do termo sempre levanta discussões e requer cuidados. José Carlos Sebe Bom Meihy, da USP, diz que se trata de uma coletividade estrangeira que trabalha temas relacionados

22   Klein é pesquisador sênior do Instituto Hoover da Universidade Stanford, onde dirige o Centro para Estudos da América Latina. É autor de 20 livros e mais de 150 artigos sobre a região, incluindo o Brasil, como *Brasil desde 1980* (Ed. Girafa) e *Evolução da Sociedade e Economia Escravista de São Paulo* (Edusp). Entrevista ao autor em 20 de outubro de 2009.

23   CARRIJO, M.V.S. *O Brasil e os brasilianistas nos circuitos acadêmicos norte--americanos: Thomas Skidmore e a história contemporânea do Brasil.* 2007. 185f. Dissertação (Mestrado) – Faculdade de Filosofia, Letras e Ciências Humanas. Universidade de São Paulo, São Paulo, 2007.

ao Brasil. "O pluralismo geracional, ideológico, metodológico, tem na opção da mesma área de estudos o ponto de encontro." Segundo ele, por "comunidade científica dos brasilianistas norte-americanos" entende-se o conjunto dos acadêmicos que se exercitam no mesmo contexto temático de área de estudos.[24] Meihy alega que, até os anos 1990, a saliência dos estudos brasileiros na academia norte-americana era "quase nenhuma", restrita a poucos especialistas de uma área, "que tanto poderia ser a França, Nova Zelândia, Egito ou qualquer outra região". Ele mencionava o fato de a palavra não ter, até os anos 1990, definição em dicionários de nenhuma das duas línguas. Duas décadas depois da publicação do seu estudo,[25] o crescimento do termo o colocou nos dicionários de língua portuguesa, pelo menos.[26]

---

24 MEIHY, José Carlos Sebe Bom. *A Colônia Brasilianista: história oral de vida acadêmica*. São Paulo: Nova Stella, 1990.

25 Meihy realizou 60 longas entrevistas com esses pesquisadores entre 1988 e 1989, em um trabalho de história oral que se tornou o livro *A Colônia Brasilianista*.

26 Segundo o *Michaelis*, trata-se de: "Que ou quem se dedica a estudos de assuntos brasileiros". Já o *Houaiss* data o termo de 1958 e explica: "diz-se de ou estrangeiro especializado em assuntos brasileiros"; e o "Aulete" definia como: "indivíduo não brasileiro que estuda ou que é especialista em assuntos brasileiros". Meihy alega que o termo se consolidou originalmente antes de ser símbolo dos estudos nos Estados Unidos. Ele veio com a intenção diferenciadora que marcou o início do século XIX. "É possível que a primeira preocupação envolvendo o significado do termo brasilianista tenha se dado com Hipólito da Costa, ao definir o título do jornal *Correio Braziliense*. Naquele contexto, era relevante optar entre 'braziliano', 'brazilianista' ou 'braziliense'." explica Meihy. A palavra escolhida foi se fortalecendo como sinônimo de "ser brasileiro", enquanto, mais tarde, a palavra "brasilianista" serviria para distinguir os intelectuais do Brasil dos estrangeiros em geral, sendo monopolizado pelos norte-americanos desde os anos 1960.

Brazil, um país do presente   231

As pesquisas sobre história da América Latina na academia americana começaram a aparecer no início do século XIX, com trabalhos de intelectuais que Marshall Eakin chamou de *gentleman scholars*, por serem membros da elite do país preocupados em estudar o período colonial da região. "Descoberta, conquista e exploração casavam perfeitamente com uma história pautada na imaginação e na criação. Heróis, grandes homens e eventos eram corporificados com valores e ideias no intuito de apresentar pedagogicamente o passado para o presente." Estes estudos foram depois contestados pela evolução acadêmica dos Estados Unidos, que chamou essas primeiras pesquisas de excessivamente romantizadas. O Brasil, neste período, era amplamente ignorado, contando com apenas uma ou outra referência, como um pequeno curso em Stanford que tratava do país. Até este ponto, tudo o que havia era a presença de um ou outro brasileiro ministrando palestras e minicursos em universidades americanas. Stanford se destacava como o primeiro centro do país a olhar, mesmo que pouco, para o Brasil. Isso por causa de John Casper Brannse, geólogo que conhecia o Brasil e que se tornou reitor da universidade entre 1913 e 1915.[27]

A presença brasileira na academia americana cresceu nos anos 1930. Alan K. Manchester defendeu a primeira tese de doutorado sobre a América Portuguesa nos Estados Unidos na Universidade Duke, justamente neste ano: *The foundation of the british pre-eminence in Brazil"* (*A fundação da proeminência britânica no Brasil*). Dois anos depois, Lawrence F. Hill escreveu

---

27 CARRIJO, M. V. S. *O Brasil e os brasilianistas nos circuitos acadêmicos norte-americanos: Thomas Skidmore e a história contemporânea do Brasil.* 2007. 185f. Dissertação (Mestrado) – Faculdade de Filosofia, Letras e Ciências Humanas. Universidade de São Paulo, São Paulo, 2007.

Diplomatic Relations between the United States and Brazil (*Relações Diplomáticas entre Estados Unidos e Brasil*). Desde então, a política de boa vizinhança dos Estados Unidos incentivaram as relações acadêmicas do país com a América Latina, com a consolidação de institutos de pesquisa estratégica, os "Think Tanks", como o Council of Foreign Relations. Mesmo assim, a região não se tornou tão relevante nos círculos acadêmicos até a Revolução Cubana em 1959. Com a tomada do poder pelos comunistas, e o clima de tensão por conta da Guerra Fria, os Estados Unidos passaram a temer que a "sombra" do comunismo se espalhasse pelas nações vizinhas, incentivando o governo a dar apoio a pesquisas sobre a região. É a época em que os pesquisadores passaram a ser chamados de "Filhos de Castro", com referência à importância dada à área por conta da tomada do poder em Cuba por Fidel.

No momento em que o Latin American Studies passou a ser incentivado nos Estados Unidos por conta da preocupação com a onda vermelha que poderia se iniciar após a Revolução Cubana de 1959, ocorreu uma ruptura na forma como os brasilianistas eram vistos no Brasil. Em primeiro lugar, incorporando o nome apenas para norte-americanos e, em segundo, incentivando um caráter de suspeitas entre os brasileiros.[28]

---

28   Quando Fidel Castro entrou em Havana em janeiro de 1959, poucas universidades americanas tinham especialistas em América Latina, então as principais instituições de pesquisa do país rapidamente atraíram estudantes interessados em cursos de pós-graduação. A revolução cubana "focalizou a atenção do governo [americano] nas universidades dedicadas a pesquisas capazes de formar peritos que plasmariam a política externa norte-americana e implementariam programas de assistência em todo o hemisfério. O governo norte-americano passou a oferecer bolsas para o aprendizado de português e espanhol como parte das preocupações geopolíticas de Washington sobre a infiltração comunista na América Latina. GREEN, James N. *Apesar de vocês:*

Desde este princípio, as pesquisas dos brasilianistas tinham críticas entre os próprios pesquisadores norte-americanos.

Richard Morse, por exemplo, atacava a postura temática e metodológica dos "latino-americanistas", alegando que suas deficiências guardam relação com uma hostilidade subconsciente que os pesquisadores sentem pela América Latina ao estudá-la. Segundo Morse, o contato dos norte-americanos com a América Latina se deu pelas portas dos fundos, a outra metade do continente era vista como culturalmente marginal. Colin MacLachlan, especialista no Brasil formado na UCLA, rejeita o preconceito brasileiro com os brasilianistas. Segundo ele, a visão externa pode ser relevante também, e analisar o Brasil sob o prisma norte-americano pode ter um lado positivo. Ele menciona o trabalho de Alexis de Tocqueville, autor de *Democracia na América*. Apesar de ser francês e ter um olhar externo, Tocqueville retratou os Estados Unidos de forma tão impressionante no século XIX, que sua análise continua válida atualmente.[29]

Até 1990, duas fases dividiam o brasilianismo: uma histórica e outra política. Originalmente, diz Meihy, os estudos brasileiros eram compostos por pesquisas isoladas. Antes dos anos 1960, a atração pelo país era apenas por curiosidade por um "campo exótico para pesquisas". Depois da Revolução Cubana, o brasilianismo se integrou em esquemas de profissionalização e se consolidou como sub-ramo historiográfico, desprendido do latino-americanismo. "Se no brasilianismo histórico o espaço era o da espontaneidade nas escolhas temáticas, no brasilianismo político

---

oposição à ditadura brasileira nos Estados Unidos, 1964-1985. Tradução de S. Duarte. São Paulo: Companhia das Letras, 2009.

29 MACLACHLAN, Colin: *A History of Modern Brazil: The Past Against the Future*. Willmington: Scholarly Resources, 2003.

regia a orientação intencional das agências financeiras, tendentes a apoiar o que lhes parecia útil, importante, inédito." Segundo ele, revestidas de um caráter defensivo e anticomunista, as propostas educacionais dos Estados Unidos foram colocadas como expressão da "segurança nacional".

A tomada do poder político do país pelos militares no Brasil em 1964, que teve apoio do governo norte-americano, e o aumento na presença de pesquisadores dos Estados Unidos que realizavam estudos sobre o país alimentaram uma mudança no humor dos brasileiros em relação ao papel dos brasilianistas. Enquanto o interesse externo antes era visto como algo positivo e até celebrado, desde então o brasilianista passou a ser visto como agente do "imperialismo". A desconfiança era crescente, especialmente porque havia cada vez mais pesquisadores que se diziam *brazilianists* e recebiam bolsas de estudos altas em comparação com os salários brasileiros. Para fortalecer o tom de crítica, o trabalho do professor John J. Johnson afirmava que o segmento militar brasileiro era "moderador", e com isto se justificava o golpe de Estado, o que serviu de munição contra os estrangeiros vistos como um grupo homogêneo.[30]

Até então, os brasilianistas eram vistos de forma mais simples como estrangeiros que estudavam o Brasil com propostas direta ou indiretamente suspeitas. Por um lado, eles podiam ser pesquisadores ingênuos, inocentes e cuidadosos, mas usados pelos Estados Unidos e sua política imperialista. Por outro, vistos como maquiavélicos, eles eram considerados especialistas ambiciosos com a intenção determinada de "levar nossos segredos para serem trabalhados pelos agentes do imperialismo".

---

30   Johnson escreveu o livro *The military in Brazil* (*Os militares no Brasil*).

A rejeição brasileira aos brasilianistas após o início da ditadura foi sentida por esses pesquisadores americanos. Thomas Skidmore relata que foi um dos que sofreu preconceito como pesquisador por ser norte-americano. Ele ataca a postura da academia brasileira, que agia censurando-o, da mesma forma que o governo militar censurava os brasileiros. "Quando cheguei, era tratado como agente da CIA", conta.[31]

O clima de suspeita é confirmado por trabalhos como o da pesquisadora Paula Beiguelman, que ataca até mesmo a escolha dos temas estudados pelos brasilianistas, alegando que o objetivo deles era tumultuar o ambiente brasileiro.[32] O trabalho dela é exagerado e dá a entender que o financiamento de instituições americanas buscavam as melhores estratégias de intervenção na política do Brasil como parte do "projeto imperialista" dos americanos.[33]

Meihy alega que os críticos dos intelectuais norte-americanos refutavam *a priori* qualquer fundamento investigativo, sem se preocupar com o mérito da questão historiográfica. Ironicamente, completa, muitos dos primeiros brasilianistas foram defensores ferrenhos dos direitos humanos, denunciando internacionalmente o governo militar.

---

31   DÁVILA, Sérgio. Brasil não precisa mais deles, afirma Skidmore. *Folha de S. Paulo*. São Paulo, 4 de dezembro de 2000, Brasil. Disponível em: http://www1.folha.uol.com.br/fsp/brasil/fco412200003.htm

32   Beiguelman é autora de "Cultura acadêmica nacional e brasilianismo", parte do livro *Cultura Brasileira: temas e situações*, de Alfredo Bosi (1987).

33   A dissertação da USP cita ainda o trabalho de Sérgio Miceli, que em 1989, no livro *A desilusão americana: relações acadêmicas e intelectuais entre o Brasil e os Estados Unidos*, mapeou as bases materiais e institucionais que apoiaram os brasilianistas. O principal foco dele era a Fundação Ford, que teria interesses políticos, comerciais e acadêmicos como base da construção do "intercâmbio" acadêmico entre os dois países.

O pesquisador divide em diferentes fases a forma como a presença dos brasilianistas era interpretada no Brasil. Iniciada como "surpresa", a aceitação do brasilianismo passou por uma "conceitualista", entre 1968 e 1972, quando começou a se consolidar; passando em seguida à "rejeição absoluta", entre 1972 e 1975, por conta das supostas ligações com o regime militar; evoluindo em seguida para uma fase de "rejeição parcial", entre 1975 e 1978, e depois para a fase de "avaliação", entre 1978 e 1983.

O estudo de Meihy foi publicado no início dos anos 1990 e dizia que o período era de "aproximação e requalificação". Depois de duas décadas, é fácil perceber que a aproximação aconteceu e que os pesquisadores brasilianistas passaram a ser vistos, na virada da primeira década do século XXI, como um grupo respeitável de pesquisadores que desenvolvem trabalhos de alto nível e que não necessariamente concorrem com os brasileiros, mas geram uma interessante produção paralela. Se não há mais a suspeita que dominou durante a ditadura, pode-se dizer que há até mesmo uma crítica quanto ao "deslumbramento" de alguns desses pesquisadores, empolgados com o Brasil. Em termos gerais, entretanto, os brasilianistas conquistaram o respeito por sua produção acadêmica, que é bem-vinda e acompanhada no Brasil, sem gerar celebração, nem suspeita, mas sendo estudada considerando a origem do trabalho como parte do contexto em que ele foi criado.

Com o passar dos anos, observa-se que a ideia de suspeita perdeu muito de seu espaço, e a visão brasileira sobre os pesquisadores da sua realidade nos Estados Unidos se alterou. Desde o fim da ditadura, os brasilianistas passaram a ser tratados, especialmente pela imprensa, como origem de um discurso legítimo e importante sobre a história brasileira e como representantes da opinião norte-americana a respeito do país. O próprio Meihy

Brazil, um país do presente   237

alegava, em 1990, que a obra dos brasilianistas constitui o "mais formidável volume 'científico' feito por um grupo estrangeiro sobre o Brasil".

James Green evidenciou a existência do preconceito contra os brasilianistas, mas diz que a academia americana foi importante em seu posicionamento contra a ditadura no Brasil, especialmente relevante ao pressionar o governo americano a tomar uma postura contrária aos abusos dos militares no Brasil. Durante o governo Costa e Silva, diz, a academia norte-americana se mobilizou em defesa dos pesquisadores brasileiros perseguidos e aposentados pela ditadura. Um grupo de 78 especialistas em estudos latino-americanos assinou e expediu um telegrama ao presidente Costa e Silva, protestando contra as aposentadorias forçadas no país. De forma paralela, outros 283 estudiosos enviaram outra carta exigindo que fossem removidas as restrições aos intelectuais. Até mesmo Lincoln Gordon, embaixador do Brasil que apoiou o golpe militar em 1964, assinou a primeira petição.

Este conflito entre acadêmicos e o governo levou a Fundação Ford a ajudar os pesquisadores brasileiros, incentivando a reunião deles para a criação do Cebrap. Iniciado em 3 de maio de 1969, 27 acadêmicos montaram o centro, que era visto como "um oásis de pesquisa baseado em São Paulo para os estudiosos punidos pelo regime militar". A Fundação Ford ofereceu US$ 100 mil como financiamento inicial ao centro. Parte da academia brasileira não ficou satisfeita e suspeitou das intenções da Ford, por mais que os norte-americanos alegassem não se envolver no conteúdo das pesquisas.[34]

---

34   Cebrap é o Centro Brasileiro de Análise e Planejamento. James Green é professor de História e Estudos Brasileiros na Universidade Brown, morou oito anos no Brasil nos anos 1970 e preside o New England Council

Green explica que embora poucos tivessem criticado os militares brasileiros na época do golpe, já em 1969 havia nos Estados Unidos acadêmicos, religiosos, exilados brasileiros e ativistas políticos trabalhando em oposição aos militares brasileiros. Foi graças a mobilizações como estas que após a chegada de Jimmy Carter à Casa Branca, em 1977, as palavras prisão, tortura e repressão, tornaram-se sinônimos da caracterização dos regimes militares que tinham assumido o poder por toda a América Latina.

Por mais que houvesse o forte sentimento antiamericano na academia brasileira, a vida dos pesquisadores dos Estados Unidos no Brasil não era tão fácil como poderia parecer. Em 1970, estudiosos norte-americanos que pesquisavam sobre o país foram alvos da repressão da ditadura. Em 12 de junho, o pesquisador Werner Baer, professor da Universidade Vanderbilt, foi agarrado por três homens armados, que o empurraram para dentro do apartamento onde morava. O pesquisador foi interrogado sobre política por 45 minutos, até que seu colega Riordan Roett, também de Vanderbilt, chegou ao apartamento, sendo também interrogado rudemente. Os dois foram levados com os olhos vendados para prédio em um lugar afastado, onde continuaram sendo interrogados em tom ameaçador. No total, ficaram sete horas detidos de forma clandestina. Roett era o principal alvo dos militares,

---

on Latin American Studies (Neclas). É autor de *Apesar de vocês: oposição à ditadura brasileira nos Estados Unidos, 1964-1985* (Cia. das Letras), obra em que revela um movimento desconhecido da maioria dos brasileiros, contradizendo a visão geral de que os EUA apoiaram integralmente o regime militar. GREEN, James N. *Apesar de vocês: oposição à ditadura brasileira nos Estados Unidos, 1964-1985*. Trad. de S. Duarte. Pref. Carlos Fico. São Paulo: Companhia das Letras, 2009.

por ser considerado "homem de esquerda, um líder no mundo acadêmico, competente e inteligente".[35]

Encantamento e deslumbre

Independentemente da curiosidade pelo exotismo, que iniciou os primeiros estudos brasilianistas, dos incentivos financeiros que consolidaram a subárea de pesquisa na academia após a Revolução Cubana e da atração crescente do país que vem chamando mais atenção internacional, o que caracteriza a maioria dos estudiosos americanos sobre o Brasil é um encantamento profundo com o país. Em sua pesquisa de história oral sobre os brasilianistas, Meihy fez longas entrevistas com os 60 nomes mais relevantes da pesquisa brasileira nos Estados Unidos, e a "paixão", o "encantamento" pelo Brasil aparecem regularmente como principal mola das pesquisas sobre o país, consolidando uma visão "brasilianista encantada", fascinada com o diferente, valorizadora de certo exotismo manifestado nas escolhas de pesquisas.

Quase todos os pesquisadores da história do Brasil atualmente, mais do que uma agenda política, parecem ter uma paixão pelo país, como se pode ver nos textos publicados por autores como Joseph Page, Steven Topik e James Green, por exemplo. Mesmo entre os chamados "pioneiros" do brasilianismo se percebe esta paixão. Charles W. Wagner, antropólogo que morreu em 1991, por exemplo, chega a dizer que tudo em sua vida de alguma forma era filtrado pelo Brasil. "Gosto de tudo do Brasil e às vezes perco a crítica." O sentimento era compartilhado por Stanley

---

35 GREEN, James N. *Apesar de vocês: oposição à ditadura brasileira nos Estados Unidos, 1964-1985.* Tradução de S. Duarte. São Paulo: Companhia das Letras, 2009.

Stein, historiador nascido em 1920, que se dizia "meio abrasileirado". "Foi uma atração inexplicável", dizia o historiador Jordan M. Young. "Todos ouviam falar de um país exótico que ficava ao sul, mas ninguém sabia nada dele, e isto bastou para despertar uma curiosidade enorme." "O Brasil é parte integral da minha vida", disse o etnomusicólogo Gerard H. Béhague.[36]

Foi um pouco o que aconteceu com o historiador Michael Weis. Em 1976, ele estava na universidade e pôde participar de um projeto de intercâmbio no Brasil, em Campinas, "e isso parecia mais divertido de que estudar nos Estados Unidos". Ele se inscreveu e passou a viver com uma família brasileira. "Fui tratado como um filho e me apaixonei pelo Brasil e pelo povo brasileiro. Todos nós temos relações muito profundas com pessoas do Brasil, laços fortes, muitos brasilianistas são casados com brasileiras, não acho que haja motivo para suspeitas. Os acadêmicos não trabalhariam pelos interesses do governo americano."[37]

Apesar de o Brasil estar se tornando mais atraente na academia norte-americana, o deslumbramento ainda é restrito a áreas específicas, como as universidades e as empresas de finanças. Michael Weis, professor de História da Illinois Wesleyan University, ensina uma disciplina sobre "Brasil Moderno". Ele

---

36 MEIHY, José Carlos Sebe Bom. *A Colônia Brasilianista: história oral de vida acadêmica.* São Paulo: Nova Stella, 1990.

37 Weis voltou a viver no Brasil e é autor de *Cold Warriors and Coups d'Etat: Brazilian American Relations, 1945-1964* (*Guerreiros frios e golpes de Estado: relações brasilo-americanas, 1945-1964*), obra em que mostra que os funcionários do governo norte-americano conseguiram 'cuidar do noticiário' nos primeiros três meses após a tomada do poder pelos militares no Brasil, "a fim de ocultar o envolvimento dos Estados Unidos no golpe e apresentar uma visão distorcida da realidade". Entrevista ao autor em 5 de janeiro de 2010.

contou que a cada ano encontra um grupo maior de estudantes interessados em aprender sobre o Brasil, mas que eles chegam para as aulas sem saber nada sobre o país. "Eles conhecem apenas generalizações e estereótipos, como o carnaval, o futebol, mas não posso dizer que conhecem nada sobre a realidade brasileira", disse. Seus estudantes sempre se surpreendem com o quão diversificado o Brasil é e como o país é diferente das imagens dominantes que eles têm. "Infelizmente, a maior parte dos americanos adquirem suas informações em fontes como filmes, então conhecem *Cidade de Deus* e outros filmes e se surpreendem ao saber que isso não é tudo o que há no Brasil. Preciso ensinar sobre o Brasil diferente dos estereótipos que eles têm na cabeça".

Peggy Sharpe, que foi presidente da Brasa, também percebia uma diferença na atração do Brasil em 2010. "É encorajador, depois de quase 30 anos de trabalho na área, é bom ver as coisas melhorando. Gostaria que isso tivesse acontecido antes, quando lutávamos para atrair a atenção das pessoas para o Brasil, mas é bom ver isso acontecer agora."

No início de 2010, a professora Kathryn Hochstetler deu duas palestras sobre o Brasil no Novo México. Nas duas apresentações, ela percebeu que de fato as pessoas não sabiam muita coisa sobre o país, mas ela estava diante de uma audiência muito grande, maior do que as que costumava encontrar no passado. "Mais pessoas estão interessadas", me disse. O Brasil, especialmente por conta de economia e política internacional, começou a ganhar mais atenção internacional no final dos anos 2000. As pessoas podem até não saber muito sobre o país, mas já têm mais interesse e a cada ano descobrem um pouco mais. Elas vão a palestras, leem livros e assistem a aulas para poder aprender mais sobre o Brasil.

Relações raciais

Preconceito e mito

Poucos quarteirões separam a rua 110 da rua 99 na parte norte de Manhattan, ilha que reúne a riqueza e o poder de Nova York. São cerca de 800 metros que concentram uma viagem no tempo. Ali é possível reviver de forma clara, porém suave, o passado de segregação racial que marca a história dos Estados Unidos, mesmo na segunda década do século XXI e na cidade mais cosmopolita do mundo. Ao cruzar do East Harlem para o Upper East Side, bairros vizinhos na margem leste da ilha, deixa-se de lado uma área menos abastada de conjuntos habitacionais e parques, onde há praticamente apenas pessoas de pele mais escura, para entrar em uma região de lojas de luxo e restaurantes onde a predominância é de brancos. São poucos passos que mostram que mesmo depois de 40 anos do fim oficial da separação entre negros e brancos, da implementação de políticas de ação afirmativa, e mesmo da eleição de um presidente de origem africana, a cor da pele continua sendo motivo de separação geográfica, social e cultural no país.

E isso se repete em toda parte. Por mais que os pesquisadores do tema indiquem que a miscigenação tem crescido e incluído até mesmo outros povos de imigração mais recente e que os Estados Unidos tenham no poder uma geração mais heterogênea.[1] Qualquer observador, mesmo desatento, percebe o quanto os negros e os brancos são grupos separados em qualquer lugar dos Estados Unidos, seja nos estados do Texas e da Luisiana, no sul, onde quase exclusivamente negros sofreram os impactos do furacão Katrina,[2] seja na Califórnia, na parte oeste do país, ou mesmo na região central, em Illinois, berço político do presidente Barack Obama.

Enquanto os americanos lidam com seus próprios fantasmas de segregação e racismo, muitos veem no Brasil a alternativa ideal para essas questões, interpretando as perceptíveis relações inter-raciais do país como um exemplo de democracia racial a ser buscada pelos Estados Unidos. "Pelo fato de os Estados Unidos ainda serem muito segregados, quando as pessoas veem qualquer imagem de integração harmônica – que é possível ver no Brasil –, elas passam a ver no Brasil uma utopia", explicou a professora France Winddance Twine, da Universidade da Califórnia em Berkeley. A ideia vigente na mentalidade dos americanos médios é de que não existe racismo no Brasil, brancos e negros convivem em harmonia e igualdade e têm as mesmas oportunidades, constituindo o que os pesquisadores costumam denominar de democracia racial. Segundo ela, entretanto, existe muito racismo no Brasil, sim, mas os Estados Unidos ainda representam o lado negativo das relações raciais, enquanto o Brasil representa o lado positivo.[3]

---

1   COOPER, Helene. Meet the New Elite, Not Like the Old. *New York Times*, 25 de julho de 2009.

2   O Katrina destruiu bairros inteiros de Nova Orleans em 2005.

3   France Twine é professora do departamento de Sociologia da Universidade da Califórnia em Berkeley, especialista em relações de raça e gênero nas

Os americanos incorporam a ideia de que existe uma democracia racial no Brasil porque precisam que algum país represente algo melhor do que eles conhecem. "Não fizemos muito progresso aqui nos Estados Unidos nos últimos 40 anos", disse Twine, referindo-se à ainda existente segregação espacial por raça. "Parece que as cidades são divididas em dois países diferentes." Enquanto isso, diz, o Brasil tem um lugar especial, simbólico, na mentalidade dos americanos, aparecendo como um país onde as pessoas podem ir e ter experiências inter-raciais que não se tem nos Estados Unidos.

Fronteiras raciais

Os Estados Unidos têm uma história longa de segregação racial oficializada por leis, e o Brasil nunca teve nenhuma restrição legal contra os negros desde a abolição da escravidão. Além disso, a história brasileira registra uma mistura racial que faz com que a maior parte da população aceite a ideia de que tem ancestrais africanos e não descende apenas de europeus. O pesquisador G. Reginald Daniel é um dos principais estudiosos da diferenças nas relações raciais no Brasil e nos Estados Unidos. Segundo ele, o Brasil tem uma grande população de pessoas com ancestrais europeus, africanos e indígenas, o que cria uma grande fluidez em termos de fronteiras raciais. Além disso, a questão de classes no Brasil, o *status* social dos indivíduos, tem um impacto significativo sobre como as pessoas são vistas racialmente. Segundo ele, "esta noção de que há uma maior

---

Américas. Ela viveu no Brasil como parte de sua pesquisa sobre o "racismo em uma democracia racial", que se tornou tema de um livro publicado nos Estados Unidos. Entrevista ao autor em 22 de junho de 2010.

flexibilidade de categorias raciais e identidades raciais, e que todo mundo no Brasil tem origens multirraciais, mesmo que não se identifique assim, faz pensar que não há racismo e desigualdade racial no Brasil, mas apenas desigualdade de classes. Mas, na realidade, a situação é diferente."[4]

Apesar de haver o que chama de "incrível flexibilidade" em termos de identidades raciais e uma significativa mistura na população, existe discriminação racial com base na aparência física das pessoas, explica. Mesmo considerando que o Brasil tem definições flexíveis de qual deve ser a aparência para ser considerado negro, branco ou mestiço, "o fato é que as pessoas marcadas visualmente pelos ancestrais africanos estão em camadas mais baixas da sociedade, elas são sub-representadas no governo, na elite econômica e na mídia". Essas pessoas são visivelmente excluídas por conta da sua aparência, diz. "Há uma separação racial muito clara entre quem é a empregada e quem é que manda no país. É uma forte contradição que se pode perceber desde os anos 1970 e até hoje não foi resolvido."

A realidade no Brasil é que, por mais que haja desigualdade socioeconômica, essa desigualdade tem uma manifestação muito racializada, defendeu. E por mais que haja muitos brancos que estão na base da sociedade, a estrutura social do país mostra que a maioria dos brancos não está nessa base, mas a maioria dos negros, sim. "É difícil dizer que é só uma questão

---

4 Sociólogo com doutorado pela Universidade da Califórnia em Los Angeles, Daniel é professor da Universidade da Califórnia em Santa Bárbara e autor de *Multiracial Identity in Global Perspective: The United States, Brazil, and South Africa* (*Identidade multirracial em perspectiva global: Os Estados Unidos, o Brasil e a África do Sul*). Entrevista ao autor em 13 de janeiro de 2010.

de classe, e não estou dizendo que não há influência de classe, mas quando há tanta gente de visível origem africana concentrada na base da sociedade, é difícil dizer que se trata apenas de questão de classe, pois há outras razões para isso", explica. "A estrutura de classe é muito racializada, e a estrutura de raça tem uma dimensão de classe."

Daniel experimentou pessoalmente a forma como o Brasil lida com raça. Ele conta que, ao visitar o país, nunca teve nenhuma dificuldade em ser visto como um mulato, moreno, alguém multirracial. "Ouvi comentários racistas das pessoas, mas eles nunca eram dirigidos a mim porque as pessoas não me viam como um 'negro'. Fui muito bem recebido em todos os lugares e nunca tive problemas." Nos Estados Unidos, por outro lado, Daniel diz sofrer com racismo "constantemente".

"Se se olha para a elite política e econômica do Brasil e se observa a porcentagem de pessoas de origem africana, só se pode concluir que há algo além de problemas de classe, pois os negros são sub-representados", diz France Twine. "É preciso ver o legado da escravidão no Brasil e como isso se reproduz por muito tempo. Não se muda uma estrutura racial de uma hora para a outra, é preciso uma intervenção do Estado."

Identidade e discriminação

Na academia americana, entre as pessoas que estudaram questões de racismo e sua história de forma comparativa entre os Estados Unidos e o Brasil, é quase unânime a negação da ideia de que exista uma democracia racial na sociedade brasileira. O tema foi analisado em estudos recentes por mais de uma dezena de pesquisadores por diferentes partes do país, sempre tentando entender as diferenças e buscar soluções para os problemas dos dois países. A diferença na forma como o Brasil vê raça e cor é uma das coisas que atrai a atenção dos Estados Unidos. "No Brasil há racismo, mas raça e discriminação são diferentes", explicou a antropóloga Jan Hoffman French, que estudou a questão da identidade no Brasil. "O que torna o Brasil tão interessante é mostrar que a raça não é determinada em termos de ancestralidade. Os americanos não entendem como pais negros têm filhos brancos." No Brasil, diz, a questão é de assumir a negritude. "A pessoa pode ter cor negra, mas escolhe individualmente se quer se considerar negra", disse.[5]

Segundo Barbara Weinstein, da NYU, existe muito racismo no Brasil, sim, mas o preconceito em cada país opera de formas diferentes e tem diferentes impactos. "Não acho que a história de racismo no Brasil seja diferente da dos Estados Unidos, o que existe é uma diferença no senso de identidade. Enquanto nos Estados Unidos a identidade negra era praticamente separada, por conta da segregação, o caso no Brasil é bem diferente, mais misturada e sem a mesma fratura política e cultural."[6] Na verdade,

---

5   Nos Estados Unidos, a definição de raça é feita por ancestralidade, seguindo a "regra de uma gota" (*one-drop rule*), segundo a qual a cor da pele importa menos de que o fato do que algum (qualquer) antepassado da pessoa tenha sido negro africano. O conceito era contrário à aceitação de negros de pele clara e surgiu nos anos 1830. A regra serviu antes para reforçar a segregação, mas tamém serviu para as leis de ação afirmativa a partir do século XX. SWEET, Frank W. *Legal History of the Color Line: The Rise and Triumph of the One-Drop Rule*. palm Coast: Backintime Publishing, 2005.

6   Weinstein é autora de *For Social Peace in Brazil: Industrialists and the Remaking of the Working Class in Sao Paulo, 1920-1964*. (*Por paz social no Brasil: industrialistas e a reforma da classe social em São Paulo, 1920-1964*, University of North Carolina Press). Entrevista ao autor em 15 de fevereiro de 2010.

Brazil, um país do presente 249

segundo ela, são os brasileiros, e não os americanos, que gostam de dizer que o país não tem racismo, propagando o mito de que é uma democracia racial.

O professor Jerry Dávila, da Universidade da Carolina do Norte em Charlotte (UNCC), conta que percebeu isso claramente durante o tempo que viveu no Brasil, quando se mudou para o Rio de Janeiro e viveu em Ipanema. Ele ouvia um discurso repetido sobre relações raciais: "Aqui não existe racismo; isso é algo que existe no Norte." Ele admite que era verdade que havia muita interação entre negros e brancos, mas diz que via muito clara uma hierarquia estampada no corpo das pessoas "de cor, cujo lugar na zona sul do Rio era determinado pelo uniforme que vestiam: a camisa azul do motorista de ônibus, o uniforme branco da babá, o uniforme laranja do gari". Segundo ele, no Brasil, "a ideia de um Estados Unidos racista emoldurava uma autoimagem de esclarecimento e superioridade moral. Uma imagem caricata do supremacismo branco e da violência racial naquele país lançava uma sombra que ofuscava a discriminação sistemática e a desigualdade em outras sociedades".[7]

"É difícil comparar o racismo nos dois países", afirmou Dávila. Ele alega que não há como dimensionar o quanto um ou outro país é mais ou menos racista, pois as variáveis em cada sociedade atendem a sua própria lógica. "Quando alguém vem do Brasil para os Estados Unidos, é fácil ficar chocado com as aparências de um sistema de desigualdade racial, mas o americano que vai ao Brasil também vê a mesma desigualdade lá."[8] A tendência em

---

7   DÁVILA, Jerry. Comparação entre Brasil e EUA se baseia em caricaturas. Especial: O Racismo Confrontado. *Folha de S. Paulo*, 23 de novembro de 2008.

8   Dávila é coordenador do mestrado em Estudos Latino-Americanos do Departamento de Estudos Globais e Internacionais da UNCC, também

250 Daniel Buarque

cada sociedade é de normalizar e perder a noção da desigualdade ali vigente, mas quando se muda para outra sociedade percebe-se a desigualdade apresentada de forma diferente, mais notável. Por mais que nos Estados Unidos seja fácil perceber uma segregação espacial de forma muito nítida, ele alega que em sua experiência percebeu desigualdade de forma ocupacional no Brasil. "Notamos que as pessoas que dirigem ônibus, servem café, que têm posições vistas como inferiores e recebem menos pagamento, há uma linha de cor muito mais perceptível de que nos Estados Unidos."

Segundo ele, o foco sobre a discriminação e a desigualdade ostensivas desvia a atenção da realidade mais onipresente da discriminação sutil e informal, que reproduz desigualdades. "A segregação legal foi fácil de combater: era uma injustiça evidente. A discriminação sutil é mais difícil de ser contestada", diz. No Brasil não houve a violência racial sistematizada que houve nos Estados Unidos, mas a segregação é apenas uma expressão da discriminação. Há muitas outras muito mais sutis. É como se fossem necessários o caso extremo e o confronto entre raças para se chegar a uma solução real para o preconceito. "Aquela consciência de discriminação e desigualdade racial no país surge de uma perspectiva de que ela é gerada de forma informal na sociedade, a maneira como as instituições funcionam e como é distribuído o fruto da educação, do emprego, da renda, do patrimônio. A estrutura econômica e institucional da sociedade, a maneira como

---

secretário-executivo da Conferência de História Latino-americana. Ele estudou no Brasil em 2000 e entre 2005 e 2006, ensinando na USP e na PUC-Rio, e é autor do livro *Diploma de brancura: política racial e social no Brasil, 1917-1945*, publicado nos Estados Unidos em 2003, e *Hotel Trópico: Brazil and the Challenge of African Decolonization, 1950-1980*, de 2010. Entrevista ao autor em 5 de maio de 2010.

Brazil, um país do presente   251

funcionam os valores sociais e culturais. Tudo isso reproduz a desigualdade da sociedade brasileira", contou.

Dávila alega que nas duas sociedades existe muita miscigenação e que qualquer negro dos Estados Unidos é muito miscigenado, e talvez não fosse classificado assim no Brasil, mas seria visto como mulato ou mesmo branco. "A diferença está na construção da identidade nos dois países. O significado da miscigenação é diferente. No Brasil, a miscigenação é tida como um fato central do sistema de identidade nacional. O epicentro da identidade brasileira passa pela ideia de miscigenação. Aqui, essa mesma miscigenação é tratada de forma distinta. Ela é esvaziada de sentido. Nós tínhamos, até o final do século XIX, uma clara construção da categoria do mulato nos Estados Unidos, mas a partir da implementação do sistema de leis segregatórias, essa identidade passa a ser suprimida. Antes o sistema era multirracial como o brasileiro, mas o país passou a um sistema legal birracial, disfarçando a existência dessa miscigenação."

O mito e a falta de identidade

O conhecimento produzido pela academia americana sobre o racismo no Brasil não consegue mudar, entretanto, a percepção geral que se tem sobre o país entre as pessoas dos Estados Unidos. "Nossa análise, dos acadêmicos, não é representativa do público geral", disse a professora France Twine. As pessoas que nunca viajaram para o Brasil, trabalhadores americanos que nem têm passaporte e que sempre viram o país com conhecimento baseado apenas em música, TV, filmes, ainda veem país como um lugar menos racista do que os Estados Unidos, e mais democrático racialmente. "Nós, acadêmicos, temos influência, mas isso não afeta a imagem geral que os americanos têm do Brasil."

Mesmo entre americanos que viajam ao Brasil, entretanto, ela diz que é fácil perceber que eles têm experiências positivas em relação à raça e podem pensar no Brasil como uma versão mais positiva das relações raciais nos Estados Unidos. "A visão predominante ainda é de que o Brasil é uma democracia racial, por mais que muitos americanos nem entendam o que significa ser uma democracia racial."

O que os acadêmicos chamam de "mito da democracia racial" brasileira tem uma longa história e está diretamente relacionado com a forma como o país se vê em contraste com os Estados Unidos. Ele foi difundido nos anos 1940 a partir da publicação, nos Estados Unidos, de *Casa-Grande e Senzala*, de Gilberto Freyre. Alguns indicam o livro como o próprio nascimento do mito, por mais que ele possa ser apenas a confirmação impressa de algo que se pensava na prática no país à época.[9]

Emilia Viotti da Costa, professora brasileira com fluência na academia americana, escreveu sobre a questão do mito da democracia racial em 1985. Ela alega que foi durante uma viagem de Gilberto Freyre aos Estados Unidos que a mentalidade expressa em seus livros começou a se divulgar pelo país. Apesar de ele reconhecer que os brasileiros não eram inteiramente livres de preconceito racial, ele defendia que, no Brasil, a distância social era o resultado da diferença de classe e não de preconceitos de raça ou cor. "Como os brasileiros negros tinham mobilidade social e oportunidades de

---

9   TWINE, France Winddance. *Racism in a racial democracy: the maintenance of white supremacy in Brazil.* News Brunswick: Rutgers University Press, 1997.

expressão cultural, eles não desenvolveram uma consciência de ser negro como seus colegas americanos o fizeram."[10]

"Freyre oferecia uma versão limpa da longa história brasileira de colonização e escravidão", diz Twine. Esta ideologia, afirma, teve efeitos devastadores para os movimentos antirracismo mais recentes. "As elites brasileiras se apoiaram no discurso freyriano para apregoar que o Brasil era superior por ser miscigenado, enquanto os Estados Unidos da época eram segregados, algo que era comparado até mesmo à Alemanha nazista."

O sociólogo E. Franklin Frazier publicou um estudo explicando pela primeira vez aos americanos as teses centrais da democracia racial brasileira, ainda em 1943. A questão, ele explicava, era a ausência de estigma ligada ao "sangue negro". Ao contrário do que ocorria nos Estados Unidos, ter "uma gota" de sangue africano não fazia da pessoa um negro no Brasil e "não o condena a ser membro de uma casta inferior".

O mito da democracia racial se consolidou a ponto de a Unesco considerar o Brasil um modelo de relações raciais até a Segunda Guerra Mundial. Mesmo após estudos internacionais, entretanto, ficou claro que o maior problema de exclusão no Brasil era social, e não exatamente só por conta da raça. O assunto foi abordado por Charles Wagley, que alegava que, em comparação com outros países, o Brasil não tinha um "problema racial", e que pessoas de todas as raças conviviam com relações pacíficas.[11]

---

10   VIOTTI DA COSTA, Emilia. *The myth of racial democracy: a legacy of the Empire*. In: _____. *The Brazilian Empire, myths and histories*. Belmont, CA: Wadsworth Publishing Company, 1985.

11   WAGLEY, Charles. *Race and Class in Rural Brazil*. Unesco, 1952

Foram essas visões externas até os anos 1970, com um olhar advindo de uma realidade de segregação oficial, que ajudaram a propagar o mito de que no Brasil havia democracia racial. Ao ver a ausência da segregação tão nítida quanto nos Estados Unidos, os pesquisadores acreditavam que o Brasil era um "paraíso racial", e ajudavam a idealizar a realidade do país, explica France Twine.

Desde Freyre, alega Viotti da Costa, todo mundo que não era obviamente negro era considerado branco, expressando a convicção de que os negros estavam desaparecendo e sendo incorporados ao grupo dos brancos. "Freyre achava que havia encontrado o caminho para evitar os problemas raciais que atormentavam os americanos." Duas décadas depois, explica, pesquisadores trouxeram conclusões diferentes, mostrando que havia preconceito no Brasil e que, mesmo sem uma discriminação legalizada como a americana, havia uma segregação informal e "natural". Desde então, os cientistas sociais já apontavam para a contradição entre o mito da democracia racial e a discriminação visível contra negros e mulatos. "Eles acusaram os brasileiros de terem o maior dos preconceitos: o de acreditar que não eram preconceituosos."

Viotti da Costa diz que as teses de Freyre eram a opinião geral da sociedade da época, compartilhada não só por brancos, mas pelos próprios negros brasileiros. "Os revisionistas foram acusados de inventar um problema racial que não existia no Brasil." O mito social, ela diz, é parte da realidade em que vivemos, e é normal que os sociólogos de cada geração neguem os mitos do passado, gerando novos mitos.[12] "O mito da democracia racial apare-

---

12 Ela defende que há algumas formas simples de explicar o surgimento do mito e sua negação. Em primeiro lugar, pode-se dizer que tanto Freyre quanto Florestan Fernandes, que foi o principal pesquisador desse revisionismo, expressaram os momentos que viveram no Brasil em transição, e que

Brazil, um país do presente   255

ceria como tentativa de acomodar ideias racistas que estavam na moda na Europa na segunda metade do século XIX à realidade brasileira." Era a forma encontrada de "branquear" a população brasileira e superar os problemas raciais pela miscigenação. Os brasileiros se tornariam cada vez mais brancos.

À ideologia segregacionista característica dos Estados Unidos, onde qualquer descendente de um negro seria considerado negro, a elite brasileira opôs uma ideologia baseada em integração e assimilação, que requeria a repressão de atitudes preconceituosas contra negros e assumiam que mulatos estavam no meio do caminho entre negros e brancos. "Em vez do preconceito de origem, brasileiros tinham preconceito de cor." Mas a Segunda Guerra Mundial mudou os pontos de referência, e o racismo europeu foi derrotado. Ao mesmo tempo, os Estados Unidos começaram a dar espaço aos movimentos pelos direitos civis, dando fim à segregação e se movendo rumo à integração, retirando do Brasil o argumento da segregação americana e expondo a discriminação que realmente existia no Brasil. Segundo ela, o mito foi propagado também por negros porque beneficiou a indivíduos de pele escura, vistos socialmente como "negros de alma branca", que subiam na escala social e se comportavam como se fossem "especiais", compartilhando da crença dos brancos na democracia racial.[13]

---

ambos estavam certos. Outra opção, segundo ela, seria a de usar argumentos maquiavélicos para explicar que Freyre era porta-voz da elite manipuladora que queria continuar com sua superioridade no poder. A terceira explicação, segundo ela, é externa, e vem de análises com base em circunstâncias relacionadas à questão de raça no Brasil, nos Estados Unidos e na Europa.

13   Viotti da Costa conta que quando Machado de Assis morreu, Joaquim Nabuco pediu que um amigo do escritor, José Veríssimo, que escreveu sobre ele, omitisse o termo "mulato" usado para descrevê-lo. "Para mim,

Segundo Marshall Eakin, o mito da democracia racial no Brasil se espalhou através da cultura popular, na música, no rádio, no cinema, dos anos 1940 aos 1960, e pela televisão, nos anos 1970 e 1980, e se tornou a visão de todos os brasileiros, parte do imaginário nacional, diz. Segundo ele, houve uma ruptura nessa mentalidade a partir dos anos 1980, com o surgimento de um movimento negro no Brasil. "Esse grupo separou a sociedade entre grupo de brancos e não brancos, dizendo ser um mito a miscigenação. Essa visão de oposição à ideia de uma raça aumentou com a ajuda dos intelectuais, que romperam com a ideia de identidade nacional."[14]

No próprio Censo no Brasil aparece uma disputa entre os que acham que o país é de maioria branca e os que defendem que se trata de um país de negros ou pelo menos de não brancos, segundo um estudo da pesquisadora do Massachusetts Institute of Technology, Melissa Nobles. Ela alega que o conceito de raça foi construído através das contagens populacionais. O problema está na conceituação das raças, e especialmente no termo "mulato". Ela alega que o censo ajuda não simplesmente a contar, mas a criar categorias de raça ou cor. "Os métodos que são usados – como a questão do censo é escrita, quais termos (cor ou raça) e categorias (preto, pardo etc.) utiliza – têm importância. E eles

---

Machado era um branco e eu acredito que ele também pensava isso sobre ele mesmo."

14 Um dos nomes mais importantes da mais recente onda de estudos brasileiros nos EUA, Eakin pesquisou a forma como o mito da mestiçagem e a visão de Gilberto Freyre, como a mistura de três raças, como esta visão conhecida de poucas pessoas em 1930 se tornou uma visão de quase todos os brasileiros. Professor da Universidade Vanderbilt, no Tennessee, ele idealizou a criação da Brasa, a Associação de Estudos Brasileiros nos EUA, grupo que reúne mais de 600 pesquisadores e do qual é secretário-executivo desde 2004. Entrevista ao autor em 27 de março de 2010.

são importantes por razões políticas." Segundo a pesquisadora, o IBGE ajuda a criar a cara oficial do Brasil por meio de terminologia e metodologia. Assim, a contagem da população tem ajudado o mito da democracia racial com base no pressuposto de mistura racial. "Ao usar o termo 'cor' em vez de 'raça', o método do IBGE por si só já mantinha a ideia de mistura. A justificativa era de que a mistura havia tornado 'raça' irrelevante."[15]

G. Reginald Daniel estudou profundamente essa questão da flexibilidade da classificação de raça e cor no Brasil e diz que não acredita que ela seja um problema em si. "Tenho medo da forma como esta flexibilidade é usada e articulada politicamente, como forma de manipular as pessoas para apoiar uma estrutrura racista e não criticar o racismo", disse. Daniel acha que a flexibilidade é uma das grandes contribuições do Brasil para o debate global sobre racismo, mas ela deve ser usada como uma ferramenta para criticar o racismo branco e para mobilizar os negros. "É um problema quando não se consegue reunir os negros em torno da causa, já que muitas pessoas abraçam a multirracialidade como forma de negar a negritude ou de negar o racismo."

Ação afirmativa

Se é difícil dizer que um país é mais ou menos racista que o outro, a diferença básica é que os Estados Unidos têm uma história de violência causada por questões raciais. Por conta da segregação oficial, os negros do país desenvolveram uma mentalidade

---

15 Nobles é autora de *Shades of Citizenship: Race and Censuses in Modern Politics* (*Sombras de cidadania: raça e censos na política moderna*), livro baseado em seu doutorado pela Universidade Yale. MAISONNAVE, Fabiano. Armadilhas do racismo. *Folha de S. Paulo*, 6 de junho de 1999.

hostil em relação aos brancos, aumentando ainda mais a separação entre as raças. Os conflitos causados pelo racismo no território americano fizeram com que surgissem os movimentos pelos direitos civis, que ganharam força nos anos 1960 e deram espaço para a implementação, naquele país, de políticas de ação afirmativa, para tentar igualar as oportunidades existentes para negros e brancos e, assim, buscar diminuir o racismo.

A ideia geral de ação afirmativa havia surgido bem antes, na Índia, mas o modelo que se tornou mais conhecido em todo o mundo foi o aplicado nos Estados Unidos. Os primeiros lampejos de projetos norte-americanos de ação afirmativa tiveram início logo na Segunda Guerra Mundial, quando o então presidente Franklin Roosevelt assinou uma ordem executiva proibindo a discriminação no governo e nas indústrias de guerra. A ação foi tomada para evitar protestos que se organizavam na capital americana. Mas foi nos anos 1960 que as ações afirmativas cresceram no país, junto com os movimentos gerais por direitos civis. Por mais que fossem discutidas em termos mais amplos, o principal foco delas sempre foi a questão racial, com pequena atenção às desigualdades de gênero. Na prática, consolidou-se como um esforço nacional para garantir igualdade de oportunidades em educação e emprego para os norte-americanos de origem africana.[16]

---

16   O presidente John F. Kennedy estabeleceu em março de 1961 um Comitê de Oportunidades Iguais de Emprego, e em 1964, Lyndon Johnson assinou o Ato de Direitos Civis, tornando ilegal definitivamente a discriminação racial nos Estados Unidos. Um ano depois, Johnson determinou que empresas que prestassem serviço para o governo usassem a ação afirmativa ao contratar funcionários. Os projetos desse tipo só seriam generalizados, entretanto, em 1969, com a chamada "Ordem Filadélfia", de Richard Nixon, que ampliou nacionalmente a defesa das ações afirmativas. _____.
Affirmative action. *New York Times*, 15 de junho de 2009.

As universidades de maior prestígio dos Estados Unidos começaram a usar ações afirmativas na seleção de seus alunos em 1969. Neste ano, Harvard, Yale, Princeton e Columbia passaram a responder ao apelo do governo a favor das minorias e dos direitos civis para favorecer as populações que mais sofriam discriminação. A mudança foi gritante e ajudou a moldar a constituição cultural e racial da elite americana das décadas seguintes.[17]

Desde as primeiras decisões a favor das ações afirmativas, entretanto, as medidas enfrentaram dura oposição na sociedade americana, com mobilização de brancos que se diziam discriminados por essas políticas. As disputas judiciais continuaram ocorrendo desde então e até no século XXI. Críticos mais recentes alegam que a política de ação afirmativa como proposta de correção de erros históricos tem um prazo limitado e deve ser interrompida, uma vez que a situação fica mais equilibrada.[18]

A discussão ganhou força em favor das ações afirmativas no final dos anos 2000, com a eleição de Barack Obama, um negro, para presidente do país. Os dois lados usaram a eleição dele como argumento a favor e contra as ações afirmativas. A primeira indicação do presidente para a Suprema Corte do país também foi

---

17   Em Yale, por exemplo, 96 negros foram aceitos em 1969, em oposição a apenas seis um anos antes. O próprio Obama e boa parte da elite multirracial que estava no poder na virada da década tinha se formado em instituições de elite do país depois que as portas começaram a ser abertas no final dos anos 1960. São os chamados "filhos de 1969". COOPER, Helene. Meet the New Elite, Not Like the Old. *New York Times*. 25 de julho de 2009.

18   Vários casos foram parar na justiça americana, e a Suprema Corte teve que decidir a respeito do assunto, especialmente em relação a universidades, definindo que a raça poderia ser vista como um fator diferencial na seleção dos estudantes, favorecendo os negros, mas que não se poderia reservar determinado número de vagas com base em raça.

importante para a discussão, já que ele escolheu um mulher de origem latina, Sonia Sotomayor, que tinha histórico de defesa de minorias étnicas. Apesar de todas as discussões a respeito do assunto, a sensação geral é de que as ações afirmativas foram bem-sucedidas em dar oportunidades iguais a minorias discriminadas, e a tornar o país mais diversificado em todas as suas camadas. Mesmo assim, o tema não encerrou os debates nem mesmo nos Estados Unidos, e as políticas de favorecimento de grupos sempre são alvo de discórdia e debate, com críticos especialmente entre os estudiosos e políticos mais conservadores.

Ataque às ações afirmativas

Uma das vozes mais ferrenhas na oposição a qualquer tipo de ação afirmativa é a de um acadêmico negro e conservador, que defende as diferenças culturais como origem de diferentes aptidões, o que justificaria a presença ou ausência de negros e brancos em determinadas áreas da economia e da política do país. Em livro publicado em 2004, Thomas Sowell alega que em nenhum lugar em que foram implementadas no mundo, da Índia aos Estados Unidos, as ações afirmativas ajudaram a reduzir a desigualdade racial e o preconceito.[19]

Sowell alega que, por mais que o exemplo norte-americano acabe sendo o mais discutido internacionalmente, as

---

19 Após contato por e-mail e telefone, Sowell, que é economista da Universidade Stanford e do Hoover Institution, alegou estar ocupado e não ter informações suficientes para discutir o caso das ações afirmativas especificamente no Brasil, mas os argumentos usados por ele em seus livros e artigos dão uma demonstração de que são ideias universalmente contrárias a este tipo de política.

Brazil, um país do presente   261

ações afirmativas estão presentes em vários lugares do mundo.

"Raciocínios altamente díspares foram usados em diferentes sociedades para programas que compartilham de traços muito similares e muitas vezes levam a resultados similares."[20]

O principal problema, diz, é o fato de que as ações afirmativas deveriam resolver os problemas de racismo, sendo implementadas apenas temporariamente, o que nunca ocorreu.

"Independentemente do quanto os programas de ação afirmativa se espalharam, mesmo os promotores de tais programas raramente defenderam que o favorecimento e cotas são desejáveis em princípio ou como característica permanente de uma sociedade. Pelo contrário, esforço considerável foi feito para mostrar tais políticas como 'temporárias', mesmo quando de fato esses favorecimentos acabam não apenas persistindo, mas crescendo."

Segundo ele, os programas deveriam ter um prazo limitado e uma abrangência igualmente limitada. Ele alega, entretanto, que as políticas de admissão na universidade na Índia, que aceitaram ação afirmativa ainda em 1949, continuam em vigor até hoje.

---

20   Alguns favorecimentos de grupos já existiram para minorias, outras para maiorias, algumas para os menos afortunados e outras para os mais afortunados que pensam ter direito a manter suas vantagens existentes sobre outros membros da mesma sociedade, diz. Sowell explica que atualmente são os programas para os menos afortunados que são chamados de ação afirmativa nos Estados Unidos, ou por outros nomes como "discriminação positiva" na Inglaterra e na Índia, "padronização" no Sri Lanka, "reflexo da personalidade federal do país" na Nigéria e direitos dos "filhos do solo" na Malásia e na Indonésia, assim como em alguns estados da Índia. Favorecimento de grupos e cotas também já existiram em Israel, na China, na Austrália, no Brasil, em Fiji, no Canadá, no Paquistão, na Nova Zelândia e na União Soviética. SOWELL, Thomas. Affirmative Action Around the World: An Empirical Study. New Haven: Yale University Press, 2005. 256 págs.

Sowell usa o argumento da personalidade cultural para alegar que a sub ou sobrerrepresentação de determinada cultura em uma área de emprego e trabalho (e de renda e *status*, consequentemente) é normal. Ele alega, por exemplo, que os alemães são donos e trabalhadores de cervejarias por todo o mundo, assim como os judeus haviam dominado a manufatura de roupas no passado. "De forma curta, a representação equilibrada de grupos que é considerada uma norma é difícil ou impossível de encontrar em qualquer lugar, enquanto a representação desequilibrada, que é vista como desvio especial a ser corrigido, é invasiva nas mais diferentes sociedades." Ele cita o caso brasileiro ao explicar que historicamente é comum que minorias se destaquem mais em diferentes áreas, especialmente na educação. Ele alega que o bom desempenho dos japoneses nos Estados Unidos, por exemplo, não pode ser considerado discriminação contra os não japoneses. No caso brasileiro, ele diz que os imigrantes italianos foram os que se destacaram enquanto minorias, e que não podem ser considerados racistas por isso. "As pessoas são diferentes – e tem sido assim há séculos."[21]

Sowell volta a criticar as ações afirmativas, mas não com argumentos morais, e diz que elas são tentativas "fúteis e custosas para carregar o fardo da história". Ele alega que disparidades estatísticas na representação de grupos em diferentes ocupações,

---

21   Este argumento está presente em outro livro de Sowell, *Migrations and Cultures* (Migrações e culturas), em que analisa o desenvolvimentos histórico de grupos de imigrantes pelo mundo para abordar a ideia do multiculturalismo e sua importância. Ele alega que diferentes povos têm um capital cultural próprio, que podem desenvolver em diferentes situações. Aqui ele volta a tratar do caso dos imigrantes japoneses no Brasil e em outros países, formando comunidades semelhantes e igualmente respeitadas em qualquer lugar para onde migravam, independentemente da área de atuação – tudo por conta do que chama de capital cultural.

Brazil, um país do presente   263

indústrias, níveis de renda e instituições educacionais sempre foram a regra em todo o mundo, e não uma exceção. Sowell separa raça de cultura e apresenta casos de minorias africanas bem-sucedidas em outros países para mostrar que a questão racial não é predominante no debate sobre migrações, desenvolvimento, discriminação e ações afirmativas.[22]

Sowell já chamou a noção de ação afirmativa de "fraude". Ele diz que não é uma questão racial, mas de política, e que a melhor coisa para a sociedade é não ter nenhuma forma de discriminação, nem mesmo positiva. "Se você for sério a respeito de ajudar os negros e outras minorias, você poderia tentar conseguir para ele educação decente muito antes de eles chegarem ao nível universitário. Mas isso iria requerer irritar o *status quo* e irritaria os sindicatos de professores, que oferecem milhões de dólares em contribuições de campanhas para os democratas. Os políticos acham mais simples sacrificar a educação de mais uma geração de estudantes de minorias e oferecer o simbolismo de colocá-los nas universidades em que sua preparação fraca quase garante que a maior parte deles vai falhar."[23]

---

22   CLARKE, Thurston. Cultural Capital. *New York Times*, 2 de junho de 1996.

23   Em artigo publicado em 1999, dois anos depois de o sistema de cota para negros nas universidades da Califórnia ser interrompido, Sowell faz um dos seus mais fortes ataques contra a ação afirmativa. Sowell alega que depois do fim das cotas na Califórnia houve uma mudança de perfil na presença dos negros nas universidades do estado. Em Irvine, ele alega, o aumento na presença de negros em dois anos foi de 47%. Ao mesmo tempo, diminuiu a presença em Berkeley e na UCLA, universidades mais bem conceituadas. Segundo ele, os estudantes de minorias não passaram nas melhores universidades, mas encontraram outras instituições de qualidade onde poderiam seguir seus estudos. Isso torna mais fácil concluir os cursos, o que muitas vezes não acontece quando os alunos favorecidos entram em universidades da elite. SOWELL, Thomas. The Other Side of Affirmative

Segundo ele, a principal semelhança e o maior problema das ações afirmativas no mundo é que a questão não é discutida em termos de resultados, mas apenas pela ideologia. "O resultado mais comum é que os benefícios dos programas de ação afirmativa vão apenas para uma pequena minoria dentro dos grupos que supostamente deveriam se beneficiar deles. Este é quase invariavelmente os já mais prósperos segmentos desses grupos." Ele alega ainda que o mais trágico dos padrões comuns de ações afirmativas é o retrocesso de outros que se ressentem do favorecimento especial dado a grupos particulares. "Na Índia, a violência contra os *dalits* escalou junto com o favorecimento por parte deles – favorecimentos que, ironicamente, relativamente poucos *dalits* conseguem aproveitar."[24]

A postura pouco comum de Sowell faz com que seu trabalho seja frequentemente contestado nos Estados Unidos. Ele é atacado por uma postura considerada excessivamente conservadora, mesmo sendo, ele mesmo, afro-americano. O historiador Jerry Dávila, por exemplo, rebate a teoria de que as ações afirmativas devessem ser temporárias. "Há a tendência de entender a desigualdade racial como um legado do passado, e há um discurso público de que as medidas compensatórias são necessárias por agora para responder a um passado recente, mas que essas medidas não vão ser necessárias no futuro. Essa perspectiva esquece que a desigualdade racial presente na sociedade americana se reproduz também no presente e não é apenas um legado do passado", diz. Segundo ele, no Brasil o debate está mais avançado, pois parte da concepção de que a sociedade reproduz a desigualdade, que existe atualmente e não

---

Action. *Jewish World Review*. Disponível em: http://www.jewishworldreview.com/cols/sowell060899.asp

24 SOWELL, Thomas. *International affirmative action*. Disponível em: http://www.jewishworldreview.com/cols/sowell060503.asp

somente no passado. É uma sociedade que gera resultados diferenciados para diversos grupos da sociedade.

Ação afirmativa no Brasil

Apesar do exemplo internacional de um longo histórico de leis contra a segregação nos Estados Unidos, foi somente em janeiro de 1989 que o presidente José Sarney promulgou no Brasil a lei que, pela primeira vez na história, definia como crime o preconceito contra raça. Apesar do avanço visto nessa questão que foi incluída na Constituição do país, via-se que mesmo após quase uma década, a lei nunca havia sido posta em prática, sem que ninguém tivesse sido punido por racismo. No Brasil, alguns dos primeiros movimentos em defesa de ações afirmativas para a entrada de negros nas universidades foram registrados desde os anos 1990.[25]

Desde a Segunda Guerra Mundial, vários pesquisadores brasileiros e internacionais já questionavam o mito da democracia racial brasileira. O próprio Thomas Skidmore, principal referência do brasilianismo no século XX, estudou a questão e escreveu um livro sobre o tema: *Black into White*. Skidmore criticava o fato de as elites intelectuais e acadêmicas do Brasil raramente se debruçarem sobre a questão do racismo, preferindo evitar o assunto.

O que era impressionante, sob a ótica da luta pelos direitos civis e contra a segregação nos Estados Unidos, é que esse tipo de

---

25   Em 1996, um pequeno protesto reuniu estudantes negros da USP que brigavam por cotas para aumentar a presença de estudantes não brancos na instituição, que eram apenas 1% até então, por acima que mais de 40% da população fosse negra. TWINE, France Winddance. *Racism in a racial democracy: the maintenance of white supremacy in Brazil*. News Brunswick: Rutgers University Press, 1997.

movimento reunia poucas pessoas e gerava pouco interesse mesmo entre as pessoas negras. "Protestos continuaram sendo altamente marginais e liderados por raros brasileiros negros que tinham passado tempo fora do país", diz Twine. "Imagine por um momento que a população afro-americana dos Estados Unidos fosse 45%, em vez dos 12%, da população do país. Se a população negra em uma universidade fosse de apenas 1%, seria de esperar que esse tipo de movimento gerasse muito apoio de negros em todas as classes. Em 1, ativistas antirracismo não foram bem-sucedidos em gerar o apoio mínimo entre os afro-brasileiros para programas antirracistas".[26]

Os movimentos negros da época não conseguiam mobilizar mais de que algumas dezenas de milhares de pessoas, apesar de haver 70 milhões de negros no país. O problema, dizia-se, era a falta de capacidade de se criar uma identidade comum para os não brancos. Os movimentos antirracismo precisavam romper o que o pesquisador Stuart Hall havia chamado de "senso comum racista", uma ideologia que nega a existência de racismo no país. "Se os brasileiros quiserem transformar sua nação em uma verdadeira democracia racial", então é preciso haver uma análise com nuanças da conceitualização e negociação do racismo cotidiano entre as 'não elites'.

O problema, diz Twine, é que o que ela mesma chama de "povão", as pessoas comuns que são excluídas da elite e que

---

26 Por mais que os movimentos não tivessem força, observadores norte-americanos viam nos protestos dos anos 1990 uma demonstração de que os termos do debate racial estavam mudando no Brasil. A impressão era de que no Brasil não havia sentimento de culpa em relação ao passado escravista. A ausência de segregação criava uma sensação de que não havia racismo e de que, por isso, não seriam necessárias políticas de ação afirmativa. Até mesmo entre os trabalhadores negros havia um distanciamento em relação aos movimentos de luta por igualdade racial.

corroboram a mentalidade de que não existe racismo no Brasil e que não se engajam em movimentos pela inclusão racial.

Segundo Eduardo Bonilla-Silva, outro representante da academia americana na pesquisa sobre racismo, o preconceito é algo sobre o qual não se fala de forma aberta no mundo moderno, e que passou a ser algo mais escondido. Isso, segundo ele, impede que se descubra o quanto as pessoas são racistas por simples perguntas a respeito do que acham dos negros. Pensar o racismo como uma prática aberta das pessoas impediria de fato de tratar dessa questão em um país como o Brasil, onde as relações raciais não têm uma personalidade clara e aberta. A ideologia racial, diz, está presente mesmo sem um reconhecimento formal de relações raciais no Brasil. Ele alega que em algumas situações, como no Brasil contemporâneo, interesses sociais têm prevalência aos interesses raciais, o que pode dificultar a mobilização de movimentos antirracismo.[27]

Foi somente em 2003, cerca de quatro décadas depois dos movimentos pelos direitos civis dos Estados Unidos, e mais de dez anos após o racismo se tornar crime no Brasil, que o governo do país começou a adotar políticas de ação afirmativa.

Nos Estados Unidos, a discussão sobre a reserva de cotas para negros em empregos públicos, contratos e admissão universitária no Brasil foi tratada com destaque pela mídia, que já via como ultrapassada a ideia de que o país era uma democracia racial, mas avaliava a controvérsia gerada pela medida. O presidente Lula era apontado como tendo tomado várias medidas para demonstrar comprometimento com a igualdade racial, incluindo um ministério para isso desde que chegou ao poder.

---

27   BONILLA-SILVA, Eduardo. *White supremacy and racism in the post-civil rights era*. Boulder: Lynne Rienner Publishers, 2001.

O Brasil, "país com a maior população negra fora da África", dava demonstração de que era preciso ter leis para tornar as oportunidades iguais, contrariando o fato de que o país "se orgulhava de ser uma harmoniosa 'democracia racial'". O problema maior, entretanto, voltava à questão de identidade quando o Brasil passava a ter que definir em termos simplificados quem eram os negros, um processo bem complicado. Os críticos da ação do governo atacavam a cópia que o Brasil fazia do modelo americano, onde havia uma definição mais clara das raças. Mas não houve consenso em relação a alternativas a este modelo, e o presidente Lula chegou a ser criticado por defender um critério científico para determinar quem é negro.[28]

Pesquisadores americanos também criticam o fato de o Brasil ter copiado o modelo americano de ação afirmativa, mas sob uma ótica diferente. "Os Estados Unidos não são um bom modelo de justiça racial, pois não fizemos o suficiente. O Brasil precisa ir mais longe", comentou a professora France Twine. "Concordo que não se deve seguir o modelo americano, mas acho que a ação afirmativa é necessária, porém é preciso um procedimento muito mais radical, profundo, uma cirurgia mais radical do que colocar um curativo superficial no problema. É

---

28 "Mais de 300 termos são usados para designar a cor da pele – do crioulo de pele escura ao brancarão de pele clara – e relacionamentos racialmente misturados são mais norma de que exceção. O resultado é que as categorias raciais nunca foram definidas, como ocorreu em países segregados." Até 2003, dos 1,4 milhão de estudantes universitários admitidos no Brasil, apenas 3% se identificavam como negros e 18% eram originários de escolas públicas. Esta questão aparece no debate a respeito da quantidade de negros no Brasil segundo o Censo. A contagem de 2000 mostra que 45% da população se dizia negra ou parda, "uma vasta e deliberadamente vaga designação que pode servir tanto para as pessoas de raça mista quanto para os descendentes de índios". ROHTER, Larry. Racial Quotas in Brazil Touch Off Fierce Debate. *New York Times*, 5 de abril de 2003.

preciso um programa muito mais amplo que tente abordar também as desigualdades de classe, oferecendo educação, moradia, saúde para todas as pessoas excluídas da sociedade."

G. Reginald Daniel, ao contrário, defende que a ação afirmativa é uma ferramenta poderosa para oferecer oportunidades a pessoas que no passado foram excluídas por questões de discriminação racial e não tiveram a chance de ser tão competitivas quanto o resto da sociedade. Como ferramenta, diz, faz muito sentido, e pode ser usada em questões tanto de gênero quanto de raça. "Muitas sociedades não querem reconhecer isso, pois não querem reconhecer uma história de discriminação. O problema é fazer as pessoas reconhecerem que existe desigualdade racial e saber o que fazer de forma afirmativa para quebrar este ciclo. É uma ferramenta importante e não precisa ser a única."

Na hora de implementar essas ações no Brasil, entretanto, a questão das categorias raciais voltam a atrapalhar na concepção dos programas. No Brasil, dizem pesquisadores, é quase impossível ter uma definição clara das categorias de quem vai se beneficiar das ações afirmativas. As definições são um problema no Brasil, porque apenas favorecer quem é afrodescendente não é tão relevante, pois há muitos brancos que têm ascendência africana, e que não precisam de ajuda de ações afirmativas, pois há muitas pessoas que não sofreram discriminação. "É verdade que as pessoas com pele mais escura, que têm descendência africana sofrem discriminação, mas é importante saber como determinar se cada pessoa tem a marca física de alguém que sofreu discriminação", explica Daniel. "Sonia Braga poderia ser considerada uma afrodescendente, mas acho que ela nunca sofreu discriminação. Até mesmo Lula e Fernando Henrique Cardoso poderiam falar em descendência africana, mas eles são considerados brancos no Brasil."

Uma ideia, disse, é implementar ações afirmativas com base em classe social, o que acabaria ajudando indiretamente também a resolver questões de raça. "Considerando que a maioria dos negros que sofrem discriminação está na base da escala social, automaticamente mais negros vão ser beneficiados. Isso ia ter impacto com os negros, mas também com brancos que são pobres."

Daniel faz a defesa das políticas de ação afirmativa alegando que, apesar de não ter sofrido com racismo em sua experiência no Brasil, dificilmente teria as mesmas oportunidades pessoais e profissionais que teve por viver nos Estados Unidos. Mesmo tendo a pele escura e uma origem humilde, ele conseguiu se formar na universidade e se tornar um professor respeitado pela academia. "Se tivesse nascido no Brasil, não sei se teria as mesmas oportunidades, e acho possível que não", disse.

O Brasil precisa criar um modelo próprio, diz. "É difícil definir exatamente quem é um negro que sofre discriminação, mas sabemos que há muitos e que é preciso dispor algum tipo de política para que essas pessoas tenham as mesmas oportunidades." Segundo ele, o mais importante até agora é que o Brasil começou a discutir isso.

É o mesmo que diz Barbara Weinstein, da NYU. Para ela, mesmo que a ação afirmativa não seja perfeita, algo precisa ser feito no Brasil para mudar o perfil ainda branco e excludente das universidades do país. "A forma ideal de mudar isso seria investir em escolas melhores no ensino básico, mas o fato é que isso demora e no curto prazo é mais fácil usar o que chamam de 'cotas', por mais que não goste da palavra, pois não acho que precise ser tão rígido. Acredito que o correto seria aumentar o número de vagas nas universidades, para que a inclusão não seja equivalente à exclusão de outros."

Segundo Jerry Dávila, as questões de raça e classe são inseparáveis. Isso complica muito a questão, pois é difícil debater soluções para um problema com tantas faces. Isso permite que alguns digam que o problema é só racial e outros digam que ele não tem nada de racial. Se se tem uma experiência de discriminação racial, essa desigualdade vai se notar socioeconomicamente na área de educação, na área de meio ambiente. "Alguém que é negro no Brasil tem muito mais chances de estar em condições de pobreza, mas também insalutares, do ponto de vista de acesso à água potável, por exemplo. Ou seja, as discriminações colaboram para marginalizar ainda mais as pessoas à margem da sociedade. Tudo se acumula."

Avanços e retrocessos

A chegada dos "filhos de 69", como o presidente Barack Obama, à elite política e econômica dos Estados Unidos na virada da primeira década do século XXI, comemorada como um efeito das ações afirmativas, não resolveu os problemas de racismo, discriminação e segregação do país. Quatro décadas depois dos movimentos de direitos civis nos Estados Unidos, muitos pesquisadores interpretam a situação americana como ainda problemática, enquanto o Brasil parece ter avançado bem mais, ainda que tenha iniciado suas políticas antirracismo bem mais tarde. Ter um presidente negro não muda muita coisa na percepção das pessoas comuns, segundo Twine. O que se viu, diz, foi até um aumento no sentimento de supremacia branca entre os conservadores e os republicanos. "Desde que fiz minha pesquisa, há dez anos, as coisas mudaram no Brasil e nos Estados Unidos. O Brasil é um exemplo de integração maior e os brasileiros estão debatendo ações afirmativas, caminhando para frente, passando leis para melhorar as relações raciais, enquanto aqui temos que lutar as mesmas lutas de 40 anos atrás novamente. O Brasil parece estar se encaminhando para uma situação ainda melhor, enquanto os Estados Unidos estão regredindo".

O Brasil não é perfeito, complementa, mas os Estados Unidos não conseguiram realizar os sonhos dos movimentos de direitos civis dos anos 1960 e 1970. "Neste contexto, o Brasil tem uma experiência melhor, que vem avançando nos últimos 10 anos." O Brasil oferece coisas diferentes, dependendo da sua raça, explica, mas um brasileiro branco tem oportunidade de interagir com pessoas de raças diferentes sem ser questionado a respeito dos seus privilégios, enquanto nos Estados Unidos isso gera briga e raiva dos dois lados permanentemente.

Se o Brasil trabalhar seriamente, o país tem uma das melhores chances do mundo de formar uma democracia racial genuína, diz o professor Daniel. "O que está sendo feito agora pode criar problemas, mas é necessário enfrentar a realidade e os problemas para chegar a uma solução nacional própria. Espero que o Brasil consiga manter sua sociedade multirracial, mas deixando de privilegiar as pessoas de pele mais clara."

O debate sobre racismo e ações afirmativas no Brasil empolga muitos dos pesquisadores sobre o tema nos Estados Unidos. Ele é visto como um longo processo que ainda está em andamento, e que ainda está construindo seu próprio modelo. "As medidas de cota que há agora no Brasil são bem diferentes do que vai haver daqui a 15 anos, mas são parte do processo evolutivo no qual acho que faz muito sentido levar em consideração a experiência dos Estados Unidos", disse Jerry Dávila. "A maneira como esses dados estão sendo interpretados no Brasil é bem brasileira. Ele está seguindo o modelo brasileiro de integração nas universidades e no emprego público, que não tem equivalente nos Estados Unidos."

Imigração

Idealização e ceticismo brasuca

Os gringos estão mais eufóricos com a situação do Brasil no cenário internacional do que os próprios "brasucas".[1] Na virada da segunda década do século XXI, os imigrantes brasileiros que

---

[1] O termo muitas vezes é grafado com "z", formando brazuca. Em *Brasil fora de si: experiências de brasileiros em Nova York*, José Carlos Sebe Bom Meihy traça a origem do gentílico e diz encontrar sua fonte em Nova York, e grafada com "s". "O número crescente de brasileiros em Nova York provocou a generalização de um gentílico, brasuca. Foi Gutemberg Moreira – também conhecido por seu Gutte", explica, que vive nos EUA há mais de três décadas quem inventou o personagem para uma tira de histórias em quadrinhos num jornal. Ele conta em depoimento reproduzido no livro: "Quando eu jogava futebol aqui no Central Park, eles me chamavam de brasuca... agora tudo quanto é brasileiro é brasuca. Foi o número crescente de patrícios que provocou a generalização e hoje todo mundo que vem do Brasil é brasuca... (...) eu era o brasileiro do time e como todos eram chamados pelos nomes do país de origem, eu era conhecido como brasileiro ou carioca...' Brasirrrrrero' era difícil de pronunciar; 'carrrrioca' também, então eles começaram a me chamar de 'brasoca', que é uma combinação de brasileiro e carioca. (...) Depois o apelido foi pegando, pegando. Hoje a brasileirada toda de Nova York é conhecida como brasuca... brasuca com 's' e 'u', porque nós mesmos adaptamos do nosso jeito brasileiro." In:

vivem nos Estados Unidos até comemoravam que seu país estivesse "na moda", e muitos deles sentiam o momento como sendo diferente, mais promissor, em comparação às décadas anteriores. O ponto de vista de quem largou tudo para buscar oportunidades melhores nos Estados Unidos acaba sendo animado, mas bem mais cético e cuidadoso. Seja na Flórida, em Boston, em Nova Jersey, na Califórnia ou em Nova York, os brasileiros que organizam as comunidades dos compatriotas imigrantes veem muito claramente que o Brasil se tornou mais relevante para os americanos, mas acham que ainda está longe de poder disputar com os Estados Unidos em termos de oportunidades de trabalho e de qualidade de vida para valer uma aposta no retorno à origem.

Quase 0,5% da população que vive nos Estados Unidos é brasileira. As estimativas sobre o número de pessoas que saíram do Brasil e vivem como imigrantes na "América" variam muito, mas há levantamentos confiáveis que indicam que esse grupo pode ser de até 1,4 milhão de pessoas, quase um por cento de todos os brasileiros.[2] São pessoas que deixaram a pátria de nascimento para buscar reconstruir a vida no país que se proclama "terra das oportunidades" e que acabam compartilhando com os norte-americanos de uma visão externa sobre a realidade do Brasil neste início de século XXI.

A comunidade está espalhada por vários estados e nem sempre é unida, mas costuma assumir um forte sentimento nacionalista brasileiro, acompanhando de perto o desenrolar das notícias de

---

MEIHY, José Carlos Sebe Bom. *Brasil fora de si: experiências de brasileiros em Nova York*. São Paulo: Parábola Editorial, 2004.

2   Levantamento de Álvaro Lima, da prefeitura de Boston, calcula entre 803 mil e 1,4 milhão de brasileiros nos EUA. In: LIMA, Álvaro. *Brasileiros na América*. Boston, Massachusetts, USA/Sindicato dos Editores de Livros, SP, 2009.

política, economia e cultura do país. Eles têm um conhecimento muito maior de que o dos americanos médios sobre a terra natal, mas a saudade costuma fazê-los idealizar o Brasil como "paraíso perdido". Para esse grupo de "brasucas", como o gentílico foi adaptado nos Estados Unidos, o "Brazil" passou a primeira década do século ganhando mais atenção e se destacando internacionalmente, o que aumenta o patriotismo e a saudade. O presidente Luiz Inácio Lula da Silva, com seu perfil carismático, passado operário e um forte trabalho de ampliação da atividade do Itamaraty, ganhava o apoio do grupo. Mas nem sempre a saudade e o maior respeito são suficientes para trazer os emigrados de volta ao Brasil.

Afinal, pode-se dizer que o que importa de verdade para este grupo é a economia, o dinheiro. Foi isso o que os levou a fugir da turbulência brasileira e a abraçar o "sonho americano"; foi ela também que os fez criar bases, por mais que pensassem em voltar ao Brasil; é ela que está na origem da xenofobia americana que dizem sentir, mas que também serve de argumento para defender os imigrantes; e é a economia, em meio a uma crise financeira global que atingiu mais os Estados Unidos do que o Brasil desde 2008, que faz com que o olhar externo de brasileiros no exterior seja de admiração e empolgação, mas com uma ponta de ceticismo de quem conhece as oscilações históricas do país e ainda não se convenceu de que o "Brazil" já se tornou o país do presente.

Terra do consumo

Claro que os brasucas acompanham as notícias do Brasil e têm a sensação de que as coisas estão melhorando no país, explicou Roberto Lima, uma das referências mais relevantes entre brasileiros na Costa Leste dos Estados Unidos. Ele diz que a realidade da economia brasileira, com crise e tudo, ainda não chega perto da americana. "Aqui, o cara trabalha uma ou duas semanas e compra uma televisão, compra um computador. Aqui, o padrão de vida permite consumir. No Brasil, ainda não é tão fácil assim, e vai demorar algum tempo para podermos ver se a economia vai atingir de forma tão positiva a vida das pessoas."

Ele explicou ainda que a maior visibilidade brasileira entre os americanos pode ser muito boa para o Brasil, mas não afeta a situação dos imigrantes brasileiros, vistos apenas como um entre todos os outros estrangeiros que vivem nos Estados Unidos. "O interesse pelo Brasil tem aumentado muito, mas só pelo Brasil 'de lá', não pelos brasileiros daqui, pelos imigrantes. Sim, o Brasil é o nome da moda, mas isso não influi nem contribui para a situação do Brasil daqui, dos imigrantes."[3]

Os Estados Unidos são o principal destino dos brasileiros que saem do Brasil. Segundo dados do Ministério das Relações Exteriores (MRE), o total de imigrantes brasucas em 2009 era de 1,28 milhão de pessoas, quase metade de todos os 3,4 milhões brasileiros que, calcula-se, vivem no exterior, e 50% a mais do que os que se mudaram para a Europa.[4]

Na verdade, é fácil ver que há uma presença dos brasileiros no cotidiano norte-americano de uma ponta a outra do país. Isso

---

3   Lima é diretor do *Brazilian Voice*, um dos maiores jornais da comunidade na Costa Leste dos Estados Unidos, e foi presidente da Associação Brasileira de Imprensa - Internacional (ABI – Inter). Entrevista ao autor em 21 de abril de 2010

4   Ministério das Relações Exteriores. *Brasileiros no Mundo: Estimativas.* 2ª edição, setembro de 2009. Disponível em: http://sistemas.mre.gov.br/kitweb/datafiles/BRMundo/pt-br/file/Brasileiros%20no%20Mundo%202009%20-%20Estimativas%20-%20FINAL.pdf

vai além da introdução da cultura em músicas da MPB que tocam em bares e restaurantes, e passa por uma participação real das pessoas do país no dia a dia das grandes cidades.

Os brasileiros entram cada vez mais na vida dos Estados Unidos, o que ajuda a tornar o Brasil ainda mais conhecido, segundo a professora de relações humanas na Universidade Tulane, de Nova Orleans, Martha K. Huggins. Há mais brasileiros vivendo nos Estados Unidos do que no passado, e mais brasileiros em diferentes setores da economia, inclusive na economia formal, explicou. "Nas grandes cidades americanas, cada vez mais pessoas conhecem brasileiros, o que torna o próprio país mais visível entre os locais."[5]

Isso faz com que o Brasil e os brasileiros tenham um perfil atraente para os americanos. Entre pessoas de 50 dos países mais relevantes do planeta, o Brasil está em 21º lugar na lista de lugares de onde os americanos gostariam de ter um amigo. Por mais que não seja aparentemente uma classificação tão boa, o país está à frente de todas as outras nacionalidades de países em desenvolvimento, perdendo apenas para as nações mais ricas do planeta.[6]

---

5   Martha Huggins é professora de Relações Humanas na Universidade Tulane, de Nova Orleans, pesquisa há mais de três décadas questões relacionadas à violência policial contra movimentos trabalhistas e parcelas mais pobres da sociedade brasileira. É autora de *Polícia e Política: Relações Estados Unidos-América Latina*, livro lançado originalmente em 1998 e que foi publicado também no Brasil, no qual argumenta que os programas norte-americanos de ajuda a polícias no exterior contribuíram para a criação dos estados burocrático-autoritários latino-americanos. Entrevista ao autor em 7 de maio de 2010.

6   Dado do Nation Brands Index 2009. O NBI mede a reputação de 50 países no mundo e desenha o perfil deles de acordo com a percepção internacional. Foram entrevistadas 20.939 pessoas adultas, sendo aproximadamente 1.050 em cada um dos 20 países usados como referência.

Contagem e ilegalidade

O dado do governo brasileiro sobre os emigrados nos Estados Unidos não é exato e muitas vezes chega a ser questionado por comunidades locais de brasucas.[7] José Carlos Sebe Bom Meihy, um dos maiores estudiosos dessa comunidade, dizia, antes de haver o levantamento oficial do Ministério das Relações Exteriores (MRE), que era praticamente impossível assinalar alguma exatidão numérica aos brasileiros nos Estados Unidos. "O principal entrave é a ausência de séria iniciativa oficial que, de duas uma: ou não dá importância ao fato por absoluto descaso; ou segreda as alternativas na tentativa de ocultar um problema que tem a ver com a falta de políticas eficientes para o enfrentamento de dilemas nacionais, principalmente aqueles voltados à abertura de frentes de trabalho no Brasil."[8]

O levantamento de que há 1,28 milhão de brasileiros no país, entretanto, é muito mais realista do que a presença brasileira no Censo oficial dos Estados Unidos, que costuma minimizar a quantidade de imigrantes. A contagem da população estava sendo realizada novamente em 2010. Até então, o dado mais completo, do ano 2000, indicava somente 212.428 brasileiros no país, com uma atualização em pesquisa por amostragem em 2007 elevando para 342.463 imigrantes do Brasil nos Estados Unidos,

---

7 Essas estimativas usam como base consultas às Embaixadas e aos Consulados do Brasil sobre a presença brasileira em suas jurisdições. São levantamentos oficiais, estimativas de organizações não governamentais e pesquisas de mídia. Há também projeções feitas a partir de dados relativos à prestação de serviços consulares, tais como a emissão de passaportes e o registro de atos notariais.

8 MEIHY, José Carlos Sebe Bom. *Brasil fora de si: experiências de brasileiros em Nova York*. São Paulo: Parábola Editorial, 2004.

Brazil, um país do presente 279

menos do que as estimativas para a quantidade de brasileiros vivendo somente na região coberta pelo consulado em Nova York, que chegam a 350 mil pessoas.

O contraste entre os levantamentos estatísticos é causado pelo *status* jurídico dos imigrantes. A maioria dos brasileiros que estão nos Estados Unidos vive em situação irregular, sem visto para morar e trabalhar no país. Segundo levantamento realizado pelo MRE em 2005, menos de 500 mil brasileiros que viviam nos Estados Unidos, cerca de um terço do total, tinham a documentação em dia para estar lá.[9]

O embaixador brasileiro Eduardo Gradilone, diretor do Departamento Consular e de Brasileiros no Exterior, alega que isso gera preocupação para o serviço consular brasileiro e era uma das razões para o então alto número de pessoas do país que tinham visto e entrada negada em países como Estados Unidos e Espanha. Segundo ele, mais de 70% dos brasileiros que viviam no exterior estavam em situação irregular. "Temos quase 100% de regularidade no Japão, mas nos Estados Unidos, onde há mais de 1,3 milhão de brasileiros, a maior parte deles foi ao país, passou do prazo de permanência admitido, engajou-se em atividade de trabalho e não se regularizou."[10]

Por medo de serem deportados, os brasileiros que vivem irregularmente nos Estados Unidos não respondem ao Censo e acabam parecendo ser uma comunidade menos importante do que de fato é para o país. Esta sub-representação do grupo

---

9 BUARQUE, Daniel. Reforma migratória nos EUA deve dificultar vida de brasileiros. *G1*, São Paulo, 2007.

10 Entrevista ao autor em agosto de 2009. BUARQUE, Daniel. Imigração irregular faz aumentar número de brasileiros barrados na Europa. *G1*, São Paulo, 3 de agosto de 2009.

280   Daniel Buarque

fragiliza politicamente os brasileiros imigrantes e faz com que as cidades em que eles vivem muitas vezes não sejam financeiramente estruturadas para oferecer todos os serviços necessários.[11] As estatísticas do Censo dizem que a população dos Estados Unidos ao final de 2009 era de pouco mais de 307 milhões de pessoas. Desse total, quase 10% eram estrangeiros. Pelos dados oficiais do governo norte-americano, há mais de 30 milhões de imigrantes vivendo no país. A comunidade brasuca é apenas a 24ª na lista de grupos estrangeiros, liderada de longe pelos mexicanos, com mais de 11 milhões de imigrantes. Se os Estados Unidos contabilizassem todos os 1,28 milhão de brasileiros (sem corrigir a contagem de outras origens), a comunidade do país seria a 5ª maior, perdendo apenas para México, China, Filipinas e Índia.[12]

---

11   Ao longo do primeiro semestre do ano, o governo fazia uma série de campanhas na TV incentivando a população a participar da contagem, o que muitas vezes é visto com certa suspeita pelos imigrantes e até pelos americanos mais conservadores, por mais que o governo se explique com frequência a respeito do assunto. Toda semana havia uma carta nova na caixa de correios do apartamento em que morei em Nova York cobrando a participação no Censo, e depois disso recebemos a visita de uma representante oficial da contagem, para checar dados e confirmar a nossa presença, mesmo que fôssemos moradores temporários no país. *USA Today*. Gov't offers new assurance Census info is private. Associated Press. 7 de março de 2010.

12   A contagem da população norte-americana, que acontece a cada dez anos, é feita de uma forma diferente da brasileira. Enquanto no Brasil os recenseadores fazem toda a contagem visitando a população de casa em casa, a contagem americana começa a ser feita pelo correio. O Censo envia formulários a todos os endereços e aguarda as respostas, que são registradas. Os recenseadores visitam apenas as casas de quem não respondeu ao formulário. *U.S. Census - United States Foreign-Born Population* Disponível em: http://www.census.gov/population/ www/socdemo/foreign/STP-159-2000tl.html em BUARQUE, Daniel.

Segundo Álvaro Lima, o Censo sempre subestima as populações de baixa renda e os imigrantes, que respondem menos ao questionário. "É preciso um esforço muito grande para que as pessoas respondam ao questionário", explicou Lima. A contagem errada gera um contraste entre os serviços públicos e a demanda por eles nas cidades, porque os recursos do governo norte-americano são distribuídos com base em dados do Censo.[13]

Muitos imigrantes têm medo de responder ao Censo, por mais que o governo faça campanhas mostrando que ele é totalmente anônimo e seguro. A contagem não distingue entre brasileiros com documentação ou sem e oficialmente não gera um risco para a população que vive ilegalmente no país. "As pessoas têm medo, mesmo assim, e por isso é importante a mobilização dos brasileiros, para mostrar que não há risco", dizia Lima, responsável por esse movimento para convencer os brasileiros a serem contados.[14]

Comunidade brasileira nos EUA se mobiliza para participar do censo do país. São Paulo, *G1*, 16 de agosto de 2009.

13 Lima é cientista político brasileiro que vive nos Estados Unidos há mais de 20 anos, conhece a comunidade como poucos e é diretor de pesquisas da Prefeitura de Boston. Ele coordenava parte da contagem populacional na principal região metropolitana do Estado de Massachusetts, um dos locais que mais concentram brasileiros no país, cerca de 330 mil pessoas. Entrevistas ao autor em 13 de agosto 2009, maio e junho de 2010.

14 O departamento oficial que faz a contagem alega que uma lei federal proíbe a divulgação de dados pessoais coletados por 72 anos. Nenhuma agência governamental, nem mesmo o presidente dos Estados Unidos, tem acesso privilegiado aos dados pessoais coletados pelo Censo, e a lei está acima de qualquer mandado judicial e até mesmo do Patriot Act, medida que aumentou o poder do governo e limitou os direitos dos cidadãos após os atentados de 11 de setembro. *U.S. Code Browse - Title 13 - Census.* Disponível em: http://frwebgate. access.gpo.gov/cgi-bin/usc.cgi?ACTION=BROWSE&TITLE=13USCC5

Mesmo assim, enquanto Lima e outros líderes das comunidades se mobilizavam para tornar os brasucas mais visíveis, imigrantes como Fausto da Rocha, diretor do Centro do Imigrante Brasileiro,[15] defendiam o boicote dos compatriotas à contagem da população. "O risco para o imigrante ilegal é muito grande, porque a participação no Censo pode se voltar contra ele", disse, em entrevista, explicando que seu grupo fazia oposição à contagem da população por achar que, com o procedimento, os imigrantes estariam ajudando o governo a combater a eles mesmos. Sua percepção era de que uma alocação de verbas do governo federal para a região em que os imigrantes vivem serviria para que o governo local passasse a reprimir com mais força a imigração irregular. "Não podemos assumir o risco de colocar nosso nome em formulários do governo. É extremamente arriscado. É colocar as armas nas mãos deles para que nos prendam. O Censo faz uma série de perguntas que servem como armadilha para encontrar os brasileiros que estão em situação ilegal. No momento em que o imigrante não responder ao Censo, ele vai enfraquecer politicamente o Estado, o que pode sensibilizar os políticos locais."[16]

Esses argumentos se propagavam entre brasileiros em situação irregular, e os grupos mais sérios em defesa de uma comunidade mais visível se diziam frustrados com a perspectiva de os brasucas aparecerem sem destaque mais uma vez, adiando a conquista de políticas governamentais para melhorar a vida dessas pessoas.

---

15   Organização Não Governamental de apoio aos imigrantes brasileiros na região de Boston, onde está uma das maiores concentrações de 'brasucas'.

16   Entrevista ao autor em agosto de 2009.

Brazil, um país do presente   283

Mudança de perfil

O mais desanimado com a perspectiva do Censo americano para os imigrantes brasileiros era Edilberto Mendes, organizador do Brazilian Day e principal referência entre os imigrantes em Nova York.[17] Mendes temia o boicote, mas estava ainda mais preocupado com a mudança geral do perfil do brasileiro em Nova York, que ele dizia ter sido grande na última década. "O Censo americano vai ser um desastre, vai mostrar um número muito insignificante de brasileiros aqui em Nova York", disse. Segundo ele, a comunidade não cresceu desde a última contagem, em 2000. Ela mudou totalmente, e não só na cidade mais cosmopolita do país. "Não sabemos se as pessoas voltaram para o Brasil, se saíram daqui. A comunidade em todo o país ficou no ar, sem base sólida. Não sabemos onde há mais brasileiros hoje, pois a situação mudou aqui, mudou em Boston, mudou na Flórida." Segundo ele, os brasileiros circulam mais hoje em dia, então o fato de eles não estarem em Nova York não deixa claro se eles voltaram de vez para o Brasil, ou se foram "dar um tempo" no país. "Não sabemos. O mundo hoje é mais fácil e acabou o mistério do passado do que era vir para a América, morar em Nova York."

Esta característica de circulação na maior cidade dos Estados Unidos não é nova, e já tinha sido descrita por Meihy em 2004. "A grande maioria dos brasileiros acha mesmo que não existe uma 'comunidade brasileira' em Nova York", já dizia, anos antes do desânimo de Mendes com o Censo de 2010.[18] Entre um e

---

17   Brazilian Day é uma festa que reúne mais de um milhão de pessoas em 25 quarteirões de Manhattan e realizada há mais de duas décadas.

18   O livro de Meihy é o resultado de uma longa pesquisa feita pelo historiador da USP pouco antes da virada do século XXI, quando realizou mais

outro, entretanto, a presença brasileira em Nova York passou por uma mudança visual, e a rua 46, historicamente conhecida como a "pequena Brasil", deixou de ter a enorme quantidade de serviços voltados a brasileiros, contando apenas com dois ou três restaurantes e mais uma ou outra agência de viagens.[19]

O pesquisador diz que se sente tímido para fazer afirmações a respeito de uma comunidade tão variada como a de Nova York. Ele reiterou que os brasileiros que vivem nos Estados Unidos têm sido equivocadamente percebidos como invisíveis, ou mencionados por estarem "em trânsito", e os brasileiros imigrantes acabam tendo dificuldades em compreender suas origens. "As mudanças dos transportes nas viagens refletem também as motivações delas e nisso atua também a duração da permanência fora. Se voltar, retornar ao ponto de origem, antes era uma realidade quase impossível, hoje não é mais. Até pelo contrário, ficou tão

---

de 700 entrevistas com esses brasucas de Nova York a fim de desenhar seu perfil. MEIHY, José Carlos Sebe Bom. *Brasil fora de si: experiências de brasileiros em Nova York.* São Paulo: Parábola Editorial, 2004.

19   Meihy conta que os brasileiros criaram uma versão própria para a história de Nova York, adaptando a história da chegada de imigrantes europeus (holandeses) que passaram antes pelo Brasil e que, expulsos em 1624 de Pernambuco, teriam fundado Nova Amsterdam, que depois de tornaria Nova York. "Muito mais que mentira, exagero ou imaginação, a transmissão oral de um certo passado nova-iorquino atende à formulação de uma base capaz de amparar a presença brasileira na Grande Maçã." Segundo ele, não para, porém, por aí a apropriação histórica de Nova York, e também podem ser citadas passagens como a simpatia dos inconfidentes mineiros pela independência americana, ou a admiração de dom Pedro II pelo país, e até mesmo a imagem de Carmem Miranda, "equivalente a uma 'reconquista' de Nova York".

fácil regressar que devemos supor em cada caso de emigração espontânea o sentido absoluto de ser, realmente, emigrante", diz.[20]

Xenofobia e dinheiro

A discussão relativa ao Censo americano faz parte de um amplo e permanente debate na política dos Estados Unidos a respeito do *status* dos mais de 30 milhões de imigrantes que vivem no país. Demonizados por grupos mais conservadores da direita, os estrangeiros que vivem irregularmente são apelidados de "*aliens* ilegais" e costumam ser alvos de tratamento xenófobo.[21]

Pesquisadores como Meihy já se debruçaram sobre esta questão do tratamento hostil por parte das nações escolhidas por imigrantes. Ele alega que o xenofobismo acompanha como sombra insistente todos os processos emigratórios modernos. A rejeição aos que vêm "de fora" é tão velha como a inveja e o despeito, diz, por mais que não haja mais espaço para esse tipo de pensamento. "É importante saber que não vamos mais para um país para invadir, povoar, dominar. Não. Mesmo parecendo óbvio, é importante repetir isso, pois os argumentos favoráveis à emigração são pouco explorados. Hoje a emigração permite combinar interesses pessoais, particulares, com as necessidades dos estados hospedeiros. Entre um e outro interesse existem leis e regras de funcionamento das sociedades locais que precisam ser assumidas."

---

20 Meihy é historiador da USP e autor dos livros *O Estado dos Emigrantes: O 28º Estado Brasileiro um Mercado de US$ 60 Bilhões*, além de *O Brasil fora de si* e *A Colônia dos Brasilianistas*. Entrevista ao autor em 8 de janeiro de 2010.

21 *New York Times*. Immigration and emigration, 4 de maio de 2010.

286   Daniel Buarque

Meihy explica que, nos Estados Unidos, há antecedentes culturais dos quais seus cidadãos se orgulham historicamente, como a ideia de se vender como "terra da oportunidade" ou dos "direitos iguais". Os Estados Unidos, em suma, foram construídos com a mão imigrante, mas acabaram se voltando contra ela, segundo ele, devido justamente à intensificação das levas emigratórias. "Os emigrantes passaram a ser vistos como concorrentes ou enxeridos, e isso provoca ciúme e zelo de nacionais que se veem ameaçados."

Além da importância histórica dos imigrantes para a construção dos Estados Unidos enquanto superpotência global, pesquisadores de geopolítica colocam a necessidade de atrair mais imigrantes como uma das preocupações fundamentais do país para o futuro. George Friedman, especialista em geopolítica, dedica uma grande parte do seu trabalho ao futuro da discussão sobre imigração nos Estados Unidos. Ele considera os dados relativos à demografia americana para alertar para a necessidade de atrair imigrantes. O fato mais importante do século XXI, para ele, vai ser o fim da explosão populacional.[22] "Todo o sistema de produção vai mudar. A mudança forçará o mundo a uma maior dependência de tecnologia", diz. Hoje, segundo ele, "países desenvolvidos veem o problema de como manter os imigrantes fora. Mais tarde, na primeira metade do século, o problema vai ser convencê-los eles a virem".[23]

---

22   "Em 2050, países industrializados e avançados vão estar perdendo população a taxas dramáticas. Em 2100, até o país menos desenvolvido vai ter alcançado taxas de natalidade que vão estabilizar suas populações", diz.

23   FRIEDMAN, George. *The Next 100 Years: A forecast for the 21st century*. New York: Doubleday, 2009. 256 págs.

Brazil, um país do presente 287

Friedman falou sobre as possíveis mudanças na lei americana de imigração por causa da falta de trabalhadores, que vão ser "importados", e como isso vai se refletir no Brasil. O problema, diz, é que essa mudança vai ocorrer na época em que o Brasil estará crescendo e vai precisar manter seus próprios trabalhadores. "Vai ser interessante ver qual será a política de emigração do Brasil, pois os trabalhadores atraídos para os Estados Unidos serão os mesmos de que o Brasil vai precisar, e isso vai gerar uma tensão internacional", disse. Hoje é fácil dizer que é melhor para os brasileiros irem para os Estados Unidos, mas no futuro, com o crescimento do Brasil, "não podemos saber se vai ser melhor", explicou.[24]

Até o ano de 2010, entretanto, essa realidade ainda não era encarada de forma direta por Washington e a política de imigração norte-americana. Para os brasileiros que vivem a xenofobia do país, os Estados Unidos são inóspitos a imigrantes.

Depois de mais de 20 anos de experiência como liderança entre os brasucas da Flórida, o jornalista baiano Carlos Borges disse que o sentimento anti-imigrante nesta virada de década é o mais forte de todos os tempos, e isso tem inibido uma solução legislativa mais rápida voltada à imigração. Borges diz que a mídia conservadora culpa o imigrante por tudo. "Os caras culpam

---

24 Fundador e diretor da Stratfor, empresa privada de inteligência e previsão em geopolítica global e economia, Friedman escreveu quatro livros sobre estes temas e é reconhecido como especialista em segurança nacional norte-americana e inteligência de guerra. Sua obra mais recente, *Os próximos 100 anos*, publicada em 2009 e que se tornou uma das mais vendidas na lista do "New York Times", usa uma análise detalhada da história do mundo para fazer uma previsão do futuro. Mesmo admitindo logo no começo do livro "não ter uma bola de cristal", ele diz que seu método é o de "entender o passado e antecipar o futuro". Entrevista ao autor em 5 de março de 2010.

os imigrantes pelo desemprego. Para evitar apontar as verdadeiras culpas embutidas na falência de alguns aspectos do capitalismo americano, a direita e o conservadorismo criaram um processo de demonização do imigrante."[25]

Apontados como os vilões da sociedade norte-americana em meio à crise financeira global da virada da década, os 30 milhões de imigrantes que vivem no país, entretanto, têm um efeito positivo para a economia dos Estados Unidos, e ainda mais essencial para a economia dos países de onde saíram. Meihy mostra que os imigrantes brasileiros em todo o mundo geram em conjunto uma renda superior a US$ 60 bilhões e remetem ao Brasil mais de US$ 7 bilhões todos os anos, de forma pulverizada, com uma média próxima aos US$ 450 por remessa.[26]

Álvaro Lima, da Prefeitura de Boston, diz que a discussão para saber se esses imigrantes tiram do país mais do que produzem é "boba", pois os imigrantes brasileiros têm um papel positivo grande na economia americana, mesmo em meio à crise financeira global iniciada em 2008. "Como a mão de obra dos Estados Unidos atualmente é formada em grande parte de imigrantes, o país não tem um custo de criar e aposentar tantos trabalhadores. Quando o imigrante chega com o ensino secundário completo, a capacidade que a escola secundária deu para a força de trabalho foi paga pela sociedade brasileira. É uma transferência direta de recursos do país mais pobre para o mais rico."

---

25 Borges é diretor de uma empresa de consultoria de marketing e produção de eventos especializada há mais de 20 anos no mercado brasileiro e de língua portuguesa nos Estados Unidos. Entrevista ao autor em 21 de abril de 2010.

26 MEIHY, José Carlos Sebe; BELLINO, Ricardo R. *O Estado dos Emigrantes: O 28º Estado Brasileiro um Mercado de US$ 60 Bilhões*. Rio de Janeiro: Elsevier, 2008.

"O brasileiro imigrante tem um nível de educação e de produtividade mais alta do que os outros imigrantes. É uma imigração, em geral, de pessoas de classe média, de cidades e regiões de médio porte, como Governador Valadares. É diferente da imigração mexicana, por exemplo, que é rural, saindo do campo mexicano para o campo norte-americano", explicou.

Ele explica que os gastos de consumidores e empresários brasileiros geram 628 mil empregos nos Estados Unidos, e acabam se transformando em US$ 58 bilhões de contribuição ao Produto Interno Bruto do país e US$ 7,5 bilhões de impostos pagos por brasileiros. Longe da família e da terra natal, entre 60% e 70% desses brasileiros nos Estados Unidos remetem dinheiro ao país de origem em um valor total de US$ 2,7 bilhões por ano, em remessas de US$ 300 a US$ 400 por mês.[27]

Segundo o levantamento estatístico de Lima, os brasileiros imigrantes nos Estados Unidos que são trabalhadores de tempo integral ganham em média US$ 31.571 (por ano, equivalente a mais de US$ 2,6 mil por mês). O valor é mais baixo do que os US$ 40.476 que ganham em média os trabalhadores nascidos nos

---

27 Lima foi vice-presidente e diretor de pesquisas da Initiative for a Competitive Inner City (ICIC), de Harvard, diretor de Desenvolvimento Econômico da Urban Edge, em Boston. Foi ainda chefe do Departamento de Desenvolvimento Econômico do Ministerio da Indústria e Energia de Moçambique. O livro dele traz dados coletados em uma série de pesquisas realizadas por ele próprio ao longo de muitos anos, além de números oficiais do governo dos Estados Unidos. Lima retrata o mais completo perfil da comunidade brasileira imigrante no país, apontando desde o estado de onde saíram no Brasil, a idade, o sexo, o nível educacional, a proficiência em inglês, a profissão, a remuneração e as remessas de dinheiro que essas pessoas mandam para a família que ficou no país de origem. LIMA, Álvaro. *Brasileiros na América*. Boston, Massachusetts, USA/Sindicato dos Editores de Livros, SP, 2009

Estados Unidos, mas é uma perspectiva melhor do que a de muitos desses imigrantes, se tivessem continuado no Brasil.

Diáspora brasileira

Essa é a principal causa de emigração do Brasil aos Estados Unidos. Historicamente, brasileiros deixam seu país natal e se mudam para nações mais ricas em busca de melhores oportunidades de trabalho e tentando construir uma vida economicamente mais confortável. Por mais que haja registros anteriores isolados de ondas de imigração de brasileiros nos Estados Unidos, incluindo a incipiente comunidade de mineiros em "Little Brazil", em Midtown de Manhattan, estudiosos do assunto indicam que o fluxo começou a se intensificar de verdade somente com o golpe militar de 1964, e a princípio por razões políticas. A ditadura abriu espaço para que exilados políticos, por mais que tivessem discordância ideológica com o capitalismo americano, passassem a ir aos Estados Unidos em busca de trabalho e situação de segurança pessoal e familiar. Desde então, a economia passou a dominar a responsabilidade pela emigração de brasileiros, o que, segundo Meihy, é um problema político e econômico brasileiro, já que o país não consegue segurar toda a sua população oferecendo oportunidades. "Estamos exportando hoje brasileiros porque não temos uma política de ingresso de emprego saudável aqui."

O "milagre econômico" dos anos 1970 produziu uma primeira geração de brasileiros que logo foram reconhecidos como "brasucas", relata Meihy, alegando que se tratava de um comércio que surgia para atender quase exclusivamente a viajantes e imigrantes compatriotas. Mas a feição dos brasileiros que se consolidaram nos Estados Unidos tem uma marca mais recente. A imigração maciça é "filha do Plano Collor", apontado reiteradas vezes como o maior responsável pela evasão de brasileiros rumo aos Estados Unidos.

Teresa Sales trata dos fenômenos econômicos que levaram à migração de brasileiros que vivem nos Estados Unidos. Segundo ela, boa parte da migração começou mesmo com as turbulências econômicas no Brasil nos anos 1980, a chamada "década perdida", mas reitera a força motora do início dos anos 1990. "Em minhas diversas pesquisas de campo nos Estados Unidos (desde 1990 até 2005), os brasileiros imigrantes referiam-se frequentemente à decepção com o Brasil da inflação, do confisco da poupança de Collor de Mello, como motor da migração."[28]

Talvez a principal responsável por este plano econômico lançado nacionalmente no Brasil no início de 1990, a então ministra da Fazenda Zélia Cardoso de Mello, curiosamente, se tornou, ela própria, uma "brasuca", imigrante vivendo em Nova York desde meados dos anos 2000. A ex-ministra explicou que ajuda investidores americanos a colocarem dinheiro no mercado brasileiro, e fez coro com as opiniões de que o Brasil é moda nos Estados Unidos. "Há um otimismo muito grande em relação ao país. Todo mundo acha que ele está indo muito bem, que os indicadores econômicos estão ótimos, e eu concordo com esse

---

28 Teresa Sales é presidente do Centro Josué de Castro e professora aposentada pela Unicamp. Ela fez uma pesquisa sobre as relações entre a economia brasileira e os fluxos emigratórios. Morou no país para fazer pesquisas e publicou o livro *Brasileiros longe de casa* em 1999, além do artigo "Ongs brasileiras em Boston", em 2006. Seu texto é indicado pela página do Ministério das Relações Exteriores, relacionado à apresentação da pesquisadora na I Conferência das Comunidades Brasileiras no Exterior. SALES, Teresa. *Brasileiros nos Estados Unidos*. I Conferência das Comunidades Brasileiras no Exterior. Julho de 2008.

otimismo. Minha impressão é de que tem toda a razão para continuar assim por algum tempo."[29]

Lima indica, entretanto, que a tendência de "diáspora" iniciada com o Plano Collor se manteve por mais de uma década, fortalecendo o fluxo de imigrantes rumo aos Estados Unidos na primeira década do século XXI, independentemente das dificuldades que seriam geradas para esta imigração a partir de 2001. Ele diz que apenas 8,8% dos brasileiros que viviam no país na época da pesquisa tinham chegado aos Estados Unidos antes de 1980. Igualmente modesto é o percentual de pessoas que chegaram entre 1980 e 1989, que atinge 11%. Na década seguinte, a taxa triplica, e 30% dos imigrantes que viviam no país em 2009 chegaram aos Estados Unidos entre 1990 e 1999.[30]

Segundo Meihy, a emigração de brasileiros para os Estados Unidos não tem sido um processo sincrônico, linear, dirigido ou mesmo programado por acordos e apoiado por instituições. "A espontaneidade do fluxo precisa ser entendida como senha para explicações complexas sobre esse fenômeno."

Apesar disso, Meihy menciona que a imigração começou a ocorrer bem antes do que o que se pensa. "Já em 1930, por exemplo, Monteiro Lobato escreveu um texto para o Brasil em que dizia brincando 'por favor mandem um navio vir buscar os brasileiros' em Nova York, porque já tinha muitos", relata. Esse

---

29 Entrevista ao autor em 20 de abril de 2010.

30 O maior contingente de imigrantes, entretanto, chegaria mesmo entre 2000 e 2007, totalizando 50,2% dos brasileiros vivendo nos Estados Unidos. Esta estatística não chega a negar os levantamentos anteriores, que mencionavam a relevância do governo Collor para a diáspora. O fato de a proporção de chegada quase triplicar deixa isso bem claro, indicando que ali se rompeu uma barreira de imigração, que continuou crescendo na década seguinte, mesmo que não tenha voltado a dobrar de tamanho.

fenômeno de 1930 pode ser explicado pelo New Deal, com a recuperação da economia dos Estados Unidos depois do *crash* da Bolsa de Valores de 1929, quando houve um fluxo de atração grande. O fluxo se repetiu no começo da década de 1970, com o milagre econômico, com a Disney em 1973 na Flórida, que começa a haver um mercado de atração para os brasileiros. "Os que vão nessas primeiras levas são brasileiros de classe média e alta que falavam inglês, tinham dinheiro e que instalam os primeiros negócios produtivos, como envio de dinheiro, organização do turismo e forma receptáculos de brasileiros, criando uma infraestrutura básica que atendia o Brasil, Com isso, eles acabam reinventando escolas de samba, as feijoadas. Muitos brasileiros dizem que começam a gostar de samba depois que se mudam para os Estados Unidos. No Brasil eles à vezes não prestavam a atenção, ou tinham outro estilo de vida, mas lá se organizam em churrascos no fim de semana e acabam aprendendo alguma coisa", contou Meihy.

Efeito 11 de Setembro

O fluxo de brasileiros rumo aos Estados Unidos continuou ocorrendo de forma intensa ao longo dos primeiros anos do século atual, mas a imigração se tornou muito mais difícil desde que terroristas realizaram o pior atentado de todos os tempos contra os Estados Unidos, em 11 de setembro de 2001. A partir do momento em que os Estados Unidos foram atingidos em seu território, em um ataque violento que deixou cerca de 3 mil mortos, a relação do país com os imigrantes sofreu um forte revés. Todos os brasileiros que vivem há mais de duas décadas nos Estados Unidos dizem que a situação se tornou mais difícil, a repressão à irregularidade migratória ficou mais violenta e o controle na entrada do país, muito mais rigoroso.

Segundo Meihy, os atentados e a mudança política e cultural que marcaram o país desde então alteraram o próprio perfil dos brasileiros imigrantes. Foi a repressão que fez os brasileiros se afastarem dos principais centros urbanos, onde o controle dos departamentos de imigração costumava ser muito mais sério. No lugar de Nova York e Boston, onde havia grandes comunidades brasileiras, eles preferiram se espalhar por pequenas cidades do país e até por Estados onde não costumava haver brasileiros antes. Esta pode até ser uma das justificativas para o declínio na presença brasileira na rua 46 de Nova York, e para a dissolução da comunidade local, que tanto preocupa Edilberto Mendes.

Se já havia tratamento xenófobo nos Estados Unidos, ele se tornou mais forte depois do 11 de Setembro, e a perseguição foi vivida pelo diretor do jornal brasileiro de Newark. O mineiro Roberto Lima, que já vive nos Estados Unidos há quase 30 anos e é reconhecido até pelo governo local de Nova Jersey por sua liderança entre os brasucas, chegou a ser detido pela polícia em 2007. Lima contou que havia mandado um fotógrafo fazer imagens para o jornal, e que ele encontrou um corpo e chamou a polícia, que acabou pedindo os documentos de imigração dele. Lima discutiu com os policiais para defender o fotógrafo como não sendo suspeito de nada, foi proibido de publicar as imagens e levado para a delegacia.[31]

---

31   O caso ganhou repercussão na imprensa americana e Lima processou a polícia por violação do seu direito à liberdade de expressão. "A história cresceu tanto que fui à capital encontrar a procuradora de Justiça", contou. Segundo ele, o caso serviu para que o Estado repensasse a lei, que a lei estava sendo interpretada de forma errada, o que mudou a abordagem do governo.

Brazil, um país do presente   295

O preconceito e o tratamento hostil para imigrantes, entretanto, é genérico e não há uma perseguição específica contra os brasileiros. Nenhuma das pessoas que servem como referência para os brasileiros nos Estados Unidos mencionou qualquer tipo de preconceito contra brasileiros, e dizem, pelo contrário, que o grupo é muito bem recebido, quando reconhecido.

Em regiões como o "Meio-Oeste" dos Estados Unidos, onde há uma mentalidade menos cosmopolita e mais pessoas de pensamento conservador e tradicionalista, ser brasileiro pode até ajudar a abrir portas, como aconteceu para a publicitária sul-mato-grossense Elizabeth Taylor. Casada com um americano, ela se mudou para Kansas City, um lugar amplamente desconhecido e alvo de preconceito entre os próprios americanos, mas não sofreu por ser brasileira. "As pessoas conhecem e admiram nossa cultura. Meu sotaque abrasileirado do inglês me ajudou a derrubar barreiras por aqui", contou. A região do Kansas tem cerca de 5 mil brasileiros e se tornou refúgio de muitos imigrantes irregulares saídos de lugares mais hostis, como o Arizona. Uma semana antes da entrevista, sete brasileiros haviam sido mandados embora do estado. Isso não parece incomodar tanto a comunidade, segundo ela. "Tem brasileiro vivendo por aqui há 50 anos, e fazemos muitos encontros dessa comunidade".[32]

Lima confirma as dificuldades de imigração após o 11 de Setembro e mostra que os imigrantes chegados a partir de 2000 têm mais dificuldade em se naturalizar estadunidenses. Quase 9 de cada 10 imigrantes naturalizados chegaram ao país antes de 2000. E o próprio processo para conseguir um visto para viajar legalmente aos Estados Unidos se tornou muito mais complexo e

---

32   Entrevista ao autor em 26 de maio de 2010.

trabalhoso desde então, com uma maior preocupação norte-americana não só com o terrorismo, mas com a própria presença de imigrantes ilegais.[33]

Crise e volta

A situação dos imigrantes que se sentem perseguidos pioraria ainda mais menos de uma década depois, desde 2008, quando o país começou a sofrer com problemas em sua economia que acabariam culminando com a crise financeira global. Dessa vez, a crise atingiu os Estados Unidos, mas teve um impacto muito diferente – menor – na economia brasileira.

---

33   Em 2009, depois de mais uma tentativa frustrada de um atentado terrorista a um avião que voava da Europa para os Estados Unidos, na noite de Natal, o presidente Barack Obama anunciou mais uma série de medidas que seriam tomadas para assegurar que nada do tipo pudesse voltar a acontecer. A lista de países considerados "suspeitos", cujos cidadãos passariam por um controle mais rígido para poderem viajar, cresceu, e o procedimento para permitir a entrada de pessoas nos aviões seria aprimorado As medidas tinham pouco impacto direto sobre a situação dos brasileiros que viajam para os Estados Unidos. O Brasil não estava na lista de países "suspeitos" e continuava sendo visto como origem livre de terrorismo. A declaração geral do Departamento de Estado dos Estados Unidos era de que o controle era benéfico a todas as pessoas, pois aumentaria a segurança – argumento um tanto simplista, que não levava em conta os problemas para as pessoas inocentes de países considerados alvos e que teriam mais dificuldades para viajar. Em resposta ao questionamento sobre o possível aumento nas dificuldades para os viajantes brasileiros, o consulado do país em São Paulo não deixava claro se haveria algum problema. A resposta dizia apenas que, como membro da comunidade internacional, o Brasil tinha tanta responsabilidade, e interesse, em combater o terrorismo quanto qualquer outro país, e por isso deveria se envolver nos novos procedimentos e não se incomodar com as mudanças.

Imigrantes brasileiros assistiram à falência de cidades inteiras dos Estados Unidos, viram riquezas sumirem e a população americana se desesperar com a crise, enquanto, de longe, viam o Brasil se manter se pé, sem sofrer de forma tão profunda com a desaceleração econômica. Parecia que os papéis haviam se invertido, o que tornou os brasileiros ainda mais nacionalistas e saudosos do país. A partir daí e até 2010, quando os números da economia de todo o mundo pareciam começar a se recuperar, um pequeno fluxo contrário foi observado, com brasileiros voltando ao Brasil em busca de mais oportunidades.

Não existe um dado confiável a respeito do número de brasileiros que tomou o sentido contrário da imigração, voltando ao Brasil. Segundo Carlos Borges, da Flórida, há levantamentos que falam até mesmo em 300 mil imigrantes retornados, o equivalente a um quinto do grupo total, aproximadamente. "O retorno de uma grande quantidade de brasileiros está diretamente relacionado com a verdadeira melhoria de condições de vida e oportunidades no Brasil. Isso é indiscutível. Os brasileiros que estão aqui têm claramente essa percepção de que o Brasil está bem. O retorno de muita gente é absolutamente compreensível, porque a motivação de mais de 90% dos imigrantes brasileiros é financeira. As pessoas só saem do Brasil em busca de uma condição financeira melhor, de preferência temporária, para fazer um pé de meia ou juntar dinheiro e voltar ao Brasil", disse.[34]

Segundo ele, o maior problema era a falta de trabalho. "Então, o indivíduo vem e já enfrenta a adversidade do idioma que ele não fala, da cultura que não entende, da falta da família, e uma série de pressões contra ele. A única coisa que justifica

---

34   Entrevista ao autor em 21 de abril de 2010.

enfrentar isso é o dinheiro, o emprego, o trabalho. Quando não há trabalho e a perspectiva de legalização se torna cada vez mais difícil, o sujeito não tem mais razão para ficar aqui." Mesmo que o Brasil não tivesse melhorado a economia e as oportunidades de uma maneira aparentemente tão grande, com o povo mais animado com uma energia de que o país está indo bem, haveria motivo para muita gente voltar, diz.

Além disso, segundo ele, a repressão intensificada contra imigrantes só tem piorado, e a vida dos brasucas tem se tornado mais difícil a cada dia. Isso podia ser percebido claramente no primeiro semestre de 2010 com a aprovação de uma dura lei anti-imigração no estado do Arizona, que tornava crime ser imigrante ilegal nos Estados Unidos.[35] As lideranças de comunidades grandes dos Estados Unidos disseram desconhecer um grupo brasileiro forte e unido no Arizona. Alguns desses brasucas que vivem legalmente em Phoenix, capital do Estado, disseram ter medo de se encaixarem no "perfil racial" das pessoas que vão ser vistas como suspeitas de serem imigrantes ilegais. Eles alegaram perceber uma movimentação crescente de brasileiros ilegais que deixavam o Arizona assim que a lei foi aprovada.[36]

O diretor do jornal brasileiro de Newark minimizou o dado de brasucas retornados mencionado por Borges. Para Roberto Lima, cerca de 100 mil pessoas devem ter voltado ao Brasil ao longo da crise econômica dos Estados Unidos, pensando ter novas oportunidades no próprio país. Segundo ele, inclusive, muitos

---

35 ARCHIBOLD, Randal C. Arizona Enacts Stringent Law on Immigration. *The New York Times*, 23 de abril de 2010.

36 JUSTE, Marília. Brasileiros no Arizona já se previnem para cumprir nova lei de imigração. *G1*. São Paulo, 8 de maio de 2010.

dos brasileiros que voltaram se arrependeram, e agora tinham uma grande dificuldade de voltar à "terra das oportunidades".

Meihy também se diz cético em relação ao aumento de retornos de brasileiros como sendo o fim de um fluxo de imigrantes rumo aos Estados Unidos. "Mesmo que alguns artigos recentes anunciem o 'fim do sonho americano', garante-se que o processo é irreversível, e as práticas conseguidas assinalam a existência de uma cultura da emigração", diz.

Edilberto Mendes, do *Brazilian Day*, diz que a questão dos brasileiros nos Estados Unidos no mundo contemporâneo mudou de parâmetros em relação ao que existia no passado. No lugar da mudança com cara de definitiva, das pessoas que deixavam a vida em um país para abraçar a de outro, o que existe na imigração do século XXI é um fluxo de viagens muito maior, com pessoas que "passam um tempo" nos Estados Unidos ou no Brasil, em substituição à ideia de mudança definitiva. "Não tenho dados sobre gente que já deixou os EUA para voltar ao Brasil. Vi muitos casos de pessoas que foram dar um tempo lá [no Brasil], mas que não se desfizeram da vida aqui. Hoje o fluxo é mais fácil, mais pessoas vêm e vão, então não sei se podemos falar em números de brasileiros que largaram a vida de imigrante para voltar ao Brasil", comentou.[37]

A observação dele reitera uma característica apontada por Meihy como sendo típica da mentalidade ligada à imigração à brasileira. Bem antes de a economia e a tecnologia permitirem um intenso fluxo maior entre um e outro país, Meihy já percebia que os brasileiros tinham esta característica de não romperem definitivamente com o Brasil. "O que caracteriza o brasileiro

---

37   Entrevista ao autor em 21 de abril de 2010.

emigrante, de um modo geral, é que ele não deixa de ser brasileiro e mantém vínculos preciosos com o Brasil", diz. Não se trata de uma opção, mas de uma cultura histórica que exige que o imigrante encare a mudança como temporária. "O senso do provisório, efêmero, temporário é um dos fatores mais constantes da experiência 'brasuca'. 'Dar um tempo' é um jeito brasileiro de continuar a brasilidade."[38] O grupo de pessoas que vai do Brasil para os Estados Unidos quase sempre tem perspectiva de voltar, explicou. A perspectiva, entretanto, não se realiza para cerca de 78% desses imigrantes, que acabam com uma permanência de pelo menos cinco anos.[39] Ainda que muitos brasileiros se sintam "de passagem", diz o estudioso, fica claro que os compromissos familiares e profissionais que assumem e os vínculos econômicos caracterizam um processo imigratório de "feições irreversíveis".

O organizador do *Brazilian Day* alega que a volta ao Brasil é a perspectiva de todos os brasucas. "Todo mundo gostaria de voltar para o Brasil. Digo que 99,9% dos brasileiros daqui queriam estar no Brasil. Nós não somos imigrantes, só estamos imigrantes. Saímos do Brasil, mas o Brasil não sai de nós. Não conseguimos cortar os laços, nem queremos. Todo mundo quer voltar. Nós vemos as propagandas de que o Brasil mudou e que está maravilhoso, mas a maioria sabe que isso não é verdade de forma simples assim. Quem ainda não voltou, está aqui porque sabe que o Brasil não melhorou tanto assim, e que ainda não tem estrutura."

Sem discordar da ideia de que a volta ao Brasil é o objetivo de todos os imigrantes, Roberto Lima, que edita o jornal brasuca de Newark, lembra que cerca de dois terços dos imigrantes brasileiros

---

38   MEIHY, José Carlos Sebe; BELLINO, Ricardo R. *O Estado dos Emigrantes: o 28º estado brasileiro, um mercado de US$ 60 bilhões*. Rio de Janeiro: Elsevier, 2008.

39   Entrevista ao autor em 8 de janeiro de 2010.

vive nos Estados Unidos sem autorização legal para isso, e que esta característica limita a liberdade de ir e vir das pessoas e as deixa mais presas ou aos Estados Unidos, ou ao Brasil sem poder voltar aos Estados Unidos. "Somente os imigrantes documentados têm essa facilidade de ir e vir, de dar um tempo entre o Brasil e os Estados Unidos. Quem não tem visto para estar aqui não sai, pois sabe que não pode voltar. Hoje é muito mais difícil entrar ilegalmente de que no passado. Desde o 11 de Setembro, a situação mudou completamente, e quem sair não volta mais. A vida de quem está sem documentação em dia é um inferno, e só tem piorado. Antes era um paraíso. Ninguém pedia documento, ninguém perguntava nada."

Álvaro Lima, representante dos brasucas de Boston, rejeita os dados exagerados sobre retorno de imigrantes por conta da crise financeira e da recessão nos Estados Unidos. Segundo ele, o número real de retornos deve ser cerca de 10% do que se fala, ou seja, até 30 mil pessoas, o equivalente a 2% de toda a comunidade. Lima contou ter feito levantamentos informais a respeito da mudança no perfil da comunidade por causa da crise. Segundo ele, é verdade que as pessoas que trabalhavam na construção civil foram atingidas, e foram as principais a voltar para o Brasil, mas o que ele viu acontecer de verdade foi uma migração interna de brasileiros nos Estados Unidos, que buscaram oportunidades em outros estados em que o ramo ainda estava ativo, semelhante ao que aconteceu depois do furacão Katrina, quando cerca de 5 mil brasileiros de todo o país se mudaram para Nova Orleans para ajudar na reconstrução da cidade e encontrar oportunidades de trabalho.

A principal percepção dele em relação ao suposto encolhimento no numero de brasileiros é de que o fluxo quase se interrompeu. "Não está chegando mais ninguém", contou, em 2010. É verdade que o desenvolvimento da economia do Brasil já torna menos pessoas desesperadas por oportunidades no exterior. Por causa do maior cerco do departamento de imigração nas fronteiras, tem sido mais difícil entrar ilegalmente nos Estados Unidos pelo México. E mesmo a emissão de vistos e a organização para que a pessoa entre como turista e fique indeterminadamente tem sido mais controlada. "Tenho frequentado eventos de brasileiros, conversado com as igrejas que costumam receber novos imigrantes, e não há novas pessoas se juntando à comunidade", disse.

Os brasileiros que vivem nos Estados Unidos até veem com algum otimismo o crescimento econômico do Brasil. O problema é que a ideia de Brasil real de cada imigrante é mais restrita e equivalente ao que ele conhece. No caso dos brasileiros que vivem na região de Boston, por exemplo, advindos especialmente do interior de Minas Gerais, o Brasil deles é especificamente Governador Valadares e outras cidades como ela. Eles até veem que o país está crescendo, mas recebem notícias diretamente de conhecidos que permaneceram no Brasil e ficam sabendo que a situação no caso de volta não é tão fácil para trabalhar e ganhar dinheiro.

Lima chegou a fazer um pequeno estudo sobre isso e aplicou um questionário nas ruas de Governador Valadares. Mesmo sem pretensão estatística formal, descobriu que quase 90% das pessoas entrevistadas aleatoriamente nas ruas tinham um conhecido na região de Boston e teriam como conseguir um emprego nos Estados Unidos. Estas mesmas pessoas não tinham conhecidos em outras partes do país, e menos de 10% conseguiria arrumar trabalho em alguma região mais desenvolvida do Brasil, como São Paulo, por exemplo. Para os brasileiros do interior de Minas, Boston é uma realidade mais próxima do que São Paulo, e o

Brasil que eles conhecem de fato e precisam considerar ao decidir voltar é a cidade de onde saíram.

Além disso, um dos principais problemas dos brasileiros que retornam a sua cidade de origem após anos juntando dinheiro nos Estados Unidos é a falta de estrutura para organizar algum serviço lucrativo, explicou. Ele contou que um brasileiro que havia juntado cerca de US$ 30 mil e voltado a Governador Valadares abriu uma lavanderia de estilo americano – em que os próprios clientes lavam as roupas em máquinas reunidas em um salão. O projeto não deu certo, pois culturalmente a população local não se adaptou à ideia, e o imigrante retornado perdeu quase tudo o que tinha.[40]

Microcosmo do país 'perfeito'

Segundo Meihy, o fluxo de brasucas mineiros já se esgotou, e neste início de século XXI quem vai aos Estados Unidos são goianos, capixabas, sul-mato-grossenses. "Estados não industrializados tendem a exportar mais brasileiros. E há áreas de ocupação para esses grupos." Além disso, diz, Boston, Orlando e Nova

---

40 Governador Valadares era historicamente a cidade brasileira de onde mais brasucas saíram, o que rendeu o apelido de Governador Valadólares. E o diretor do jornal brasileiro de Newark disse ter conversado com os políticos locais para que eles oferecessem apoio psicológico para os retornados, além de ajudar no remanejamento de pessoas e de trabalhos, para ajudar a incorporar e orientar as pessoas que estão voltando, ajudar a investir. Mais de 10% dos brasileiros que se mudaram para os Estados Unidos saíram de Minas Gerais, seguido de longe por pessoas de São Paulo, Paraná, Santa Catarina e Goiás, segundo o trabalho estatístico organizado por Alberto Lima, de Boston. Esses imigrantes têm em média 35,8 anos e estão quase na mesma proporção de homens e mulheres. Um quarto desses brasileiros se naturalizaram estadunidenses, a mesma proporção de imigrantes brasucas que falam bem o idioma inglês.

York já estavam saturadas de imigrantes brasileiros, e foi preciso buscar outras alternativas. "Foi quando cidades como Santa Fé, Memphis e Atlanta se tornaram o novo modelo. Vai havendo alguma evolução estratégica nessas áreas."

Álvaro Lima indica que os Estados de Massachusetts e Flórida são os dois principais destinos dos brasileiros no país, totalizando 44% dos imigrantes e sendo seguidos por Nova Jersey (10%), Califórnia (9%) e Nova York (7%).[41] Este dado deixa explícita uma característica da imigração brasileira no país, que forma bolsões, guetos, microcosmos de Brasil dentro de cidades americanas, como explicou Roberto Lima, mineiro que dirige o jornal *Brazilian Voice*.[42]

"O brasileiro fica em gueto. Há brasileiros que vivem aqui há 20 anos e não falam inglês, não veem um musical da Broadway, não vão a um show de rock. Ele vai ver Zezé di Camargo e Luciano em um restaurante brasileiro, vai ver Ivete Sangalo em um bar brasileiro. Ele vai ver os nomes da moda do Brasil dentro da colônia brasileira aqui mesmo", explicou. De fato, o primeiro semestre de 2010 foi um momento em que facilmente se percebia a oferta de artistas populares do Brasil se apresentando para plateias majoritariamente brasucas. Nesse período, apresentaram-se em Manhattan nomes como Gilberto Gil, Caetano Veloso e, especialmente, Roberto Carlos, que tocou duas noites no Radio City Music Hall com ingressos

---

41   Buarque, Daniel. Imigrante brasileiro é muito produtivo e ajuda economia dos EUA, diz estudo. *G1*. São Paulo, 10 de agosto de 2009.

42   Entrevista ao autor em 5 de maio de 2010.

Brazil, um país do presente   305

esgotados desde meses antes, cantando em português e em espanhol para um público claramente imigrante.[43]

Na Flórida, o diretor de rádio Raul de Barros, o "Tremendão", contou que sua vida é como se ele ainda estivesse no Brasil, e que é possível passar dias inteiros sem ter de usar uma palavra em inglês. Sob um forte calor, ele acorda, fala português com todas as pessoas com quem convive, come comida típica brasileira, passeia por shoppings onde as lojas são voltadas para os imigrantes do Brasil, transmite programas de rádio que tratam de temas brasileiros e são ouvidos por seus compatriotas, e toca uma lista de canções da MPB. "É como se estivesse na Bahia, mas com muito mais conforto de que conseguiria lá", resume o diretor da rádio Pompano Beach, que ganhou o apelido por ter tocado na banda que acompanhava Erasmo Carlos, o "Tremendão" da Jovem Guarda, e conta que deixou Vitória (ES) e se mudou para os Estados Unidos nos anos 1980, por medo da violência.[44]

Esta vida em guetos brasileiros dentro de cidades americanas pode ser uma das justificativas para o fato de que 8% dos imigrantes brasileiros no país, cerca de 112 mil pessoas, não falam nada do idioma "oficial" dos Estados Unidos, segundo o levantamento de Álvaro Lima. Em Newark, por exemplo, caminhar pela rua Ferry dá a sensação de ser transportado para o Brasil a menos de 40 minutos de trem do centro de Nova York. Quase

---

43   "Brasileiros e colombianos 'rezavam' juntos, de pé, mesmo durante os mais de cinco minutos nos quais o cantor largou o microfone para distribuir as célebres rosas brancas e vermelhas à plateia mais próxima." FIBE, Cristina. Roberto é reverenciado em Nova York. *Folha de S. Paulo*, 19 de abril de 2010. Ilustrada.

44   BUARQUE, Daniel. Imigrantes fazem vida em cidade da Flórida parecer com a do Brasil. *G1*. São Paulo, 6 de junho de 2009.

todos os serviços e lojas dessa parte da cidade são em português e voltados a brasileiros, e caminhar na rua permite até mesmo ouvir as pessoas conversando com uma mistura de sotaques do Brasil. Newark é um pequeno Brasil dolarizado, disse Roberto Lima. "Temos TV brasileira, temos novela, temos jornais, temos tudo em português." É algo que já foi possível ver até mesmo dentro de Manhattan, numa época em que a rua 46 era, de fato, a Little Brazil, como as placas dela avisam até hoje.

Além de muitos brasileiros não aprenderem nem aplicarem o idioma dos Estados Unidos no cotidiano que vivem no país, mesmo os que conhecem o inglês costumam misturá-lo ao português, criando um dialeto próprio, cruzando palavras e formulando vocábulos em um "discurso brasuca", segundo Meihy. É fácil perceber isso ao conversar com brasileiros que completam algum tempo de vida nos Estados Unidos. Uma das pessoas que fazia mais esta mistura era Vera Magalhães, pernambucana que trabalhava como faxineira em Nova Orleans. Quando falava, Magalhães usava termos consagrados desse discurso, como "papel" em referência a documentos, "aplicação" para registro, além de palavras em inglês usadas no meio de frases em português.[45]

Essas e outras palavras de idioma cruzado foram estudadas por Kátia Maria Santos Mota, que diz que a escolha do idioma em cada situação comunicativa assumia um "ato de identidade". Segundo ela, há uma valorização do sotaque inglês entre os brasucas, em substituição aos sotaques regionais de origem dentro do Brasil. Sua pesquisa alega que boa parte dessa mistura acontece de forma natural, incorporado dentro do vocabulário profissional. "A circulação entre as duas línguas ocorre de forma

---

45 BUARQUE, Daniel. Reconstrução pós-furacão Katrina atraiu 5.000 brasileiros a Nova Orleans. *G1*, Nova Orleans, 28 de outubro de 2008.

Brazil, um país do presente   307

aleatória, surge como uma estratégia complementar de busca de significantes que, automaticamente, em uma ou outra língua se articulam melhor ao significado pretendido. Caracterizam, assim, o uso metafórico da alternância de códigos através de expressões pré-formuladas, do tipo dar um help/ajudar, anyway/de qualquer jeito, guess what! /adivinhe!, you know/você sabe, my God!/meu Deus! que são mais facilmente apreendidas devido, provavelmente, à alta frequência de uso pelos falantes nativos."[46]

Essas comunidades brasileiras revelam perfis bem diferentes entre si, e muitas vezes têm suas características determinadas por perfis socioeconômicos, origem, razão pelas quais as pessoas emigraram. Miami, por exemplo, tem uma quantidade enorme de brasileiros de classe média e média alta, que não existe da mesma forma em nenhum lugar. Nova York, Los Angeles e Orlando têm bolsões de classe média e alta, mas nada que chegue perto da região de Miami. Meihy alega que essa composição de comunidades brasileiras que funcionam como guetos se dá por uma questão cultural. Segundo ele, os brasileiros ainda não se aceitam como imigrantes. Há uma resistência baseada na ideia de que o Brasil é um país que recebe imigrantes, e psicologicamente isso traz uma responsabilidade muito culposa nos brasileiros, pois eles se sentem traindo este "paraíso tropical, o sol, o calor, a comida, o samba, o futebol, a gente boa, aquela coisa toda". Os brasileiros emigrados reconstroem sua identidade com base nesses mitos, e isso acaba complicando o processo de imigração e integração com

---

46   Kátia Mota publicou uma artigo sobre o assunto no periódico do mestrado em Estudos da Liguagem da Universidade Federal do Mato Grosso. Ela fez um estudo etnográfico com famílias brasileiras em Massachusetts. MOTA, Kátia Maria Santos. Português Brasuca: um dialeto emergente. *Polifonia*. Cuiabá, EdUFMT, v. 13, p. 23-44, 2007.

a nova terra. O não conhecimento da língua inglesa é um fator agregador, e há também a força de outros polos de atração, como as igrejas que celebram cultos em língua portuguesa. Além disso, o brasileiro não gosta de ser visto como hispânico ou latino, que é a designação mais comum e oficial. "Temos uma certa resistência, nos sentimos diferenciados do resto da América Latina."

A composição desses grupos com base nessa idealização das coisas do Brasil deixadas para trás criam uma das características mais interessantes e diferenciadas do brasileiro, que é o nacionalismo à distância. O brasileiro imigrante assume uma mentalidade saudosa que idealiza a realidade brasileira, assumindo especialmente os clichês de brasilidade para reiterar sua identidade nacional.

O brasileiro que está fora do país já é naturalmente mais patriota por causa da saudade, da sensibilidade, explicou Carlos Borges. As pessoas se tornam mais frágeis porque estão fora do seu ambiente e se sentem muito mais tocadas pelos símbolos nacionais. "Sou de uma geração em que patriotismo brasileiro era visto como uma coisa cafona, então no Brasil a demonstração de patriotismo é mais limitada. Aqui ele relaxa e solta o nacionalismo."

Este sentimento é abertamente explorado por Edilberto Mendes na organização do maior evento brasileiro fora do Brasil, o Brazilian Day de Nova York. Mendes contou que um dos momentos mais importantes do evento anual criado nos anos 1980 é a hora em que o hino brasileiro é tocado, deixando 1,5 milhão de pessoas emocionadas e até chorando ali no meio de Manhattan.

O patriotismo exacerbado, diz Roberto Lima, se dá porque brasileiro nos Estados Unidos vive um saudosismo, "talvez por não terem acesso à cultura brasileira, ou por falta de dinheiro, e

Brazil, um país do presente 309

acabam valorizando ainda mais a cultura do Brasil e tentando vivê-la como conseguem". O brasileiro inventa um país que não existe. Cria uma fantasia desse Brasil gentil cheio de praias, comentou Meihy. É um estereótipo semelhante ao que os norte-americanos têm do Brasil, mas criado pelos próprios brasileiros e que assume outro sentido, fugindo do exotismo que está na interpretação norte-americana dos clichês. Para os brasileiros, o sentido é de invenção de uma realidade que eles mesmos não conhecem. E isso aparece calaramente no que Meihy chama de fator "mas", em que as frases são construídas de forma a mostrar que: "o Brasil é ótimo, formidável, cheio de comida gostosa etc., 'MAS' tive que sair porque não tinha emprego". Psicologicamente, cria-se uma espécie de ponte explicativa entre as virtudes do país e o fato de ter saído.

Comunicação 'interna'

Quem acaba ajudando nessa reconstrução psicológica do Brasil visto de fora são os veículos de comunicação destinados ao público brasuca. Junto com a onda histórica de imigrantes que chegaram aos Estados Unidos, formou-se um amplo mercado para jornais e TVs voltadas ao grupo de mais de um milhão de pessoas. Há muitos jornais brasileiros, pois isso faz parte de um processo de afirmação do grupo, explicou Meihy. É comum qualquer grupo estrangeiro ter jornal, mas o que chama a atenção no caso brasileiro é o número. São muitos e há até uma associação que reúne esses jornais. "É muito curioso, porque o que explica isso é o fato de se tratar de um grupo que se integra na sociedade americana muito pouco e muito mal. Isso faz com que haja um espaço de busca de identidade grande, o que se realiza exatamente nos jornais locais."

Em 1989, quando existiam apenas pequenos núcleos de comunidades brasileiras em Nova York, Boston e no sul da Flórida, havia somente quatro jornais de comunidade brasileira nos Estados Unidos, explicou Carlos Borges, cuja empresa de comunicação acompanha o fluxo dos jornais brasileiros. Em 2010, eram pelo menos 60 jornais que satisfaziam a demanda de comunidades com mais de 5 mil brasileiros em 22 estados americanos.

No passado, antes do advento da internet, era mais difícil conseguir informações relacionadas ao Brasil, e isso foi um dos motivos que gerou a necessidade de jornais voltados a esta comunidade. Roberto Lima, do *Brazilian Voice*, me contou que, em 1985, algumas pessoas levaram mais de seis meses para descobrir que Tancredo Neves, eleito presidente do Brasil, havia morrido antes de tomar posse.

O jornal mais antigo em circulação, com quase quatro décadas de atividade e que ainda se pretende o mais importante, é o *Brasilians*, editado mensalmente por Edilberto Mendes, paralelamente à organização do Brazilian Day. Até o início da segunda década do século XXI, entretanto, o *Brasilians* vinha perdendo espaço por não ter acompanhado os desenvolvimentos da tecnologia e ainda não ter página na internet. Segundo Mendes, isso aconteceu de propósito, porque o *Brasilians* é um jornal mais profundo e com mais opinião, buscando comentar as notícias, sem disputar pela exclusividade de novidades. "Nossa proposta é divulgar e promover o Brasil intermediando o contato entre Brasil e Estados Unidos, explicando o Brasil para os americanos e a América para os brasileiros. Os outros jornais noticiam o dia a dia e nós promovemos as artes, a cultura e a imagem do brasileiro. Este é nosso segredo", diz.

O foco desses jornais, com o tempo e o desenvolvimento tecnológico, deixou de ser levar as notícias do Brasil aos imigrantes, mas noticiar o que acontece com a própria comunidade brasuca. Isso, mesmo considerando as notícias de economia e política, que geram uma atenção maior em época de eleição e estavam sendo acompanhadas de perto em 2010, por causa do interesse em descobrir se a tendência de melhoria das condições econômicas do Brasil teria continuidade e, especialmente, pelo fato de o presidente Luiz Inácio Lula da Silva apresentar uma aprovação sem precedentes entre os imigrantes brasileiros.

Política

Entre pesquisadores e acadêmicos norte-americanos pode até haver uma valorização equilibrada entre os oito anos de governo de Fernando Henrique Cardoso e os de Lula. Entre os imigrantes brasucas, entretanto, não há espaço para esse tipo de pensamento. "Nunca houve tanto apoio a um presidente brasileiro pela comunidade dos EUA", decretou de forma enfática Carlos Borges, que conhece bem a comunidade, especialmente na Flórida. "Lula se transformou num fenômeno, e o que ele faz deu certo. Ele fala a língua do povão", disse Edilberto Mendes, e grande parte dos imigrantes é de "povão", operários que trabalham duro e que incorporaram da cultura americana a valorização por casos de excepcionalismo e de carreiras construídas mesmo contra o *status* vigente.

Segundo Borges, "a maioria da composição da comunidade brasileira nos EUA é de operários, de trabalhadores, e essas pessoas se identificam positivamente. A elite dos imigrantes, que não chega a 10% da comunidade, é mais cética e menos alinhada."

Fernando Henrique Cardoso não costuma ser mencionado pelos brasucas, pois muitos saíram do Brasil durante o seu governo, sem confiança de que o Plano Real daria tão certo. Roberto Lima alega que o fato de Lula ser muito bem visto pelos imigrantes se dá "pelo mesmo motivo de ele ser o presidente brasileiro mais bem visto no mundo inteiro, pelo forte trabalho de relações públicas". Internacionalmente, o governo Lula fez uma aproximação maior do Brasil com os brasileiros no exterior, aprimorando e expandindo a atividade de consulados e embaixadas. Nos oito anos de governo foram criadas novas embaixadas e consulados em 36 países, o que acabou estabelecendo um vínculo natural dos brasileiros com o governo do Brasil.[47]

A aproximação poderia até trazer benefícios políticos para o governo, já que os principais líderes da comunidade brasuca calculam que o universo de imigrantes que poderia participar da eleição presidencial chegaria próximo dos 700 mil votos. O Partido dos Trabalhadores, do presidente Lula, até tem uma núcleo de atividades oficial nos Estados Unidos, em que daria prioridades a atender as demandas dos brasileiros no país,[48] a fim também de promover o partido entre eles.

"Nas últimas eleições, nem 30 mil pessoas votaram em todo o país. A obrigatoriedade de votar existe, mas ela não é seguida, então as pessoas entram no clima do voto opcional da política americana e não votam para não perder o dia", disse Carlos Borges. Apesar da identificação com o governo, não tem sido feita uma campanha

---

47 Brasil vai abrir embaixada em Mianmar. *Folha de S.Paulo*, 18 de março de 2010. Disponível em: http://www1.folha.uol.com.br/fsp/mundo/ft1803201010.htm

48 Núcleo do PT nos Estados Unidos elege nova presidência. *Jornal Comunidade News*, 16 de dezembro de 2009.

intensa para aumentar a participação dos brasileiros nas eleições do Brasil. Um dos problemas é o trabalho que imigrantes que vivem em áreas de subúrbios teriam para ir até a cidade em que há representação do TSE para computar os votos. "Queremos incentivar essa participação dos imigrantes, mas normalmente é muito difícil tirar alguém daqui de Newark para ir votar no consulado lá em Nova York", disse Roberto Lima.

Ícones

O Brasil em clichês

Praia, futebol e carnaval. Os três pilares do clichê internacional do Brasil, um país visto nos Estados Unidos como "decorativo, mas não útil",[1] segundo pesquisa realizada pelo grupo que analisa o valor das nações como se fossem marcas. No momento em que o país começa a consolidar-se internacionalmente por conta do sucesso econômico e da maior presença em política externa, é importante observar outros dos símbolos do Brasil nos Estados Unidos, ajudando a formar o complexo mosaico que explica qual a imagem do país pelo olhar norte-americano.

Segundo Randal Johnson, professor do Departamento de Espanhol e Português da Universidade da Califórnia (UCLA), o que ainda há, em termos gerais, é uma visão um tanto estereotipada, carnavalesca, do Brasil. "Os próprios brasileiros, nos eventos que organizam aqui nos Estados Unidos, reforçam estereótipos, mostrando samba, futebol. São coisas que fazem parte da realidade, é

---

[1] Resumo da imagem brasileira nos Estados Unidos, segundo Simon Anholt, criador do Nation Brands Index. Entrevistas ao autor em janeiro de 2010.

verdade, mas só reforçam a imagem de exotismo", disse. Os brasileiros se enquadram em um perfil de pessoas divertidas e legais.[2]

Um bom exemplo dessa imagem colorida e animada é a relevância da atriz luso-brasileira Carmen Miranda, que foi à Broadway nova-iorquina e a Hollywood e vista como "embaixadora do Brasil", com sua imagem caricata cheia de balangandãs. Na mesma linha, a participação de Pelé na liga de futebol dos Estados Unidos foi um reforço para a ligação automática que se faz entre o nome Brasil e a camiseta amarela da seleção do país no esporte.

Há ainda a conexão entre Brasil e sensualidade, reforçada pelas imagens de praias e mulheres de biquíni, pela popularidade de Gisele Bündchen e das cirurgias estéticas. Isso sem contar ainda com a ideia de que o brasileiro é um povo feliz, o que pesquisas contemporâneas mostram que é verdade.

Tomando pelo estudo das comunidades brasileiras nos Estados Unidos, esse tipo de divulgação de clichês muitas vezes acontece porque o próprio brasileiro que mora fora do seu país costuma idealizar a realidade brasileira e incorporar esses estereótipos como parte da sua personalidade, mesmo que ela não estivesse presente antes da imigração. Um símbolo do Brasil para esses imigrantes e para quem vê o Brasil de fora com olhar superficial é a cultura, representada pelas músicas brasileiras que podem ser ouvidas em qualquer lugar dos Estados Unidos, ou pelo cinema e pela literatura que ainda engatinham ao ganhar espaço no mercado bilionário norte-americano.

Em um nível semelhante, mas nem sempre positivo, estão as favelas brasileiras, uma imagem recorrente quando se pensa

---

2 O site da rede de TV CNN publicou um *ranking* das nacionalidades "mais legais" do mundo, e colocou os brasileiros em primeiro lugar. NEILD, Barry. The world's coolest nationalities: Where do you rank. CNN.com, 21 de janeiro de 2011.

em Brasil e que simboliza de uma só vez o caos e a pobreza ainda existente no país.

Alguns ícones do Brasil atualmente, entretanto, são mais modernos e representam um perfil de sucesso contemporâneo do país em política e economia. Se o presidente Luiz Inácio Lula da Silva é reverenciado como um dos líderes mais influentes do mundo, o empresário brasileiro Eike Batista se consolida como símbolo da evolução econômica do país, sendo mencionado ao lado do presidente do Banco Central, Henrique Meirelles, símbolo da seriedade macroeconômica responsável pela estabilidade do país, que se manteve de pé durante a crise financeira internacional.

Em uma nota paralela, vale perceber como os Estados Unidos tratam um ícone brasileiro que eles praticamente desconhecem, para ira nossa. Alberto Santos Dumont, inventor do avião, como se aprende no Brasil, não inventou nada para eles. Por mais que os especialistas em aviação conheçam o trabalho do brasileiro que inventou o 14-Bis, ele é visto como uma grande personalidade, que conseguiu voar com um aparelho mais pesado que o ar, mas que não era um avião.

Os ícones são os símbolos do Brasil pelo clichê, pela imagem simples e superficial que, no fundo, é a imagem que deve ter a maior parte dos americanos que não se debruçam sobre nosso país, nem no passado, nem no presente.

A embaixadora do Brasil

Para os americanos com mais de 40 anos, a atriz, cantora e dançarina nascida em Portugal foi a primeira imagem relacionada ao Brasil a ser incorporada. Carmen Miranda[3] já era conhecida no Brasil quando foi "exportada" para Hollywood, onde fez filmes e apareceu nos meios de comunicação, tornando-se um nome dos mais importantes na indústria de entretenimento dos Estados Unidos. Para os norte-americanos que atingiram a maioridade durante a Segunda Guerra Mundial, explica o historiador James Green, Carmen Miranda personificava o Brasil. "'Embaixadora do Brasil' nos Estados Unidos, ela representava esse país de dimensões continentais como um lugar cheio de gente feliz que se entregava a eternas festas de Carnaval em um Éden sul-americano", diz.[4]

Nos anos 1940, Carmen Miranda foi a artista mais bem paga dos Estados Unidos. Ela participou de 34 trilhas sonoras, atuou em 18 filmes e apareceu como ela mesma em outros 11 filmes, chegando a ganhar uma praça com seu nome bem no centro de Hollywood.[5]

Foi no final da década de 1930 que a já famosa cantora e atriz "brasileira" chegou aos Estados Unidos. O primeiro destino foi Nova York, onde apareceu em musicais da Broadway e foi "descoberta" por produtores de cinema que a levaram para a Califórnia, começando a ganhar destaque no cinema. Nos Estados Unidos,

---

3   Nascida em Marco de Canaveses, em Portugal, em 1909, Carmen Miranda viajou ainda bebê com sua família para o Brasil, passando a morar no Rio de Janeiro, onde começou a carreira no rádio e se tornou, antes do fim da década de 1920, uma estrela em todo o país, gravando discos e aparecendo em filmes nacionais.

4   GREEN, James N. *Apesar de vocês: oposição à ditadura brasileira nos Estados Unidos, 1964-1985*. Trad. S. Duarte. Pref. Carlos Fico. São Paulo: Companhia das Letras, 2009.

5   Segundo uma das principais referências americanas a Carmen Miranda, o Internet Movie Database (IMDb), portal que se propõe principal enciclopédia do cinema internacional na internet.

Carmen Miranda foi apelidada de "granada brasileira" (*brazilian bombshell*), um termo usado para se referir a símbolos sexuais. A cantora morreu em 1955, em Beverly Hills, vítima de um ataque cardíaco. "Quando ela aparecia na tela, a velocidade aumentava", diz a professora Cynthia H. Enloe, do Connecticut College. Segundo ela, Carmen Miranda ficou conhecida por causa do entretenimento, mas também teve importância em uma questão política: "O realinhamento do poder americano no hemisfério ocidental", diz. "Os filmes de Carmen Miranda ajudaram a tornar a América Latina segura para companhias de banana dos Estados Unidos, em uma época em que o imperialismo americano era alvo da crítica regional." É o que a autora chama de meio novo e menos direto para garantir o controle americano da América Latina.[6] Carmen Miranda, diz, foi a contribuição de Hollywood para a política de "boa vizinhança".

A própria Carmen Miranda, segundo Brian O'Neil, se gabava de ter feito mais pela promoção do Brasil do que qualquer outra pessoa. Internamente e do ponto de vista cultural, O'Neil diz que, ao levar o samba, a música pobre e negra, para a elite brasileira, Carmen Miranda teve uma força parecida à que Elvis teve nos Estados Unidos. "Miranda tornou o samba aceitável para as elites urbanas (a maior parte branca), enquanto simultaneamente extendia a reconhecida arte afro-brasileira por toda a nação.[7] "Ao

---

6 ENLOE, Cynthia H. *Bananas, beaches and bases: making feminist sense of international politics*. California: University of California Press, 1990.

7 O'Neil, Brian. The High Price of Fame and Bananas. In: RUÍZ, Vicki; KORROL, Virginia Sánchez. *Latina legacies: identity, biography, and community*. New York: Oxford University Press, 2005.

chegar em Nova York em 17 de maio de 1939, Miranda e sua banda criaram uma explosão midiática instantânea", diz.[8]

"Carmen Miranda é um fenômeno para os estudos cinematográficos", explicou Carmen Nava, historiadora da Universidade da Califórnia em San Marcos. "Sou fascinada por ela, por sua individualidade, pela sua criatividade, sua ética de trabalho", explicou a pesquisadora. "Como pesquisadora de relações de gênero, fico impressionada com a originalidade do que ela criou no Brasil."

Segundo ela, muitos americanos jovens hoje não sabem quem foi Carmen Miranda, "mas as pessoas da minha geração, acima dos 40 anos, sabem. A imagem dela continua viva e forte". Em geral, explica, as pessoas nos Estados Unidos sabem quem ela foi, a reconhecem e têm uma imagem dela na cabeça, que associam à América Latina, mas não necessariamente fazem a associação direta com o Brasil. "Essas pessoas respondem ao *script* de Hollywood, pois ela não foi apresentada na mídia americana como representação do Brasil, mas genericamente como latina. É isso que quero mudar com minha pesquisa, deixando claro que ela surgiu no Brasil e que era um caso excepcional para ajudar a entender a realidade do Brasil na época", disse.[9]

---

8   Em 1939, o produtor da Broadway Lee Shubert viajou ao Rio e observou pessoalmente a estrela "da música, do palco e do cinema brasileiro". Ele estava buscando novas apresentações para competir na Feira Mundial de Nova York. Shubert imediatamente ofereceu a Carmen Miranda um contrato para se apresentar em seu musical de verão "The Streets of Paris".

9   Carmen Nava foi editora do livro *Brazil in the Making: Facets of Brazilian National Identity* (*Brasil em formação: facetas da identidade nacional brasileira* – publicado no Brasil como *Brasil: uma identidade em construção*), lançado em 2006 e para o qual escreveu um capítulo sobre as escolas públicas brasileiras entre 1937 e 1945 como formadora dos cidadãos brasileiros do século XX. Ela pesquisa questões de nacionalismo e identidade nacional, e

Brazil, um país do presente   321

O desconhecido pai da aviação

Todo brasileiro aprende desde cedo que foi um compatriota, Alberto Santos Dumont, quem inventou o avião, com seu projeto original do 14-Bis. Os brasileiros aprendem também que o mérito dessa invenção é contestado internacionalmente, especialmente nos Estados Unidos, onde se defende que a invenção do avião ocorreu naquele país, pelos irmãos Wright. Isso gera bastante briga, torcida irracional e disputa, e raramente alguém vai ao cerne da discussão.[10]

O centenário do voo do 14-Bis, em 2006, foi celebrado no Brasil com grande festa, lançamento de selo comemorativo pelos Correios, moeda especial pelo Banco Central, apresentação

---

estuda as relações de gênero no Brasil. Entrevista ao autor em 20 de abril de 2010.

10   Santos Dumont é chamado de pai da aviação por ter feito o primeiro voo público e registrado com "autopropulsão" em objeto mais pesado que o ar, chamado 14-Bis, entre 23 de setembro e 2 de novembro de 1906, em Paris. Assim, o brasileiro Alberto Santos Dumont foi o responsável pelo primeiro voo homologado da história da aviação. Os irmãos americanos Wilbur e Orville Wright pesquisavam a capacidade de voo e alegaram ter inventado o avião mais cedo, entre 1899 e 1905, quando três modelos *flyer* foram testados. Seu primeiro voo motorizado foi feito em 1903, mas o momento-chave desse processo ocorreu em 5 de outubro de 1905, quando o Flyer 3 voou 38 quilômetros em 39 minutos, no que foi considerado o primeiro avião na prática. O governo americano concedeu patente aos Wright, mas europeus e brasileiros defendem a primazia de Santos Dumont, alegando que o voo não teve observadores externos. Em uma enquete realizada pelo G1, o portal de notícias da Rede Globo, em 2006, quando o voo do 14-Bis completava 100 anos, quase 80% das pessoas defendiam o brasileiro como o autor da invenção, e apenas 5% acreditavam no trabalho dos irmãos Wright. Por mais que não tenha valor estatístico, a votação serve como exemplo do que os brasileiros aprendem e acreditam em relação ao avião.

de uma réplica da aeronave e espetáculo da Esquadrilha da Fumaça. Pesquisadores e autoridades políticas deram fortes declarações a respeito do trabalho do compatriota, ignorando mesmo a polêmica envolvendo os irmãos americanos que voaram três anos antes, em 1903.[11] Mesmo sendo amplamente ignorado nos Estados Unidos, dentro da área de estudos da história da aviação Santos Dumont é visto como uma pessoa importante nos projetos de desenvolvimento de tecnologias de voo pelo mundo. Segundo Paul Hoffman, por exemplo, o brasileiro merece um lugar muito maior na história internacional, não pelo 14-Bis, mas sim porque ele foi o primeiro a provar que era possível voar ao contornar a Torre Eiffel em um balão dirigível, em 1901.[12]

O mesmo tipo de análise, que aceita os méritos do brasileiro, mas não admite que ele tenha inventado o avião, é feita por Jay Spenser, que foi curador do Museu Nacional do Ar e Espaço e do Museu do Voo, nos Estados Unidos. Segundo ele, as primeiras ideias relacionadas ao que se transformaria no futuro no avião, conforme conhecido no mundo atual, surgiram em Yorkshire, no nordeste da Inglaterra, cem anos antes de a invenção real ganhar os ares. Ele trata dos primórdios das invenções que levaram os homens a voarem, e sempre se refere aos irmãos Wright como "inventores da coisa real" – do avião.

Spenser, entretanto, faz questão de deixar claro que, por mais que a invenção tenha aparecido nos Estados Unidos, não há nada

---

11   Disponível em: http://jornalnacional.globo.com/Telejornais/
     JN/0,,MUL569720-10406,00-AS+HOMENAGENS+BRASILEIRA
     S+AO+VOO+DO+BIS.html

12   HOFFMAN, Paul. *Wings of madness: Alberto Santos-Dumont and the invention of flight*. New York: Theia, 2003.

de puramente "americana" nela, que pode ser considerada parte do "primeiro programa multinacional de aviação". De forma semelhante, ele diz que por mais nacionalismo que possa gerar, o 14-Bis era uma invenção "da cabeça" de Santos Dumont, que morava na França, e também não tinha nenhum elemento que pudesse ser chamado de "brasileiro".[13]

O 14-Bis é descrito por ele como sendo uma invenção estranha e pouco funcional, e Santos Dumont, "um rico brasileiro [que] fez os primeiros voos 'mais-pesados-do-que-o-ar' no final de 1906. Seu 14-Bis, uma aeronave marginal, era altamente incontrolável, mas isso não o incomodava; seu objetivo era simplesmente levá-lo ao ar".[14]

---

13 "O 14-Bis era inteiramente fruto da cabeça de Santos Dumont, um pequeno homem em seus 30 anos cujos límpidos olhos marrons e bigode aparado ganharam os corações franceses. Herdeiro de uma fortuna de café, Santos Dumont tinha o tempo livre e os recursos para mergulhar na sua fascinação de vida por voar. Ele já tinha conquistado um nome para si com pequenos dirigíveis antes de se voltar para experimentos com objetos mais pesados do que o ar em 1906." O pesquisador não se refere ao Brasil ou a nenhum estudo brasileiro que pudesse ter contribuído para que os aviões fossem inventados. Ele trata, entretanto, do trabalho de Santos Dummont, reconhecendo os méritos da invenção dele, mas alegando que, por mais que o brasileiro tenha avançado e sido o primeiro homem a voar em um veículo mais pesado que o ar na Europa, o que ele fez não pode ser considerado a invenção do avião como conhecemos. SPENSER, Jay. *The Airplane: How ideas gave us wings*. Nova York: Harper Collins, 2008.

14 Segundo ele, o problema é que os projetos europeus (incluindo o de Santos Dumont) pensavam o avião como uma carroça que voa, o que imaginava de forma equivocada a forma de controlar a aeronave e pousá-la (eles pensavam que o avião não poderia fazer voltas virando de lado, mas apenas direcionando o bico). Os Wright, por outro lado, entendiam que, como uma bicicleta, o avião precisava virar levemente de lado para dar voltas. Para os trabalhos europeus em busca da invenção do avião, "tudo o que se

324 Daniel Buarque

Para ser qualificado como avião, diz Spenser, uma máquina precisa ser tripulada, movida por motor próprio, ser mais pesada que o ar, capaz de decolar com sua própria força, levantar voo saindo do solo (não apenas planando baixo, levantado por um colchão de ar contra o solo) e ser controlável em todos os três eixos.[15] "Até o final de 1908, apenas o Wright 1903 Flyer e seus descendentes imediatos podiam ser chamados de avião [segundo os conceitos contemporâneos]. Mesmo assim, a confusão sobre a definição desta invenção e o atraso em compreender o que ocorreu na América do Norte levaram a Europa a falsamente declarar a primazia em voos mais pesados de que o ar."

Spenser ironiza até mesmo o *design* do "avião" brasileiro. "O que é engraçado no 14-Bis é que o propulsor ficava na parte de trás, e o que parecia a cauda na verdade era a frente dele. Parado no chão, ele parecia que deveria ir em uma direção, quando Santos Dumont pretendia ir na outra. Este desenho invertido deu à aviação o termo *canard* para uma aeronave em que as asas principais estão na parte de trás, como um pato, ou ganso."

Mesmo com toda a crítica que faz ao 14-Bis e sem aceitar que ele tenha inventado o avião, Spenser rasgou elogios a Santos Dumont, que diz ser "um dos meus preferidos entre os pioneiros da aviação". Se a invenção mais famosa do brasileiro era um "beco sem saída tecnológico", e o 14-Bis não

---

precisava era criar um equipamento inerentemente estável, cujas asas nunca baixassem em nenhum dos dois lados. Depois de levantar o nariz para o ar, seria preciso apenas 'dirigir' ele pelo céu." SPENSER, Jay. *The Airplane: How ideas gave us wings*. Nova York: Harper Collins, 2008.

15   "Se Alberto Santos Dumont não alcançou a descoberta científica, isso é inteiramente perdoável. Ninguém na época tinha ideia completa no lado europeu do Atlântico. Seu 14-Bis levantou voo mais oito vezes, das quais a mais longa foi de 21 segundos."

influenciou ninguém, Santos Dumont não era irrelevante, nem desapareceu da cena da aviação. "Ele voltou a ter destaque em 1909 com a pequena Demoiselle, um dos sucessos mais agradáveis do início da aviação", diz.[16]

O rei e o país do futebol

"Se nós ligássemos para futebol, estaríamos indignados." A frase em tom de piada foi dita no programa noturno do humorista Jimmy Kimmel na TV dos Estados Unidos, e era uma resposta à polêmica de um gol anulado no segundo jogo da seleção do país na Copa do Mundo de 2010, quando o time conseguiria uma virada surpreendente. Por mais engraçado que possa parecer, e por mais que a ideia geral seja de que os americanos não ligam para o futebol jogado com os pés, a participação do time no Mundial da África do Sul mostrou uma situação bem diferente. O futebol atrai cada vez mais atenção nos Estados Unidos e, mais do que mero esporte, tornou-se um símbolo político-cultural da disputa entre democratas e republicanos, liberais e conservadores, pelo poder no país.

Os americanos não odeiam futebol, e isso foi provado pelo fato de que 20 milhões de pessoas no país assistiram pela TV à eliminação da seleção dos Estados Unidos, derrotada por Gana, na Copa. A audiência foi a maior que um jogo de futebol já teve na televisão do país e bateu a quantidade de gente que assistiu ao World Series (o campeonato de beisebol), ao Kentucky Derby

---

16 A Demoiselle foi a primeira aeronave leve do mundo. Spenser foi curador do Museu Nacional do Ar e Espaço e do Museu do Voo (Museum of Flight) e é autor de *The Airplane: How ideas gave us wings* (*O avião: como ideias nos deram asas*). Ele passou a vida pesquisando e escrevendo a respeito da história da aviação no planeta. Entrevista ao autor em 19 de abril de 2010.

(mais tradicional corrida de cavalos do país), à rodada final do torneio Masters de golfe e à prova de Daytona 500, da Nascar. O futebol já é mais popular que alguns dos esportes que são mais comumente associados aos Estados Unidos.[17] E, na hora de pensar em futebol, a camiseta amarela da seleção brasileira e a imagem de Pelé em campo são as associações mais recorrentes do que qualquer outra na cabeça dos norte--americanos. "Mais que qualquer país, o Brasil se expressa no futebol. É a forma como o país é conhecido em todo o mundo", disse Steven D. Stark, advogado que publicou um guia da Copa para os americanos. "Os brasileiros sabem que essa é sua marca para o mundo. Isso está na forma como os jogadores jogam, fazendo com que sejam bem-sucedidos", completou. E ainda citou o trabalho de Gilberto Freyre. "A cultura do carnaval está presente no futebol, que os brasileiros jogam como se dançassem", disse.[18] "O futebol é a primeira coisa que os americanos pensam quando se fala do Brasil", emendou Jamie Trekker, que cobre o esporte para a rede Fox Sports.[19]

---

17   HERTZBERG, Hendrik. The name of the game. *The New Yorker*, 12 de julho de 2010.

18   Stark é advogado e consultor em redação jurídica, foi analista de política e cultura da CNN e da NPR, e escreveu o livro *World Cup 2010: The Indispensable Guide to Soccer and Geopolitics* (*Copa do Mundo 2010: o guia indispensável para futebol e geopolítica*). Entrevista ao autor em 20 de abril de 2010.

19   Nascido na Escócia, Trecker é repórter sênior de futebol da rede de tevê Fox Sports e autor de *Love and Blood: At the World Cup with the Footballers, Fans, and Freaks* (*Amor e sangue: na copa do mundo com jogadores de futebol, torcedores e bizarrices*), livro em que narra a cobertura da Copa do Mundo de 2002 na Coreia e no Japão. Entrevista ao autor em 23 de abril de 2010.

Entre os motivos para o Brasil ter uma imagem tão ligada ao futebol nos Estados Unidos estão não apenas as conquistas da seleção nacional, mas o fato de que seu principal nome na história do esporte deixou uma marca na sociedade americana. "As pessoas sabem da importância do futebol no Brasil, mas especialmente por causa de Pelé. Ele era o jogador mais famoso do mundo e esteve aqui. As pessoas sabem sobre o Brasil por conta dele", disse Stark.[20] Segundo Jamie Trekker, "Pelé é até hoje o jogador mais reconhecido e teve um enorme impacto nos Estados Unidos. Ele provavelmente teve um impacto maior aqui do que no próprio Brasil, e deixou uma forte marca, sendo uma referência até hoje. Isso é uma enorme conquista e foi o brasileiro que teve mais influência nos Estados Unidos."

O pesquisador Gavin Newsham relata o processo pelo qual os americanos conseguiram cortejar e contratar Pelé, que se mudou para os Estados Unidos e por alguns anos foi o nome mais famoso do esporte do país, mais um personagem que atuou com a força de um embaixador informal do Brasil. "Ao lado de Muhammad Ali, Pelé era o esportista mais famoso do mundo. Ele era famoso até mesmo nos Estados Unidos", diz, mencionando que a contratação era uma tentativa de ter uma estrela de peso no campeonato nacional de futebol que tentava se consolidar. Com Pelé, o Cosmos dos anos 1970 virou uma espécie de "Harlem Globetrotters do futebol", diz, em referência ao time de basquete que fazia apresentações em todo o mundo. "Durante dois anos, o time esteve em turnês internacionais, visitou seis

---

20   Pelé foi para o Cosmos, clube de Nova York, em uma transferência milionária em 1975, e ficou no clube até 1977.

continentes e jogou na frente de multidões maiores que as que eram atraídas no país de origem do time."[21]

"Para as pessoas da minha geração, Pelé foi muito importante – talvez o jogador mais importante na história do futebol nos Estados Unidos", disse David Wangerin, americano de Chicago que escreve para revista britânica de futebol *When saturday comes.* "Milhões de americanos tiveram sua primeira experiência de jogo através dele e do New York Cosmos", disse.[22]

O auge da atenção dada ao esporte, com a Copa do Mundo em 2010, foi também o auge dos ataques ao que ele simboliza em termos políticos. O torneio foi o momento mais explorado pelos comentaristas de direita para atacar o esporte, visto como um símbolo do "socialismo" europeu, em oposição ao "capitalismo democrático" dos Estados Unidos, visto por eles no futebol americano. Analistas mais conservadores do país escolheram o futebol como representação do que eles odeiam na política do país – um esporte não americano e que simboliza o que veem como coletivismo, quase socialismo. "Americanos preferem esportes criados em seu país. Gostam de basquete, preferem beisebol a críquete e transformaram o rúgbi inglês em futebol americano", explicou-me o autor do livro *Soccer in a world of football*, David

---

21 NEWSHAM, Gavin. *Once in a Lifetime: The Incredible Story of the New York Cosmos.* New York: Grove Press, 2006.

22 Colaborador da revista britânica de futebol *When saturday comes* (*Quando chegar o sábado*) desde 1988, Wangerin nasceu em Chicago, cresceu em Wisconsin e se mudou para o Reino Unido para ficar mais próximo de uma cultura de futebol. Ele foi treinador de futebol em uma escola americana e escreveu o livro *Soccer in a world of football*, sobre a cultura do esporte nos Estados Unidos e no mundo. Entrevista ao autor em 22 de abril de 2010.

Wangerin, que estudou a cultura do esporte nos Estados Unidos e no mundo.[23]

"Eu odeio tanto, provavelmente porque o resto do mundo gosta tanto dele", proclamava Glenn Beck, um dos nomes mais radicais da direita americana, em seu programa na rede de tevê Fox News. Em contrapartida, a presença do ex-presidente Bill Clinton em jogos da seleção do país na Copa era apontada como uma demonstração do apoio ideológico que os liberais davam ao crescimento do esporte nos Estados Unidos.

O ataque ao futebol é quase como um ataque ao governo Obama.[24] "Talvez na era do presidente Obama, o futebol finalmente se torne popular nos Estados Unidos. Mas suspeito que sociabilizar o gosto americano por esportes vai ser mais difícil do que socializar o sistema de saúde do país", escreveu um colunista do *Washington Post*. "A *soccerphobia* [medo de futebol] da direita é tribalismo fantasiado de nacionalismo", diz Hertzberg. "O futebol pode nunca ser o 'esporte americano', mas os Estados Unidos estão abertos para o futebol."

---

23   O próprio nome usado em referência ao esporte demonstra um tratamento diferenciado dado a ele nos Estados Unidos: *soccer*, em contraposição ao *football* usado no resto do mundo. Jamie Trecker explica que o termo, "ao contrário do que as pessoas pensam, não foi inventado nos Estados Unidos. *Soccer* foi um termo inventado na mesma época em que o próprio termo *football*, no Reino Unido, e era usado para distinguir o esporte do rúgbi, ou chamado de *rugger* por algumas pessoas". Trecker diz que *soccer* é o termo preferido nos EUA e na Ásia, e que, naturalmente, isso ocorre para distinguir esse esporte do futebol americano.

24   A crítica fazia eco com os ataques dos conservadores às políticas do governo do democrata Barack Obama. Eleito em 2008, ele costuma ser atacado pelos analistas mais radicais do Partido Republicano e frequentemente é chamado de "socialista".

O futebol já é o esporte coletivo mais praticado de forma organizada em ligas infantis pelo país, e cerca de cinco milhões de adultos americanos dizem jogar futebol regularmente. Isso faz com que o futebol esteja se tornando um esporte tão norte--americano quanto a pizza italiana ou as batatas fritas belgas (mesmo que chamadas de francesas) são comidas americanas. O problema para o crescimento do esporte está na dificuldade que a mídia americana tem em "mercantilizar" o futebol. "O fluxo contínuo, quase ininterrupto, de ação nega a ele um suprimento estável de intervalos para a propaganda de cervejas e a busca por elas no refrigerador."[25]

Uma característica das mais interessantes em relação ao futebol nos Estados Unidos é o fato de que o esporte passa por uma transformação e acaba sendo visto mais como um esporte feminino de que masculino, bem diferente do perfil que tem no Brasil. A explicação para isso está em uma decisão da Justiça americana, que exigiu que as universidades tivessem investimento semelhante para esportes de homens e de mulheres, quando alguns dos esportes mais populares do país, como o futebol americano e o beisebol, não têm uma versão feminina para os times masculinos. "Há 30 ou 40 anos, uma lei permitiu que as universidades dessem que dar dinheiro para esportes femininos na mesma quantidade que aos masculinos. E isso afetou os esportes, fazendo a participação feminina em esportes crescer, então foi preciso um esporte que aceitasse muita gente, e o futebol era bom para isso", explicou Stark.

---

25 HERTZBERG, Hendrik. The name of the game. *The New Yorker*, 12 de julho de 2010.

Faces do sucesso econômico

O sucesso da economia brasileira no mundo tem duas faces. Uma é séria, compenetrada, respeitada na academia, vista como símbolo da serenidade e da estabilidade; a outra é jovem e bem sucedida, representando um mercado acionário pujante e onde é possível colher frutos muito lucrativos seguindo as regras do sistema. Elas são quase opostas, mas se completam dando ao país um perfil ao mesmo tempo sóbrio e corajoso, capaz de encarar uma aventura sem correr grandes riscos.

O primeiro é o presidente do Banco Central durante o governo Lula, Henrique Meirelles, homem responsável pela "supervisão adulta" da economia e pelo respeito internacional alcançado com a manutenção da estabilidade do país enquanto o mundo afundava na crise financeira internacional do final da primeira década do século XXI. O segundo é o homem mais rico do país, Eike Batista, um empresário bem colocado na lista da revista *Forbes* das maiores fortunas do planeta e grande investidor, que ganha dinheiro com o crescimento e estabilidade do Brasil e ajuda a atrair outros empresários internacionais em busca da riqueza brasileira.

As plataformas em que os dois apareceram com maior destaque nos Estados Unidos em 2010 também simbolizavam as diferenças e a complementaridade entre os dois. Meirelles foi convidado para dar uma palestra na prestigiosa Universidade de Columbia, uma das mais importantes do mundo, onde falaria sobre o sucesso da economia brasileira e as estratégias para manter a estabilidade e sobreviver à crise. Eike foi mais *pop*, e apareceu com destaque na TV, em um canal voltado exclusivamente à economia, em que falou dos seus investimentos bem-sucedidos e recomendou fortemente que os investidores americanos também apostassem no Brasil para se tornarem milionários.

Em um domingo de fevereiro, no *Wall Street Journal Report*, programa de tevê da rede NBC, a apresentadora Maria Bartiromo apresentou: "Bilionário brasileiro defende o investimento em seu país". Na tela, Batista alardeava o desenvolvimento do Brasil, "uma autoestrada para o crescimento. O país vai continuar crescendo de forma rápida e estável", disse.

Eike era apresentado como o "homem mais rico do Brasil", dono de uma fortuna de US$ 7,5 bilhões, e número 61 na lista de bilionários da revista *Forbes*. Além disso, o brasileiro também tem investimentos em ouro, que começou aos 24 anos, conseguindo ganhar US$ 6 milhões no primeiro ano. "Batista diz que vai ultrapassar Bill Gates em cinco anos como o maior bilionário do mundo", anunciava a apresentação dele. Por quase 11 minutos, Eike e a apresentadora conversam sobre o "enorme" crescimento do Brasil.

"Tantas pessoas falam do Brasil como o ponto de crescimento no mundo, além da China, e você está vendo uma enorme quantidade de dinheiro entrando no país. Por que isso acontece?", perguntou Bartiromo. Batista alegou que foram feitos investimentos em infraestrutura no país e defende a ação cautelosa do Banco Central, que teve "supervisão adulta", que fez com que o risco Brasil ficasse baixo.

A apresentadora ressaltou a questão do consumo e lembrou que nos países emergentes "um bilhão de pessoas vão entrar na classe média, e é preciso vender para este bilhão de pessoas", disse. Bartiromo ressaltou o fato de Batista ter deixado de fora a Rússia dos países que têm mercados crescentes. "Estamos acostumados a ouvir falar das nações BRIC, mas elas parecem que estão se tornando nações BIC. Por quê? Problemas com a lei?",

Brazil, um país do presente   333

perguntou. Batista disse que sim, absolutamente. "A jurisdição no Brasil é de primeira classe", afirmou. "Você coloca seu dinheiro lá e sabe que vai poder tirar", complementa a apresentadora.

Esse perfil de um país em que se pode tirar o dinheiro previamente investido foi conquistado antes de Eike Batista aparecer internacionalmente com tanto destaque, e graças em grande parte à "supervisão" de Meirelles, que é visto nos Estados Unidos como o símbolo da segurança da economia brasileira contemporânea, em oposição ao que antes era visto como um mercado caótico e inseguro. Este outro lado é mais sóbrio, e seu destaque está menos em shows televisivos e mais na aclamação acadêmica formal.[26]

Meirelles foi criticado por ter demorado a reduzir os custos de tomar dinheiro emprestado depois da crise de crédito que se aprofundou no final de 2008. O presidente do Banco Central, entretanto, é altamente elogiado por ter sido bem-sucedido ao navegar a maior economia da América Latina através da maior crise financeira em décadas. O Brasil sofreu apenas uma recessão de seis meses antes de uma rápida recuperação, e seu sistema bancário resistiu à crise sem grandes problemas.[27]

Este personagem admirado por sua ação na manutenção da estabilidade brasileira esteve nos Estados Unidos no começo de 2010 para alguns encontros com empresários e nomes

---

26   Meirelles ganhou ainda um perfil mais sério, distribuído na imprensa dos Estados Unidos pela agência de notícias Reuters, que o descreve como o presidente do Banco Central a ficar mais tempo no cargo, conseguindo "conter as pressões sobre os preços com uma política monetária conservadora em um país que por muito tempo sofreu com a hiperinflação". A agência lembra que o presidente do BC tem liberdade de tomar as decisões de política monetária, por mais que não seja totalmente independente.

27   PROFILE-Brazil's Central Bank chief Henrique Meirelles. *Reuters*, 23 de agosto de 2010.

importantes da economia mundial. Mesmo ficando poucos dias, ele reservou um intervalo para ser celebrado pelo mais importante polo universitário da cidade, o campus de Columbia, no norte da ilha de Manhattan, onde fez uma palestra tentando explicar como o país lidou com a crise.

Pouco mais de cem pessoas se reuniram em um auditório no nono andar do prédio de relações internacionais da universidade para ouvir o presidente do Banco Central do Brasil. Nesta plateia havia professores importantes da pesquisa sobre o Brasil e a América Latina, como Guilhermo Calvo e Albert Fishlow, junto com professores, jornalistas e estudantes.

Meirelles foi apresentado em discurso cheio de elogios por Thomas Trebat, diretor do Centro de Estudos do Brasil na universidade norte-americana, que lembrou que o brasileiro bateu o recorde de longevidade no BC, dando credibilidade e estabilidade desde 2003, e listou os feitos e prêmios conquistados por ele, como o título de Homem do Ano da Câmara de Comércio de Nova York. Ele "não era a escolha óbvia de Lula e do PT para o BC, mas acabou sendo uma boa escolha – uma posição que não muitos iam querer assumir, pelos riscos, mas que ele assumiu, o que foi positivo para o país", disse Trebat. "Ele ajudou a guiar o Brasil em um período difícil, em que as coisas poderiam ter piorado, mas não o fizeram."

Meirelles fez sua apresentação inicial por cerca de 45 minutos. Falando em um inglês fluente, apresentou o panorama do Brasil antes, durante e depois da crise financeira global. O ponto principal defendido por ele foi que o Brasil estava mais preparado para lidar com a crise, qualquer crise, e por isso os efeitos da desaceleração da economia global no país tiveram curta duração e foram logo revertidos. Isso porque o Brasil já tinha sofrido tanto com outras instabilidades globais, que havia blindado a economia a muitas das flutuações de outros países. "Problemas da crise foram combatidos pelas reservas, pela saúde do sistema financeiro, pela demanda doméstica", disse.

Beleza brasileira

"Mulheres gostosas de biquíni." O psicanalista Wes Taylor, que conheci em visita a Boston, Massachusetts, nem deixou que fosse terminada a pergunta sobre qual era a imagem que lhe vinha à mente quando pensava no Brasil, ao responder este que é um dos clichês mais fortes sobre o país na mentalidade americana. Logo depois ele riu, disse saber que era um estereótipo, que não era a única coisa do Brasil, mas que, sim, esta era a imagem que a maioria dos americanos iam pensar ao associar ao Brasil. "Biquínis e cirurgias plásticas", completou uma colega dele logo depois, fechando o perfil do país.

Uma interpretação semelhante foi feita por um acadêmico. Depois de uma longa conversa a respeito das relações bilaterais entre Brasil e Estados Unidos, enquanto discorria sobre as interpretações americanas do Brasil, Michael Kryzanek, professor do departamento de Ciência Política da Bridgewater State College, em Massachusetts, caiu dentro do clichê de beleza e sensualidade. "Um dos motivos pelos quais os brasileiros são muito conhecidos aqui no nordeste dos Estados Unidos é pela beleza. É que aqui vive Gisele Bündchen, a modelo, e ela é uma forte referência do Brasil, lembrando o quanto as brasileiras são belas", disse.

Além das mulheres seminuas nas praias e das supermodelos internacionais, o Brasil está muito associado à beleza nos Estados Unidos porque alguns dos tratamentos de beleza mais na moda na virada da primeira década do século XXI tinham o nome de "brasileiros". Por todos os quarteirões de Nova York, por exemplo, sempre que havia um salão de beleza, o gentílico do Brasil era uma das palavras de maior destaque. Fosse por sua "cera", a depilação completa de pelos que é conhecida como *brazilian wax*, ou por seu tratamento para o alisamento de cabelos, o *brazilian keratin*, o Brasil está por todos os lados.

"As brasileiras são ao mesmo tempo tão atraentes e tão legais",[28] disse Martha Frankel, tentando explicar o motivo da relação entre o Brasil e a sensualidade. Autora de *Brazilian Sexy*, uma compilação de ensinamentos da brasileira Janea Padilha, uma das mais famosas esteticistas de Nova York, para ter uma vida mais "sensual", Frankel explicou que sua ideia central é de que o segredo das brasileiras está na autoconfiança, na cabeça aberta, em contraposição ao conservadorismo das americanas.[29] Janea é brasileira e montou com suas seis irmãs o salão de bele-

---

28 Trocadilho com *hot* e *cool*, quente e frio, em inglês.

29 Frankel contou que conheceu Janea porque sua editora foi ao salão de beleza das brasileiras para uma depilação, apaixonou-se e me indicou para conhecê-la. "Não sabia que ia conhecer alguém para escrever um livro, mas depois de meia hora conversando, eu já sabia que havia material para transformar o que ela fala em livro", contou. Frankel passou três meses entrevistando e conversando longamente com Janea para escrever o livro. "O ambiente do lugar é sensacional. Quase todo mundo que trabalha lá é brasileiro e de uma mesma família. Em Nova York, quando vamos a um salão de beleza, é comum se sentir muito excluída, como se todo mundo estivesse em uma brincadeira da qual você não faz parte, especialmente se se fala outro idioma. Nas J sisters é muito diferente, é o oposto disso e todo mundo é muito legal, e conversa, e trata bem, mesmo sem conhecer. Eles

Brazil, um país do presente   337

za J Sisters, que ao longo de mais de duas décadas revolucionou a forma de lidar com beleza em Nova York e, por tabela, nos Estados Unidos.[30] O trabalho das J Sisters já foi tema de reportagens nas principais publicações norte-americanas voltadas à mulher e beleza, e o salão atende a um enorme rol de celebridades norte-americanas, como Naomi Campbell, Cameron Diaz, Lindsay Lohan, Gwyneth Paltrow (que deixou um autógrafo no salão dizendo que as irmãs "mudaram minha vida"), Kim Cattrall, Sarah Jessica Park (que disse ter sido a "primeira vez" dela), Tyra Banks, Uma Thurman, Hillary Swank, Kate Winslet, Cindy Crawford, Fergie, Norah Jones, Bette Midler, Juliette Lewis, e outros tantos nomes. As irmãs já foram até no programa de Oprah Winfrey, uma das maiores audiências femininas da tevê americana.

Quando o livro de Frankel com os ensinamentos de Janea foi lançado, em 2010, a imprensa americana se debruçou sobre os tratamentos das J Sisters mais uma vez para tentar decifrar o diferencial daquelas mulheres. As dicas de Janea foram apresentadas

---

tratam todos da mesma forma, o que é ótimo, pois muitos dos clientes são muito famosos." Entrevista ao autor em 5 de março de 2010.

30   O salão fica em Midtown e atende até 300 clientes por dia. Ele foi inaugurado em 1987, oferecendo basicamente serviços de unhas, que se tornaram assinatura da família. A escolha de como chamar o salão veio da primeira letra do nome das sete irmãs: Jocely, Jonice, Joyce, Janea, Juracy, Jussara e Judseia. Elas já trabalhavam com salão de beleza em Vitória, no Espírito Santo, e conseguiram ganhar espaço nos Estados Unidos por passarem por cima de ideia de apenas polir e pintar as unhas, mas fazer um tratamento intensivo delas. Em 1994, a proposta das irmãs foi ampliada e trouxe uma marca que hoje faz com que o gentílico "brasileira" esteja em cada esquina de Nova York, a depilação de biquíni com cera quente, chamada popularmente de *brazilian wax* (cera brasileira). As J Sisters são apontadas como pioneiras deste tipo de tratamento em Nova York.

como sendo a forma perfeita para encontrar a "Gisele interna e externa". O tratamento de depilação à brasileira foi chamado de "cera filosófica", contando que uma mulher que estava passando pelo doloroso processo de retirada dos pelos da virilha sorria enquanto era "torturada". "A 'brasileira', como os devotos a chamam, é a depilação da área do biquíni que toma emprestado o guia de exames ginecológico durante o doloroso processo, Janea distrai as clientes com seus conselhos de *laissez faire*". Seu livro está cheio de histórias de suas clientes e dicas para elas. 'Elas são inseguras', diz Janea. 'Todas as mulheres, de todo o mundo, têm um certo medo do amanhã', disse. "Bem, todas exceto as brasileiras", ela disse. 'As garotas brasileiras são mais flexíveis, são mais cabeça aberta e são mais de 'deixar rolar'", disse. "As americanas são muito conservadoras e pensam muito."[31]

A popularidade da depilação fez com que o escritor Christopher Hitchens, da revista *Vanity Fair*, passasse por uma delas para contar a experiência. "O efeito combinado foi como o de ser torturado por informações que não possui, com intervalos para uma (cara) masturbação com lixa", disse então.[32]

A crise financeira global e o avanço da tecnologia, entretanto, afetaram os negócios das irmãs Padilha. Se por um lado foi preciso fazer promoções porque os preços estavam altos para a época de recessão nos Estados Unidos, por outro havia novos

---

31 CLIFFORD, Stephanie. Philosophical Waxing Eases the Ouch. *New York Times*, 16 de abril de 2010.

32 O escritor fazia esse tipo de "pesquisa" com regularidade, e já passou também pelo chamado *waterboarding*, que era defendido pelo governo Bush na época como não sendo tortura (o preso é deitado com a cabeça inclinada para baixo, tem um pano colocado sobre o rosto e recebe baldes de água sobre esse pano, ficando sufocado).

tratamentos de depilação, com laser, por exemplo, que eram menos dolorosos e estavam tomando a moda das mãos da depilação brasileira.[33] Mesmo assim, o salão continua tendo demanda, e especialmente Janea tem sempre a agenda cheia de pessoas que, mesmo morando em outras partes do país, viajam até Nova York e sempre reservam o tempo necessário para fazer o tratamento com ela. A diferença das J. Sisters é que suas clientes são celebridades, então elas acabam se tornando celebridades por tabela.[34]

Frankel diz que as irmãs J ajudaram a popularizar desde Nova York e para todo o país a associação que se faz entre as ideias de Brasil e sensualidade. "Sinto que Janea e suas irmãs tratam a beleza como se fosse algo que todos querem ter em suas vidas. Antes de conhecê-la, eu saía de casa bagunçada, com camiseta e calça de moletom, agora não faço mais isso. Elas me fizeram perceber que o rosto que mostro na rua é a imagem com que tenho que viver. Aprendi que as pessoas vão me tratar da forma como me apresento. Não é que eu vá passar horas me arrumando para sair, mas que eu vá parar por um segundo para pensar no que vou apresentar ao sair."

"Janea e as irmãs trouxeram essa atitude brasileira para Nova York há muito tempo, e as mulheres que vão ao salão há 20 anos entendem isso e se apaixonam por essa lição de vida", disse. "Tentamos não dizer que as americanas são conservadoras, pois estamos vendendo o livro para elas. Mas a verdade é que as

---

33 Os tratamentos mais simples das J Sisters, com depilação de sobrancelha ou pelos pelo rosto, não saem por menos de U$ 25. A depilação à brasileira custa U$ 75 e os cortes de cabelo femininos custam a partir de U$ 150. São preços bem acima dos cobrados em salões menores da cidade.

34 STADTMILLER, Mandy. Stuck on you: NYC women are strangely bonded to the beauticians who wax their Brazilians. *New York Post*, 21 de abril de 2010.

americanas são travadas de tão conservadoras. As americanas se sentem melhor quando alguma outra pessoa se sente pior. Isso é algo que não sinto das brasileiras. Elas não precisam que você se sinta mal para se sentir bem. Elas querem você se sinta bem com elas. Janea diz que para a brasileira não é preciso se sentir mais alta subindo nas costas de outra pessoa, mas apenas crescer tentando ser você mesmo. Isso é algo que mostramos e que queremos ensinar às mulheres americanas."

O contraste e a pobreza

A ideia de "terra de contrastes" costuma ser associada ao Brasil com regularidade. Para não fugir desta visão, é importante saber que, ao lado da imagem de beleza e sensualidade das mulheres brasileiras, está a ideia de extrema pobreza, caos e violência, que a maioria dos americanos associa imediatamente à imagem das favelas brasileiras, especialmente as do Rio de Janeiro.

"Os estrangeiros são mais românticos em relação às favelas", explicou-me Paul Sneed, antropólogo e professor de Estudos Culturais e Literatura Brasileira da Universidade do Kansas. "A realidade é distorcida ou por um realismo 'sensacionalista' no modelo do filme *Cidade de Deus* e de outros que mostram favelas do Brasil, que enfatizam demais a violência e a pobreza", disse. Segundo ele, por um lado as pessoas têm medo e acham que é tiroteio o tempo todo, mas por outro há uma idealização romântica. "Elas acham que a polícia mata todo mundo, o governo não faz nada. Fora esse realismo distorcido, há uma versão romântica sobre o espírito da sensualidade latina, da musicalidade,

Brazil, um país do presente   341

espiritualidade que existe no imaginário estrangeiro", disse, admitindo que ele mesmo tinha uma visão romantizada da favela.[35] A cada ano, a ONG que ele criou na Rocinha recebe até uma centena de voluntários internacionais da Austrália, Europa, Canadá, Estados Unidos, Nova Zelândia, além de brasileiros. "Eles moram na comunidade. Temos uma parceria e funcionamos como um albergue para recebê-los", explica.

Segundo Sneed, entretanto, há um convívio constante com a violência nessas comunidades: "Dá medo, sim. E mesmo quem mora lá fica assustado e traumatizado com a violência. Ao mesmo tempo, nos acostumamos e em parte negamos a possibilidade de risco para podermos viver. Se não houver tiroteios, passa-se meses de paz e tranquilidade. A realidade é que é uma comunidade de seres humanos, com todas as coisas boas de outras comunidades."

Experiência parecida, em termos de humanidade e sobrevivência, sem problemas, teve o pesquisador americano Robert Neuwirth, que viveu por quatro meses em favelas do Rio de Janeiro como parte de um projeto em que escreveria um livro

---

35 Sneed é cofundador do Instituto Dois Irmãos, organização não governamental de ajuda às comunidades de favelas brasileiras. Ele viveu em favelas do Rio de Janeiro e dirigiu o documentário *Rocinha: At Home on the Big Hill* (*Rocinha: em casa no grande morro*). Sneed contou que sempre teve um bom relacionamento com a comunidade e fez o projeto de forma independente, sem acordos com facções criminosas. "Com todas essas atividades, não representamos ameaça ao poder de ninguém e oferecemos uma coisa positiva para as pessoas que vivem ali, que quase sempre é valorizada", disse. O único problema, segundo ele, é por conta dos voluntários, que às vezes acabam podendo se envolver com drogas e traficantes, por exemplo. "Precisamos explicar a eles como deve ser o comportamento. Já tivemos episódios assustadores, mas ninguém nunca foi ferido ou punido. Temos uma convivência pacífica."

sobre as favelas do mundo.[36] Ele contou que sua experiência no Brasil foi diferente, por achar lugares como a Rocinha mais bem estruturados do que favelas de outros países, mas ao mesmo tempo mais perigosas por conta da presença do crime organizado. "Só uma vez tive medo enquanto vivi na favela, mas não acho que corri nenhum risco real", contou. Neuwirth falou de projetos que acredita que seriam positivos para transformar as favelas em bairros formais.

Por mais que denuncie o desconhecimento dos americanos em relação à realidade de favelas não apenas no Brasil, mas também em outros países, Neuwirth diz que o próprio Brasil conhece mal e interpreta mal a presença das favelas em suas cidades. Segundo ele, era fácil perceber o preconceito dos brasileiros com essas comunidades. "Os brasileiros não conhecem suas favelas e têm visões superficiais, de violência, de caos, de falta de humanidade", disse.

Segundo Sneed, isso é verdade, mas tem mudado ao longo das últimas décadas. "A visão brasileira da favela esta melhorando. A ideia de hoje é melhor que há de 20 anos. Houve mais publicidade da favela, um maior entendimento", disse. Para ele, a favela tem uma posição importante no imaginário brasileiro, incluindo uma idealização e interesse em participar de atividades da comunidade.

A mídia internacional, segundo ele, não representa a favela de forma verídica. "Ela mostra a favela como um lugar perigoso, mas não é só bandido falando gíria o tempo todo."

---

36   Baseado em experiências no Brasil, na Índia, no Quênia e na Turquia, ele escreveu *Shadow Cities: A Billion Squatters, A New Urban World* (*Cidades--sombra: um bilhão de favelados, um novo mundo urbano*), em que apresenta ao leitor americano a realidade das favelas.

Brazil, um país do presente   343

Caldeirão cultural

Indo além dos estereótipos que fazem parte da ideia de Brasil das pessoas mais distantes e menos informadas nos Estados Unidos, poucas coisas atraem tanto a aproximação desses estrangeiros quanto a cultura brasileira. Seja o idioma português em uma música, a batida de estilos nacionais como o samba e a bossa nova, as imagens no cinema produzido no país ou mesmo a pouco popular, mas muito respeitada, literatura nacional. É a cultura ímpar do país que faz com que muitos americanos se empolguem com o Brasil, passem a estudar o país, a conhecer melhor sua realidade e até mesmo a trabalhar para mudar os clichês mais superficiais que existem.

A impressão geral da cultura brasileira é boa e a área é uma das que mais melhoram a imagem internacional do Brasil. Segundo a pesquisa de *top of mind* em 2008 e 2009, o Brasil fica em 15º e 17º lugar, respectivamente, nesse quesito, numa lista de 50 países. O Brasil, em termos gerais, fica em torno do 20º lugar na lembrança dos americanos, mas sua cultura fica mais bem classificada do que outras áreas de atuação.[37]

A música brasileira é uma constante nos lugares públicos das grandes cidades. Na cosmopolita Nova York, é tão normal escutar canções cantadas em português em bares, restaurantes e lojas, que até se esquece que está em um país de língua inglesa. Mais interessante é o fato de que essas músicas são incorporadas como algo comum, parte do cotidiano, e não como uma demonstração de exotismo e conhecimento de outras culturas.

---

37   Nation Brands Index, realizada pelo grupo GfK Roper Custom Research North America, pesquisa que faz seu levantamento com base na associação dos quesitos com diferentes países.

O diretor do Latin American Institute, da Universidade da Califórnia em Los Angeles, Randal Johnson, é um dos maiores especialistas em cinema brasileiro no mundo, mas ele conta que, no verão de 1967, comprou um disco de João Gilberto e, mesmo sem entender nada do que ele cantava, adorou a música, passando a se empolgar com a cultura brasileira e o próprio país, se especializando nisso. "Tudo por causa da bossa nova". Segundo ele, a música brasileira "penetrou muito mais a cultura americana" e está presente em todos os cantos do país.

O caminho de Johnson foi parecido com o de Alexander Sebastian Dent, professor de Antropologia da Universidade George Washington, em Washington, DC, que contou que sua aproximação com o Brasil começou com o interesse geral em música brasileira, especialmente MPB e bossa nova. "Isso foi o que me levou ao Brasil." Segundo ele, a música brasileira em geral é muito conhecida entre pessoas que sabem alguma coisa sobre música. "Sempre pergunto às turmas a quem dou aulas se elas têm algo de brasileiro em suas coleções, e pelo menos um terço das minhas turmas conhece e tem discos de música brasileira. Talvez eles tenham uma coleção de David Byrne, ou os mais tradicionais, como Gilberto Gil, Stan Getz. De vez em quando aparece algum fã do Sepultura, ou DJs brasileiros que vivem em Londres", disse. "A música brasileira viaja bem, e sempre me refiro ao país como uma das superpotências mundiais da música. Isso é uma das coisas que amo em relação ao país."[38]

---

38 Dent produzia um documentário sobre a crescente popularidade da tradição de rodeio no Brasil desde a redemocratização do país e terminando um livro sobre a forma como a cultura popular brasileira é usada para

A presença do cinema brasileiro nos Estados Unidos não é tão forte quanto da música, mas é dada alguma atenção para os filmes produzidos por brasileiros, especialmente entre as pessoas que acompanham produções mais artísticas e internacionais. Nesta área, a grande exceção é o filme *Cidade de Deus*, de Fernando Meirelles, apontado dezenas de vezes como o mais popular e como responsável pela formação de parte da ideia que os americanos fazem do Brasil.

Cidade de Deus foi o filme brasileiro mais popular nos Estados Unidos nos últimos 15 anos, disse Randal Johnson, autor de *Brazilian Cinema*, o primeiro livro sobre o assunto publicado nos Estados Unidos, em 1982. "O cinema brasileiro não circula tanto nos Estados Unidios quanto a música brasileira. Os filmes que circulam, como *Cidade de Deus*, têm uma característica de tratar o Brasil como exótico, mostrando a favela. Outras produções mais populares no Brasil não chegam aqui. Então ocorre que temos uma visão distorcida da realidade brasileira através dos poucos filmes que circulam". O principal ponto de Johnson é que "olhar para o cinema brasileiro, para um americano, é como olhar para um espelho distorcido. A imagem é familiar o suficiente para haver reconhecimento, mas estranha o suficiente para fascinar".[39]

---

criticar a velocidade e a escala da modernização e do desenvolvimento da região Sudeste do Brasil. O livrotem título *Country Critics: Rural music and performativity in Brazil* (*Críticos caipiras: música rural e perfomatividade no Brasil*). Entrevista ao autor em 13 de maio de 2010.

39   *Brazilian Cinema* faz um apanhado histórico da cinematografia brasileira, sem se pretender exatamente uma antologia, enfocando as produções do país depois de 1960. Johnson e Robert Stam, coautor da obra, atualmente da NYU, se admitem "entusiastas do cinema brasileiro e apaixonadamente preocupados com seu futuro". Uma historiografia tipicamente neutra do cinema publicada nos Estados Unidos, dizem os autores, em geral ignora

Um dos pontos mais importantes para entender o cinema brasileiro, dizem os estudiosos americanos, é a questão da economia. A dependência econômica consolidou o perfil dependente da produção cultural no Brasil. Assim como eles percebiam isso nos anos 1960, pode-se afirmar que a ideia é valida para o cinema contemporâneo do Brasil, que reconquistou espaço com a chamada retomada, iniciada à época em que a economia brasileira se estabilizava sob o Plano Real, que controlou a inflação e abriu espaço para o crescimento.

Mesmo com o sucesso recente da economia brasileira e os 15 anos de retomada, entretanto, Johnson alega que o cinema brasileiro continua tendo problemas de circulação e sendo um "espelho distorcido". "O problema do cinema no Brasil, entretanto, é a falta de acesso a seu próprio mercado. O percentual que o cinema brasileiro tem dentro do mercado cinematográfico nacional, que era de 22% em 2003, um dos momentos mais altos, tem ficado em torno de 15%. As produções são feitas com qualidade, o país tem mais de uma centena de filmes, mas muitos são vistos por menos de 10 mil pessoas. Tudo é muito complicado, com falta de distribuição", explicou.

Segundo ele, os melhores e mais sofisticados produtores brasileiros já circulam internacionalmente. João Moreira Sales e Walter Salles, Fernando Meirelles, essas pessoas negociam projetos internacionais. "As coisas hoje são bem mais abertas e sofisticadas de que na época do Cinema Novo. Todos eles têm contatos internacionais e negociam a produção e a distribuição aqui nos Estados Unidos." Além disso, ele explica que

---

ou dá pouca atenção ao cinema do Brasil e de outros países do Terceiro Mundo. JOHNSON, Randal; STAM, Robert. *Brazilian Cinema*. London: Associated University Press, 1982.

hoje em dia é difícil saber que país está produzindo, pois há uma mistura grande, gerando coproduções internacionais das quais o Brasil faz parte em filmes como *Ensaio sobre a cegueira* e *Diários de motocicleta*. "Essa é uma característica da globalização que tem reflexo na estética. Os filmes entram em um padrão universal comercial. Os filmes mais autenticamente brasileiros continuam sendo mais alternativos, menos convencionais, sem muito acesso ao público médio."

O cinema brasileiro não está presente na programação cotidiana das salas comerciais dos Estados Unidos, mas é um dos mais frequentes em mostras especiais e festivais multiculturais. Em 2010, a produção brasileira foi homenageada em um festival importante de Nova York, apresentado em uma premiação própria na cidade. teve uma mostra em sua homenagem no Museum of Modern Art, o MoMA, na mesma cidade, e também eventos em torno dela em outras partes do país, como em Los Angeles, principal centro do cinema americano, onde é realizado anualmente o Los Angeles Brazilian Film Festival (Labrff).[40]

---

40 O evento foi criado em 2007 no principal centro de produção cinematográfica dos Estados Unidos, com o objetivo de promover o cinema brasileiro em Hollywood, ajudando na exibição e distribuição de audiovisuais produzidos no Brasil. Os promotores do evento defendem que foi o primeiro festival genuinamente brasileiro na Califórnia. O projeto serviu como forma de facilitar e estimular a entrada de filmes brasileiros em um dos principais mercados dos Estados Unidos, criando um encontro em que pessoas trocam informações e negociam acordos, dando maior visibilidade ao cinema do Brasil. A primeira edição do Labrff foi realizada em 2008 e reuniu 30 produções brasileiras, incluindo longas, curtas e filmes de animação, além de palestras e mesas-redondas. Em dois anos, o festival exibiu 105 filmes, reuniu mais de 11 mil pessoas e calcula ter atingido, pela mídia, mais de 500 mil pessoas na Califórnia e no resto do país.

Nazareno Paulo, criador e diretor do Festival, diz que desde o início era possível perceber um aumento no conhecimento das pessoas a respeito do Brasil e das produções do cinema brasileiro. "Não é algo que se perceba no público macro ainda, no público geral, mas entre produtores e pessoas que trabalham dentro da indústria do cinema, sim, eles sabem bem mais. Do ponto de vista estratégico, essas alianças renderam ao Labrff o benefício de o Brasil já ter alguma penetração no mercado."[41]

Segundo Paulo, ao contrário do que disse Johnson, o cinema brasileiro da retomada foge da ideia de espelho distorcido. "O cinema brasileiro hoje é um *mix* de diversos gêneros. Aqui nos Estados Unidos, o cinema é compartimentalizado, e tudo é muito específico, enquanto o brasileiro é multidepartamenlizado. Aqui, um profissional fica estigmatizado, vira ator de gênero, faz apenas comédia, por exemplo. Os atores de Hollywood não são holísticos, não fazem de tudo, eles são setoristas, e no brasileiro não é assim. No Brasil, o cinema é mais completo, mais orgânico, sem rótulos, sem gênero. Poucos filmes brasileiros têm um rótulo simplista de comédia, por exemplo, nele cabe um universo que reflete o que o cinema é em sua essência."

Ele explicou que o público americano identifica o cinema brasileiro com alguma dificuldade de compreender, já que há muitos elementos de estética regional, com menos massificação

---

41 Formado em jornalismo, Paulo se mudou para a Califórnia depois de casar com sua sócia no Labrff, a produtora norte-americana Meire Fernandes, em 2005. Antes de criar o festival de cinema brasileiro, ele atuou em festivais de cinema na Flórida e na Califórnia, e produziu um filme sobre a vida selvagem nas cataratas do Iguaçu, exibido pela National Geographic. Entrevista ao autor em 29 de março de 2010.

de valores culturais, como há aqui nos EUA. Eles não veem o cinema brasileiro como um cinema de gênero.

Em contraposição à música brasileira, que já é tão popular, e ao cinema, que consegue alcançar algum espaço, a expressão cultural brasileira que ainda sofre para conseguir se estabelecer dentro do mercado de cultura norte-americano é a literatura. Escritores brasileiros passam amplamente desconhecidos do público médio americano, e é rara a associação imediata do Brasil com livros. Mesmo assim, há exceções, especialmente em grandes cidades em que há forte presença de imigrantes e uma mentalidade mais aberta a outros países. A mais clara dessas pôde ser encontrada em uma das maiores livrarias de Nova York, a Barnes and Noble que ocupava em 2010 quatro andares de um casarão na Union Square, no sul de Manhattan. Lá, em uma seção de livros indicados pela equipe da livraria, um dos mais destacados era uma edição em inglês de *Memórias Póstumas de Brás Cubas*, de Machado de Assis, traduzido para *Epitaph for a Small Winner*, e com prefácio elogioso de Susan Sontag.

"A literatura brasileira é pouco conhecida nos Estados Unidos, mas não podemos dizer que ela está totalmente ausente", disse Randal Johnson. As duas principais barreiras, segundo ele, são a necessidade de traduções do português para o inglês e a falta de interesse generalizada em literatura internacional, que dificilmente conquista com força o mercado americano. "Temos problemas com tradução, pois não podemos traduzir *Grande Sertão: Veredas*, por exemplo, que ele se transforme em um faroeste. Até mesmo *Macunaíma* não é tão bem traduzido. Algumas obras acabam se tornando inacessíveis mesmo", explicou.

Segundo ele, entretanto, pode-se até falar de um certo número de autores que têm sido presentes historicamente. Jorge Amado foi o primeiro escritor a ser popular nos Estados Unidos, disse, tendo muito mais força de Machado de Assis. "Mas Machado é muito respeitado pelos pesquisadores de literatura internacional. Clarice Lispector também, Moacir Scliar é outro", disse.

"Fora da universidade, a literatura brasileira não circula nos Estados Unidos", disse José Luiz Passos, diretor do Centro de Estudos Brasileiros da Universidade da Califórnia em Los Angeles.

"A penetração das literaturas estrangeiras em tradução no mercado americano é mínima. Não é só o Brasil, as literaturas alemã, romena. José Saramago ganhou um Nobel, está editado, traduzido, mas as pessoas não saem lendo e discutindo Saramago a torto e a direito", explicou. "O Brasil está construindo e conseguindo mais espaço, mas nunca um autor como Machado de Assis ou Clarice Lispector vai ser um *best seller* lido em ônibus e metrô, como vemos livros americanos."

A grande exceção brasileira a todas essas barreiras é Paulo Coelho, que está "em todo lugar", segundo Johnson. "Paulo Coelho é lido assim, mas ele não é visto como literatura brasileira", explica Passos. Segundo ele, muitos leitores de Paulo Coelho nos Estados Unidos nem sabem que ele é brasileiro.

"Paulo Coelho naturalmente aspira a uma inserção no mercado para a qual a denominação de origem e a representação da cultura de origem não são uma questão essencial. As pessoas que leem Paulo Coelho não buscam consumir Brasil, mas apenas romance de iniciação, de autoajuda, *new age*, autoconhecimento, que pertence a uma cultura global, desterritorializada. É o oposto do que motiva alguém a ler *Grande Sertão: Veredas*. Ali o nível de especificidade é tamanha e é preciso enfrentar o muro de uma linguagem recriada, e com a particularidade daquelas situações. Os romances de Paulo Coelho viajam bem, são escritos com a

Brazil, um país do presente 351

intenção de circular muito. É uma decisão autoral e mercadológica, mas as pessoas que procuram Paulo Coelho não procuram querendo ver o Brasil."

Alegria, alegria

Existe ainda um estereótipo que é símbolo da personalidade da população brasileira. Para o americano, os brasileiros são felizes, estão sempre rindo, alegres, e até mesmo os brasileiros que vivem como imigrantes nos Estados Unidos ajudam a reforçar o clichê.

"O brasileiro tem uma coisa extraordinária em sua alegria de viver, em sua felicidade de encarar a vida, o que quebra muita barreira", explicou Carlos Borges, baiano que vive há décadas na Flórida.

A estabilidade econômica e política do Brasil de fato trouxeram uma melhora gradual no padrão de vida do brasileiro, que também é muito relevante na mudança do perfil do país e do otimismo das pessoas, influindo nos índices de felicidade que podem ser medidos. "O Brasil está se tornando um país de maioria das pessoas de classe média, o que é uma mudança histórica importantíssima. O brasileiro come melhor do que comida há duas décadas, consome mais, estuda mais nas universidades, é uma melhora geral", defendeu Kenneth Serbin, historiador da Universidade de San Diego especialista no Brasil.

O aumento na qualidade de vida dos brasileiros e a diminuição dos contrastes sociais, com mais pessoas entrando na classe média e podendo consumir, ajudam a mudar um outro importante aspecto da realidade brasileira fortemente ligado à economia, o nível de felicidade das pessoas que vivem no país. A estabilidade na vida, incluindo os aspectos políticos e econômicos do país em que se vive, é uma das principais referências na percepção que as pessoas têm sobre bem-estar e felicidade, bem acima da capacidade de consumir bens materiais, ou da riqueza em si, segundo estudos dirigidos pela pesquisadora Carol Graham, do Instituto Brookings. A instabilidade cria tanta infelicidade que mesmo o crescimento econômico, que no longo prazo é positivo, traz uma sensação imediata negativa nas pessoas. A busca pela estabilidade é algo que demora para se refletir na sociedade, mas que, quando alcançada, tem um enorme efeito sobre a sensação de felicidade.

Carol Graham se debruça mais sobre os conceitos relacionados à percepção de qualidade de vida do que aos dados propriamente ditos. O Brasil aparece como um país com alta percepção de bem-estar, paradoxalmente à situação das populações mais pobres, e especialmente otimista em relação ao futuro. Dados mostram que os brasileiros acham que a situação melhorou nos últimos anos e que pode melhorar ainda mais. "O Brasil tem uma marca relativamente alta em comparação com o resto da região em termos de felicidade", contou.[42] A comparação das médias dos

---

42 Especialista em América Latina e professora na Escola de Políticas Públicas na Universidade de Maryland, Carol Graham desenvolveu projetos de estudos relacionados a pobreza, desigualdade, saúde pública e medidas de bem-estar e felicidade. Seu trabalho analisa o desenvolvimento da América Latina. Ela é autora do livro *Happiness around the World: The Paradox of Happy Peasants and Miserable Millionaires* (*Felicidade ao redor do mundo: o paradoxo do camponês feliz e os milionários miseráveis*), em que analisa as formas como as diferentes populações lidam com a ideia de felicidade e como ela está desvinculada da riqueza. É autora ainda de *Happiness and Hardship: Opportunity and Insecurity in New Market Economies* (*Felicidade e dificuldade: oportunidade e insegurança nas novas economias de mercado*), *Private Markets for Public Goods: Raising the Stakes in Economic Reform* (*Mercados privados para bens públicos: aumentando a exigência na reforma econômica*), entre outros. Graham foi vice-presidente e diretora de estudos de governabilidade do Instituto Brookings, e atuou

Brazil, um país do presente 353

países mostra muito as diferenças culturais na forma como as pessoas respondem a perguntas relacionadas a bem-estar, o modo como elas percebem a felicidade. Este dado não reflete o fato de que os brasileiros estão sempre felizes e sorridentes nas ruas, ele mostra a forma diferenciada como o país se vê.

Dados relacionados à América Latina indicam que os países do Caribe são mais felizes do que os dos Andes, e certamente do que Chile e Argentina, e o Brasil se separa desses dados da América do Sul, ficando junto dos países caribenhos. Isso mostra a forma de perceber o bem-estar e o modo de falar sobre ele.

Comparando franceses e americanos, por exemplo, os franceses obviamente têm uma alta qualidade de vida, mas não andam felizes pelas ruas e não refletem esse bem-estar em entrevistas. Os americanos respondem de forma mais positiva.[43]

A felicidade é uma coisa de difícil explicação, disse Carol Graham. Muitos países com altos índices de felicidade ficam no meio do nada e são amplamente desconhecidos, então não se pode falar em reflexo direto e natural de uma coisa na outra. "Não saberia dizer se receber mais atenção internacional traria naturalmente maior felicidade. Imaginaria que ter muita atenção negativa seria

---

como conselheira especial do FMI. Ela já foi convocada várias vezes para falar no Senado norte-americano a respeito da situação econômica da América Latina, sendo destacada com frequência na mídia nacional. O Instituto Brookings é uma organização privada sem fins lucrativos voltada à pesquisa, educação e publicação em assuntos e política interna americana e relações internacionais. Junto com o Council on Foreign Relations, é o principal centro de produção de pensamento e análise para o consumo dos líderes de Washington, por mais que não tenha vínculo formal com o governo de um ou outro partido. Entrevista ao autor em 23 de abril de 2010.

43 GRAHAM, Carol. *Happiness around the world: the paradox of happy peasants and miserable milionaires*. New York: Oxford University Press, 2009.

ruim, mas que ter atenção positiva só teria um reflexo na percepção de qualidade de vida se a população estivesse acompanhando e percebendo o aumento na atenção internacional positiva." O Brasil é o país que aparece com maior percentual de satisfação com a qualidade de vida na América Latina, e que aparece mais destacado na curva média de satisfação equivalente à qualidade de vida.[44]

O Brasil aparece empatado em percepção da qualidade de vida com Bangladesh, logo abaixo da Índia. Entre os países que mais se destacam no gráfico estão a Holanda, a Suíça e o Canadá, com maior percentual de percepção de bem-estar. "Em relação ao futuro, o Brasil agora aparece claramente no topo da distribuição, uma mudança considerável comparada com sua posição imediata quando as pessoas são questionadas sobre sua situação cinco anos atrás." O que demonstra que a população brasileira se vê melhor do que no passado e mais otimista para o futuro.

Segundo Carol Graham, há uma diferença em percepção de felicidade quando se observam pontos específicos no tempo e quando analisamos em longo prazo. O crescimento em si não afeta direta e imediatamente a felicidade. Muitas vezes encontra-se até mesmo o paradoxo do crescimento infeliz. As pessoas muitas vezes ficam menos felizes em países que estão crescendo muito rapidamente. A razão disso é que o crescimento rápido é desestabilizador para muita gente, mesmo que seja uma desestabilização positiva às vezes, mas que geram mais percepção da desigualdade, geram mais insegurança, há muitas mudanças

---

44   Além do Brasil, apenas Venezuela, Panamá e Honduras têm um nível de satisfação acima da curva média. Peru Equador e Bolívia aparecem com os níveis mais baixos de satisfação. A Argentina, por mais que tenha o maior PIB per capita da região, tem uma das piores percepções de bem-estar, isolando-se no gráfico.

Brazil, um país do presente 355

na ordem social. Mas no longo prazo o crescimento traz efeitos positivos para a qualidade de vida em termos objetivos, então ele acaba melhorando os índices de felicidade.

Isso ocorre em países que estão buscando se estabilizar e crescer, explicou Carol Graham, e pode justificar até mesmo a grande aceitação de Lula e a rejeição de Fernando Henrique Cardoso na opinião pública brasileira. Em termos imediatos, sob FHC o Brasil vivia a incerteza de mudanças, quando sob Lula o país já havia se estabilizado e começava a colher os frutos dos anos anteriores, criando uma sensação imediata de maior bem-estar e gerando maior aproximação do povo com o governo. No geral, o resultado desses processos aumenta a felicidade no longo prazo, mas gera incerteza no momento imediato. "É difícil saber exatamente onde o Brasil está nessa linha atualmente. O país está crescendo bem (mas não rápido demais para causar turbulências), a sociedade está mudando, há bons programas para diminuir a desigualdade, então há várias coisas que podem melhorar a percepção de bem-estar geral."

O crescimento da economia é importante para poder permitir que programas de distribuição de renda funcionem, mas é certo dizer que a diminuição da desigualdade tem um efeito mais direto sobre a percepção de felicidade da população. Sem crescimento, não é possível ter programas contra a desigualdade. "É um paradoxo, pois o crescimento é essencial para aumentar a felicidade. Então, o que é preciso para aumentar a felicidade pode trazer infelicidade no curto prazo."

Referências bibliográficas

A Country Study: Brazil. Department of State. Library of Congress Call Number F2508. B846 1998.

Brasil vai abrir embaixada em Mianmar. *Folha de S. Paulo*, 18 de março de 2010.

Brasileiros no mundo: estimativas. Ministério das Relações Exteriores. 2ª edição, setembro de 2009.

Entenda o que é Redução das Emissões por Desmatamento e Degradação (Redd). *BBC Brasil*, 2 de dezembro de 2009.

EUA e Brasil têm de ser 'parceiros iguais', diz Obama no Rio. *G1*, Obama no Brasil, 20 de março de 2011.

FHC destaca soberania nacional. Agência O Globo. *Jornal do Commercio*, Recife, 16 de abril de 1998.

Folha tem acesso a todos telegramas sobre o Brasil. *Folha de S. Paulo*, 7 de dezembro de 2010. Poder.

Gov't offers new assurance Census info is private. Associated Press. *USA Today*, 7 de março de 2010.

IBGE, Contagem da População 2007. População recenseada e estimada, segundo as Grandes Regiões e as Unidades da Federação – 2007.

Inteligência competitiva: o Brasil na imprensa internacional (relatórios trimestrais Imagem Corporativa).

Jim Cramer's 5 life-changing investments. Money on today. MSNBC, 28 de novembro de 2007.

Jim Cramer's Mad Money In-Depth, 10/3/07: Buy Brazilian Banco Bradesco. *Seeking alpha*, 31 de outubro de 2007.

Leia e assista à íntegra do discurso de Obama para empresários em Brasília. *G1*, Obama no Brasil, 19 de março de 2011.

Lula culpa governo FHC pela crise financeira. *Folha de S. Paulo*, Brasil, 23 de junho de 2002.

Reuters. Lula diz que não deixará 'herança maldita' para Dilma. *G1*, 12 de novembro de 2010.

Newspaper Web Sites. Nielsen Online, MegaPanel Data

Núcleo do PT nos Estados Unidos elege nova presidência. *Jornal Comunidade News*, 16 de dezembro de 2009.

Obama diz que Lula é 'o político mais popular na Terra'. BBC Brasil. *G1*, 2 de abril de 2009. Economia e Negócios.

Profile-Brazil's Central Bank chief Henrique Meirelles. *Reuters*, 23 de agosto de 2010.

Profile of Selected Demographic and Social Characteristics for the Foreign-born Population: 2000. U.S. Census Bureau, Census 2000 Special Tabulations.

Requerimento de informações nº 2.301, de 2000 (Da comissão de Relações Exteriores e de Defesa Nacional). *Diário da Câmara dos Deputados*, sábado, 24 de junho de 2000.

Retaliação do Brasil aos EUA pode causar guerra comercial, diz 'Financial Times'. *G1*, 9 de março de 2010. Economia e Negócios.

Textos na internet sobre a Amazônia são falsos. Fantástico, 11 de janeiro de 2010.

The Newspaper Audience. *Newspaper Association of America*.

U.S. Department of State's Bureau of International Information Programs. The "U.S. Takeover of the Amazon Forest" Myth: Forged textbook page helps to spread false story. America. gov. Pesquisado em 23 de fevereiro de 2010.

Veja a lista das principais piadas polêmicas sobre o Brasil no mundo. *G1*, 31 de julho de 2010. Mundo.

ALCÂNTARA, Eurípedes. Só mitos nos separam: Embaixador dos EUA no Brasil diz que mal-entendidos de lado a lado ainda afetam as relações entre os dois países. *Revista Veja*, edição 1.671, 18 de outubro de 2000.

ALMEIDA, Paulo R. de. Made in Brazil. *Revista Brazil*, dezembro de 2000.

ANDERS, George. Rich Bank, Poor Bank. *New York Times*, 17 de abril de 2009. Sunday Book Review.

ANTUNES, Claudia. Segredos de liquidificador. *Folha de S. Paulo*, 6 de fevereiro de 2011. Ilustríssima.

ARCHIBOLD, Randal C. Arizona Enacts Stringent Law on Immigration. *The New York Times*, 23 de abril de 2010.

BALTHAZAR, Ricardo. EUA desconfiaram de negócios com Irã. *Folha de S. Paulo*, 16 de janeiro de 2011. Mundo.

BARBOSA, Dennis. Em SP, Al Gore diz que cabe ao Brasil decidir sobre a Amazônia. *Globo Amazônia*, 13 de outubro de 2009.

BARRIONUEVO, Alexei. Whose Rain Forest Is This, Anyway?. *New York Times*, 18 de maio de 2008.

BONILLA-SILVA, Eduardo. *White supremacy and racism in the post-civil rights era*. Lynne Rienner Publishers: Boulder, 2001.

BONIN, Robson. Senado aprova projeto que torna lei meta de redução de gases do efeito estufa. *G1*, 25 de novembro de 2009. Política.

BOURNE, Richard. *Lula of Brazil: the story so far*. California: University of California Press, 2008, 286 págs.

BROWN, Lester Russel. *Plan B 2.0: rescuing a planet under stress and a civilization in trouble*. W. W. Norton & Co., 2006

BUARQUE, Daniel. Churrasqueiro brasileiro do Texas critica projeto econômico 'socialista' de Obama. *G1*, 23 de outubro de 2008.

_____. Comunidade brasileira nos EUA se mobiliza para participar do censo do país. *G1*, 16 de agosto de 2009.

_____. Ex-assessor defende governo Bush e diz que presidente não foi o pior da história. *G1*, 3 de novembro de 2008.

_____. Imigração irregular faz aumentar número de brasileiros barrados na Europa. *G1*, 3 de agosto de 2009.

_____. Imigrante brasileiro é muito produtivo e ajuda economia dos EUA, diz estudo. *G1*, 10 de agosto de 2009.

_____. Reconstrução pós-furacão Katrina atraiu 5.000 brasileiros a Nova Orleans. *G1*, 28 de outubro de 2008.

CARRIJO, M. V. S. *O Brasil e os brasilianistas nos circuitos acadêmicos norte-americanos: Thomas Skidmore e a história contemporâneo do Brasil.* 2007. 185f. Dissertação (Mestrado) – Faculdade de Filosofia, Letras e Ciências Humanas. Universidade de São Paulo, São Paulo, 2007.

CARVALHO, José Murilo de. Nem mito nem realidade. *Folha de S. Paulo*, 18 de outubro de 2009. Caderno Mais!

_____. Poder de fogo: "Comércio e Canhoneiras" aponta influência dos EUA na nascente República brasileira, no fim do século 19. *Folha de S. Paulo*, 1º de novembro de 2009.

CARVALHO, Maria Alice Rezende de. Cidade móvel. *Folha de S. Paulo*, 18 de outubro de 2009. Caderno Mais!

CAVAGNARI FILHO, Geraldo Lesbat. Introdução à Defesa da Amazônia. *Carta Internacional*, Funag-USP, ano X, n. 107-108, p. 19-21, janeiro/fevereiro de 2002.

CAVALCANTI, Kléster; NETTO, Vladimir. Fogo, omissão e bravatas. *Revista Veja*, 1º de abril de 1998.

CAVALCANTI, Mozarildo. Pronunciamento no Senado em 21 de novembro de 2001.

CLARK, Stephen. Classic Clinton Phrase Inspires New GOP Strategy to Regain Power. *FOXNews*, 28 de março de 2009.

CLARKE, Thurston. Cultural Capital. *New York Times*, 2 de junho de 1996.

CLIFFORD, Stephanie. Philosophical Waxing Eases the Ouch. *New York Times*, 16 de abril de 2010.

CHURCHLAND, Paul M. *Matéria e consciência: uma introdução contemporânea à filosofia da mente.* Trad. Maria Clara Cescato. São Paulo: Editora Unesp, 1998.

COELHO, Marcelo. Antislogan dos trópicos, *Folha de S. Paulo*, 18 de outubro de 2009. Caderno Mais!.

COHN, Laura. Goldman's Rock Star - *Business Week*, 7 de março de 2005.

CONCEIÇÃO, Fernando; DÁVILA, Walter. A Era da Dependência. *Folha de S. Paulo*, 17 de maio 1998, Caderno Mais!

COOPER, Helene. Meet the New Elite, Not Like the Old. *New York Times*, 25 de julho de 2009.

COUTINHO, João Pereira. Conversa de cabeleireiras. *Folha de S. Paulo*, 7 de dezembro de 2010. Ilustrada.

CRAMER, James J.; MASON, Cliff. *Jim Cramer's Mad Money: Watch TV, Get Rich*. New York: Simon & Schuster, 2006.

CROFT, Adrian. Assange lawyer says Swedish PM prejudices case. *Reuters*, 11 de fevereiro de 2011.

CURIEL, Carolyn. Hello, Neighbor. *The New York Times*, 3 de fevereiro de 2008.

DÁVILA, Jerry. Comparação entre Brasil e EUA se baseia em caricaturas. *Folha de S. Paulo*, 23 de novembro de 2008. Especial: O Racismo Confrontado.

DÁVILA, Sérgio. Brasil não precisa mais deles, afirma Skidmore. *Folha de São Paulo*. São Paulo, 4 de dezembro 2000, Brasil.

_____. Brasilianistas se reúnem em Washington, sem consenso. *Folha de S. Paulo*. São Paulo, 4 de dezembro 2000, Brasil.

_____. Morre embaixador dos EUA que apoiou o golpe de 1964. *Folha de S. Paulo*, 22 de dezembro de 2009. Brasil.

DIAS, Maurício. Decálogo da Cobiça. *Carta Capital*, 9 de junho de 2008.

DOMINGOS, Roney. Lula diz que Sadia e Aracruz 'especularam contra a moeda brasileira'. *G1*, 4 de outubro de 2008. Economia e Negócios.

EAKIN, Marshall. Conference on the future of brazilian studies in the US. Brwon University. *Draft Report*. September 30 – October 1, 2005. Providence Rhode Island. 6 de fevereiro de 2006.

EATON, George. Q&A: George Friedman. *New Statesman*, 27 de agosto de 2009.

ENLOE, Cynthia H. *Bananas, beaches and bases: making feminist sense of international politics.* California: University of California Press, 1990.

FARID, Jacqueline; NETO, Epaminondas. Mito de invasão da Amazônia "é ridículo", diz embaixador dos EUA. *Folha Online*, 15 de junho de 2000.

FEARNSIDE, Phillip M. Tropical Forests of Amazonia. Chapter 9 In: SCHNEIDER, Steve; ROSENCRANZ; MASTRANDREA, Michael (eds.) *Climate Change Science and Policy.* California: Island Press, 2010.

_____. Tropical Forests in Mitigating Climate Change. Chapter 48 In: SCHNEIDER, Steve; ROSENCRANZ; MASTRANDREA, Michael (eds.) *Climate Change Science and Policy.* California: Island Press, 2010.

_____. Science and carbon sinks in Brazil. *Journal Climatic Change. Springer Netherlands*, v. 97, n. 3-4, December, 2009.

_____. Brazil's evolving proposal to control deforestation: Amazon still at risk. *Environmental Conservation* v. 36, n. 3, p. 177-179 © Foundation for Environmental Conservation 2009.

FIBE, Cristina. Roberto é reverenciado em Nova York. *Folha de S. Paulo*, 19 de abril de 2010. Ilustrada.

Fico, Carlos. Prefácio a Green, James N. *Apesar de vocês: oposição à ditadura brasileira nos Estados Unidos, 1964-1985.* Trad. S. Duarte. São Paulo: Companhia das Letras, 2009.

Fishlow, Albert. Is the Real Plan for Real? In. Purcell, Susan Kaufman; Roett, Riordan (edit.). *Brazil Under Cardoso.* Colorado: Lynne Rienner Publishers Inc., 1997.

Flor, Ana. EUA solaparam ditadura, diz brasilianista. *Folha de S. Paulo,* 5 de dezembro de 2009.

Franklin, Nancy. All in the Game: Making money the Jim Cramer way. *The New Yorker,* 5 de junho de 2006.

French, John D. *Drowning in laws: labor law and Brazilian political culture.* North Carolina: University of North Carolina Press, 2004.

Friedman, George. *The Next 100 Years: A forecast for the 21st century.* New York: Doubleday, 2009. 256 págs.

Fry, Peter. *Para inglês ver: identidade e política na cultura brasileira.* Rio de Janeiro: Zahar Editores, 1982.

Gage, Leighton. *Dying Gasp.* New York: Soho, 2010. 274 págs.

Gaier, Rodrigo Viga. "Amazônia tem dono e é o povo brasileiro", afirma Lula. *Reuters,* 26 de maio de 2008.

Gaspari, Elio. A diplomacia das canhoneiras de 1894. *Folha de S. Paulo,* 4 de outubro de 2009.

_____. O WikiLeaks lavou a alma do Itamaraty. *Folha de S. Paulo,* 5 de dezembro de 2010. Poder.

GLADWWELL, Malcolm. *What the dog saw.* New York: Little, Brown and Company, 2009.

GOLDMAN SACHS: DREAMING WITH BRICS: The Path to 2050.

_____. HOW SOLID ARE THE BRICS.

GORE, Al. *Earth in the Balance: Ecology and the Human Spirit.* New York: Rodale, 1992.

_____. *Statement to the Senate Foreign Relations Committee As Prepared by the Honorable Al Gore.*

GRAHAM, Carol. *Happiness around the world: the paradox of happy peasants and miserable milionaires.* New York: New York: Oxford University Press, 2009.

GRANDIN, Greg. *Fordlandia: Rise and fall of Henry Ford's forgotten jungle city.* New York: Metropolitan Books, 2009. 420 págs.

_____. Green Acres: Lost in the Amazon. *The Nation,* 26 de março de 2009.

GRANN, David. *The Lost City of Z: A Tale of Deadly Obsession in the Amazon.* New York: Doubleday, 2005. 140 págs.

GREEN, James N. *Apesar de vocês: oposição à ditadura brasileira nos Estados Unidos, 1964-1985.* Trad. S. Duarte. Pref. Carlos Fico. São Paulo: Companhia das Letras, 2009.

GRUNWALD, Michael. The Clean Energy Scam. *Time Magazine,* 27 de março de 2008.

HAAG, Carlos. A floresta verde-oliva: estudos analisam pensamento militar sobre a Amazônia. *Revista Fapesp*. Edição impressa 144, fev. 2008.

HANLEY, Charles J. Experts: Climate change threatens peace. *USA Today*, 12 de outubro de 2007.

HERTZBERG, Hendrik. The name of the game. *The New Yorker*. 12 de julho de 2010.

HOFFMAN, Paul. *Wings of madness: Alberto Santos-Dumont and the invention of flight*. New York: Theia, 2003.

HORNE, Gerald. *The Deepest South: The United States, Brazil, and the African Slave Trade*. New York: New York University Press, 2007.

HUGHES, Patrick M. *Future Threats and Challenges*. Harvard University, 1999.

JOHNSON, Randal; STAM, Robert. *Brazilian Cinema*. London: Associated University Presses, 1982.

JUNIOR, Cirilo. 32 milhões subiram para a classe média no governo Lula, diz FGV. *Folha Online*, 21 de setembro de 2009. Mercado.

JUSTE, Marília. Brasileiros no Arizona já se previnem para cumprir nova lei de imigração. *G1*. São Paulo, 8 de maio de 2010.

KOWITT, Beth. For Mr. BRIC, nations meeting a milestone. *Fortune*, 17 de junho de 2009.

KOZLOFF, Nikolas. Copenhagen and Brazilian Megalomania. Mongabay, 7 de dezembro de 2009.

_____. No Rain in the Amazon: How South America's Climate Change Affects the Entire Planet. Hampshire: Palgrave Macmillan, 2010.

_____. The problems with Hydropower. 19 de novembro de 2009. Counterpunch.

KUGEL, Seth. Brazilian Senate scandals: a guide. *Global Post*, 4 de agosto de 2009. Disponível em: http://www.globalpost.com/dispatch/brazil/090804/brazilian-senate-scandals-guide

_____. How much do you know about Brazil?. *Global Post*, 23 de abril de 2009. Disponível em: http://www.globalpost.com/dispatch/brazil/090422/how-much-do-you-know-about-brazil

LE BRETON, Binka. *The Greatest Gift: The corageous life and Martyrdom of Sister Dorothy Stang*. New York: Random House, 2007.

LEAL, Luciana Nunes. Mais crítico, livro sobre Lula relembra mensalão. O *Estado de S. Paulo*, 2 de janeiro de 2010.

LEME, Paulo. The B in BRICs: unlocking Brazil's growth potential. In: *BRICs and Beyond*, edited by Goldman Sachs Global Economics Group, 73-85. New York: Goldman Sachs, 2007.

LIMA, Álvaro. *Brasileiros na América*. Boston, Massachusetts, USA/Sindicato dos Editores de Livros, SP, 2009.

LONDON, Mark; KELLY, Brian. *The Last Forest: The Amazon in the Age of Globalization*. New York: Random House, 2007

MACLACHLAN, Colin: *A History of Modern Brazil: The Past Against the Future*. Willmington: Scholarly Resources, 2003.

MAINENTI, Mariana. Para brasilianistas, a consolidação do bom desempenho atual só virá com mais investimento. *Correio Braziliense*, 27 de julho de 2010. Economia.

MAISONNAVE, Fabiano. Armadilhas do racismo. *Folha de S. Paulo*, 6 de junho de 1999.

_____. Em busca de uma raça nacional. *Folha de S. Paulo*, 4 de janeiro de 2004. Caderno Mais!

_____. O Brasil da geração afirmativa. *Folha de S. Paulo*, 6 de junho de 1999. Caderno Mais!

MCCARTY, Mary. Sister Dorothy continues to inspire 5 years after her death. *Dayton Daily News*, 11 de fevereiro de 2010.

MCCANN, Byan: Is Rio de Janeiro Ready for the Olympics?. *Dissent Magazine*, 10 de dezembro de 2009.

MEIHY, José Carlos Sebe Bom. *A Colônia Brasilianista: história oral de vida acadêmica*. São Paulo: Nova Stella, 1990.

_____. *Brasil fora de si: experiências de brasileiros em Nova York*. São Paulo: Parábola Editorial, 2004.

_____.; BELLINO, Ricardo R. *O Estado dos Emigrantes: o 28º estado brasileiro, um mercado de US$ 60 bilhões*. Rio de Janeiro: Elsevier, 2008.

MELLO, Patrícia Campos. Brasil atrapalha no Oriente Médio, diz relatório dos EUA. *Folha de S. Paulo*, 6 de fevereiro de 2011. Mundo.

MEMMOTT, Carol et al. Book Buzz: 'Lost City of Z' and Brad Pitt's beard. *USA Today*, 5 de fevereiro de 2010.

MENDONÇA, Ricardo. Thomas Skidmore. O Novo 'Risco Lula'. *Época*, São Paulo, out. 2005

METZINGER, Miriam. Jim Cramer's Mad Money In-Depth, 10/3/07: Buy Brazilian Banco Bradesco. Seekingalpha.com

MINISTÉRIO DAS RELAÇÕES EXTERIORES. *Brasileiros no Mundo: Estimativas*. 2ª edição, setembro de 2009.

MONTERO, Alfred P. *Brazilian Politics: Reforming a Democratic State in a Changing World*. Reino Unido: Polity Press, 2005.

MOORE, Michael. Luiz Inácio Lula da Silva. *Revista Time*, 29 de abril de 2010.

MORAES, Márcio Senne de. Um sistema dois países. *Folha de S. Paulo*, 20 de março de 2005. Caderno Mais!.

MOTA, Kátia Maria Santos. Português brasuca: Um dialeto emergente. *Revista Polifonia*. Cuiabá, EdUFMT v. 13, p. 23-44, 2007.

NAVARRO, Peter. *If It's Raining in Brazil, Buy Starbucks. The investor's guide to profiting from news and other market-moving events*. New York: McGraw-Hill Books, 2002.

NEWSHAM, Gavin. *Once in a Lifetime: The Incredible Story of the New York Cosmos*. New York: Grove Press, 2006.

Noah, Timothy. "Axis of Evil" Authorship Settled! *Slate*, 9 de janeiro de 2003.

Ogg, Jon C. Cramer's Grooming Tip: Get A Brazilian (PBR, RIO, AMX, GFA, MELI, GOL, EWZ). 247Wallst, 9 de fevereiro de 2008.

O'keefe, Thomas Andrew. "What to expect in United States Relations with the rest of the Western Hemisphere Following the Fifth Summit of the Americas". *Venture Equity Latin America*, 15 de abril de 2009.

O'neil, Brian. The High Price of Fame and Bananas. In: Ruíz, Vicki; Korrol, Virginia Sánchez. *Latina legacies: identity, biography, and community*. New York: Oxford University Press, 2005.

O'neil, Shannon K. Brazil as an Emerging Power: The View from the United States. *Policy Briefing* 16. Emerging Powers Programme. Fevereiro de 2010.

O'neill, Jim. Building Better Global Economic BRICs. *Global Economics Paper* n. 66. Goldman Sachs, 30 de novembro de 2001.

Oppenheimer, Andres. Brazil needs dose of constructive paranoia. *Miami Herald. The Oppenheimer report*, 18 de setembro de 2010.

Patriota, Antonio de Aguiar. Letter from the Brazilian Ambassador to the New York Times, 21 de maio de 2008.

PRIDEAUX, John. Getting it together at last. *The Economist*, 14 de novembro de 2009.

PURCELL, Susan Kaufman; ROETT, Riordan (edit.). *Brazil Under Cardoso*. Colorado: Lynne Rienner Publishers Inc., 1997.

PURCELL, Susan Kaufman. Brazil Steers an Independent Course. *The Wall Street Journal*, 5 de janeiro de 2010.

_____. It's Up to Brazil. *America Economia*, 13 de outubro de 2008.

_____. The New US-Brazil Relationship. In. PURCELL, Susan Kaufman; ROETT, Riordan (edit.). *Brazil Under Cardoso*. Coorado: Lynne Rienner Publishers Inc., 1997.

RATLIFF, William, The boy from Brazil: Not too left, not too right, which way is Lula. *The Weekly Standard*, 16 de fevereiro de 2009.

REQUERIMENTO da Câmara dos Deputados ao Ministro das Relações Exteriores.

RODRIGUES, Fernando. Documento revela que, para EUA, Itamaraty é adversário. Poder. *Folha de S. Paulo*, 30 de novembro de 2010.

_____. PF disfarça prisão de terroristas, dizem EUA. *Folha de S. Paulo*, 29 de novembro de 2010. Poder.

ROETT, Riordan: Brazilian Politics at Century's End. In. PURCELL, Susan Kaufman, ROETT, Riordan (edit.). *Brazil Under Cardoso*. Colorado: Lynne Rienner Publishers Inc., 1997.

_____. *The New Brazil: From Backwater to Bric.* Washington, DC: Brookings Institution Press, 2010.

ROHTER, Larry. Brazil Promises Crackdown After Nun's Shooting Death. *New York Times,* 14 de fevereiro de 2005.

_____. Deep in Brazil, a Flight of Paranoid Fancy. *New York Times,* 23 de junho de 2002.

_____. *Deu no New York Times: O Brasil segundo a ótica de um repórter do jornal mais influente do mundo.* Trad. Otacílio Nunes et al. Rio de Janeiro: Objetiva, 2008. 420 págs.

ROHTER, Larry. Racial Quotas in Brazil Touch Off Fierce Debate. *New York Times,* 5 de abril de 2003.

ROOSEVELT, Theodore. *Through the Brazilian Wilderness.* New York: Charles Scribner's Sons, 1914.

ROSENTHAL, Elisabeth. In Brazil, Paying Farmers to Let the Trees Stand. *New York Times,* 21 de agosto de 2009.

SALES, Teresa. *Brasileiros nos Estados Unidos.* I Conferência das Comunidades Brasileiras no Exterior. Julho de 2008.

SANTORO, Maurício. Resenha: Os Think Tanks e sua influência na política externa dos EUA – a arte de pensar o impensável. Rio de Janeiro, *Contexto int.,* v. 30, n. 3, set.-dez. 2008.

SHABECOFF, Philip. Global Bankers and Ecology: Amazon Rain Forest Tells the Story. *New York Times,* 29 de setembro de 1987.

SIBAJA, Marco; BROOKS, Bradley. James Cameron: Brazilian dam dispute a real-life 'Avatar'. *USA Today*, 13 de abril de 2010.

SORG, Letícia. Larry Rohter: "Este é o 16º ano do governo FHC". *Época*, 29 de agosto de 2010. Mundo.

SOTERO, Paulo. A Amazônia, de Ludwig a Maggi. *O Estado de S. Paulo*, 14 de janeiro de 2007.

SOWELL, Thomas. *Affirmative Action Around the World: An Empirical Study*. Connectict: Yale University Press, 2005. 256 págs.

_____. International affirmative action. *Jewish World Review*, 5 de junho de 2003.

_____. The other side of affirmative action. *Jewish World Review*, 8 de junho de 1999.

SPENSER, Jay. *The Airplane: How ideas gave us wings*. New York: Harper Collins, 2008.

STADTMILLER, Mandy. Stuck on you: NYC women are strangely bonded to the beauticians who wax their Brazilians. *New York Post*, 21 de abril de 2010.

STENGEL, Richard. Under the Influence. *Revista Time*, 29 de abril de 2010.

STRANGE, Hannah. Avatar director James Cameron speaks out against Belo Monte dam. *The Sunday Times*, 14 de abril de 2010.

Brazil, um país do presente 375

SWEET, Frank W. *Legal History of the Color Line: The Rise and Triumph of the One-Drop Rule.* Palm Coast: Backintime publishing, 2005.

TOPIK, Steven C. *Comércio e Canhoneiras: Brasil e Estados Unidos na Era dos Impérios (1889-97).* Trad. Ângela Pessoa. São Paulo: Companhia das Letras, 2009. 510 págs.

TWINE, France Winddance. *Racism in a racial democracy: the maintenance of white supremacy in Brazil.* New Brunswick: Rutgers University Press, 1997.

U.S. Department of State's Bureau of International Information Programs. The "U.S. Takeover of the Amazon Forest" Myth: Forged textbook page helps to spread false story. America. gov. Pesquisado em 23 de fevereiro de 2010.

VAINFAS, Ronaldo. Terra sem passado. *Folha de S. Paulo*, 18 de outubro de 2009. Caderno Mais!

VIANNA, Hermano. Um povo muito fofo. *Folha de S. Paulo*, 18 de outubro de 2009. Caderno Mais!

VIOTTI DA COSTA, Emilia. The myth of racial democracy: a legacy of the Empire. In: _____. *The Brazilian Empire, myths and histories.* Belmont, CA: Wadsworth Publishing Company, 1985.

WAGLEY, Charles. *Race and Class in Rural Brazil.* Unesco, 1952.

ZIRKER, Daniel. Defining a US defense diplomacy for Brazil at the beginning of the century. *Revista Brasileira de Estudos*

Estrategicos (*Brazilian Journal of Strategic Studies*), NEST-UFF, v. 1, p. 1-27, March 2009.

ZWEIG, Stefan. *Brasil, um país do futuro.* Trad. Kristina Michahelles. Porto Alegre: L&PM, 2008. 264 págs.

Agradecimentos

Em um trabalho de jornalismo, como este, nunca é exagerado repetir o clichê de que a obra não existiria sem a colaboração de tantos entrevistados ouvidos durante a pesquisa. Foram mais de cem pessoas que ofereceram precioso tempo em longas conversas sobre o Brasil e sua imagem internacional. Este livro só existe por haver um pouco do que foi conversado com cada uma delas.

Agradeço a Álvaro Lima (por várias conversas sobre a comunidade brasuca), Nikolas Kozloff (pelas indicações e ajuda no contato com editora nos EUA), a Jim O'Neill (o pai dos BRIC e incentivador de toda a ideia de tratar da imagem do Brasil) e Simon Anholt (pelos dados referentes a pesquisa sobre a imagem do Brasil no mundo). Agradeço ainda a Charles D. Ellis, David Bosco, Eduardo Gradilone, Thomas Andrew O'Keefe, Frank D. McCann, Steven C. Topik, William Ratliff, Harley Shaiken, Ben Ross Schneider, Herbert S. Klein, Marcio Siwi, Riordan Roett, Fernanda Arimura, James Green, Bryan McCann, Michael Reid, Susan Kaufman Purcell, Albert Fishlow, W. Michael Weis, José Carlos Sebe Bom Meihy,

Leonel Rossi, Thomas J. Trebat, Seth Kugel, G. Reginald Daniel, Kia Lilly Caldwell, Kenneth P. Serbin, Joseph L. Love, Leighton Gage, Barbara Weinstein, Kathryn Hochstetler, Dan Zirker, Kathleen de Azevedo, Michele Murdock, Mark London, Philip Fearnside, George Friedman, David Grann, Binka Le Breton, Debbie Hammel, Ruth Noguerón, Lester Brown, Nathanael Greene, Jon E. Huenemann, Randy Schnepf, Laura Randall, Alfred P. Montero, Jan Hoffman French, Doug Brown, Marshall Eakin, Nazareno Paulo, José Luiz Passos, Thomas Lovejoy, Peggy Sharpe, Julia Sweig, Stephen Bublitz, Michael Kryzanek, Simon Kuper, Werner Baer, Jay Spenser, Steven D. Stark, Peter Navarro, Zelia Cardoso de Mello, Carmen Nava, Carlos Borges, Edilberto Mendes, David Wangerin, Jamie Trecker, Carol Graham, Vinod Thomas, Ted Goertzel, Randal Johnson, Jerry Davila, Martha Frankel, Roberto Lima, Richard Bourne, William R. Summerhill, Martha K. Huggins, Joseph A. Page, Alexander Sebastian Dent, Robert Neuwirth, Kenneth Maxwell, Gerald Horne, Paul Sneed, Elizabeth Taylor, John D. French, France Winddance Twine, Paulo Roberto de Almeida e todas as outras pessoas com quem falei, mesmo que por 5 minutos, sobre as impressões gerais a respeito do Brasil e sua imagem.

Obrigado a Renato Franzini e Márcia Menezes, da chefia de jornalismo do G1 (o portal de notícias da Rede Globo), pelo apoio ao projeto de afastamento da Redação por seis meses para o desenvolvimento deste livro. Aos colegas de cobertura internacional no G1: Roger Modkovski, Amauri Arrais, Giovana Sanchez e André Nery. Aos colegas de jornalismo em Nova York: Cristina Fibe, Marília Martins e Gustavo Chacra. Aos colegas e amigos de jornalismo que ajudaram com dicas sobre temas específicos ao longo da pesquisa e todos os amigos que colaboraram de uma forma ou de outra para este livro. Obrigado ainda à direção da Alameda Editorial (Haroldo e Joana), que apostou no livro quando ele era apenas uma ideia.

Agradecimentos especiais a meus pais, Sérgio e Ester, que sempre incentivaram projetos profissionais e sonhos pessoais. E para Claudia, minha esposa e companheira em todos os momentos.

Esta obra foi impressa em São Paulo no verão
de 2013 pela gráfica Vida e Consciência. No
texto foi utilizada a fonte Adobe Caslon Pro,
em corpo 10,5 e entrelinha de 15,5 pontos.